2020 개정
보육교사 2급 자격취득 교과목
표준교과개요

2020 改訂
保育教師2級資格
取得のための教科目
標準教科概要

韓国保健福祉部
韓国保育振興院

上原真幸　金珉呈　勅使千鶴　韓仁愛　訳

ひとなる書房

訳者まえがき

「標準教科概要」は、韓国保健福祉部と韓国保育振興院によって、4年制大学および2・3年制専門大学（日本の短期大学に相当）などの保育教師養成機関に提示された「保育教師2級」養成課程の標準内容である。2019年のヌリ課程（3歳〜5歳）と2020年の保育課程（0歳〜2歳）の改訂内容を踏まえ、4回目の改訂となる『2020改訂　保育教師2級資格取得のための教科目　標準教科概要』（以下、『2020改訂　標準教科概要』とする）を全訳したのが、本書である。

日本と同様、急激な少子高齢化が進むなか、韓国において、すべての子どもとその親の多様な保育要求に対応できる「質の高い保育の確保とその実現」のため、新たに社会的な模索が始められている。とくに、これまで主に民間のオリニジップ（日本の保育所に相当）に依存し、量的な増加を図ってきた韓国は、1990年代に入り、複雑化する保育要求と深刻化する少子高齢社会の到来を背景に、保育・幼児教育の「公共性」と「質の向上」が大きな政策課題として認識された。この時期、国際的には「幼少期の質の良い教育環境がその後の人生に大きな影響を与える」との研究が多く報告されている。

これらの動きを受けて、韓国では2000年代に入り、保育・幼児教育に対する国の責任をより明確にし、質の向上を図る具体的な政策を打ち出した。

2022年5月10日に発足した尹錫悦（ユンソンニョル）政府は、「幼保統合」の推進を国政課題の一つと設定した。その後、「幼保統合推進委員団」・「幼保統合推進委員会」を政府内に構成し、「幼保統合」について本格的な検討を始めた。例えば、2023年12月、「政府組織法」の一部が改定され、2024年6月27日に施行され、オリニジップの関連業務が「教育部」に移管された。オリニジップの根拠法である「嬰幼児保育法」の所管も保健福祉部から教育部に移された。

「幼保統合」の討議のなかで、現行の保育教師と幼稚園教師の資格制度および養成体制の改編は今後、政策の大きな課題となる。なお、最新の保育政策の動向については、本書後掲の補論、勅使千鶴「韓国における幼児教育・保育政策の現状と課題──教育・保育の公共性・質の向上への取り組み（2008年−2023年）を中心に」を参照されたい。

韓国の保育教師養成課程は、遠隔大学を含んだ専門大学以上の教育機関で「嬰幼児保育法」に定める教科目を履修し、資格を取得する「2級養成課程」と、保育教師教育院などの短期養成課程を履修し、取得する「3級養成課程」がある。なお、1級保育教師資格は、昇級により取得できる。

一方で、現行の保育教師2級の養成は、幼稚園教師養成と異なり、いわゆる「教科目および学点の履修制」で資格が取得できる。教科目および学点（単位）を履修する者が、専攻学科と関係なく、保育教師2級資格を取得できる。例えば、放送演芸学科や外食産業経営学科、コンピューターゲーム学科等、約2,000種類の学科で保育教師2級が取得できる。また、遠隔大学などの「学点銀行制（註：「学点認定等に関する法律」に基づき、学校だけではなく、国家生涯学習院を含め、大学や民間会社が運営する生涯学習院などで行う科目を履修し、学点を集めて一定の基準に到達すると専門学士、または学士の学位が取得できる制度）」でも「保育教師2級」資格を取ることができる。2018年の調査では、サイバー大学のような遠隔大学の「学点銀行制」を通して保育教師2級資格を取得した者は、全体の45％を占めている。4年制大学や2・3年制の専門大学などの教育機関での取得者は24.5％である。専門大学以上の教育

機関に比べ、遠隔大学での授業のほとんどは非対面式で行われていることから、保育教師養成においての限界を指摘する声も多い。

　ところで、「教科目および学点の履修制」を2005年から導入した背景には、保育教師の不足問題があった。急増する保育要求に応えるために保育教師養成の入口を広げた結果、保育の質の確保が急務の課題となった。そこで2009年に保健福祉家族部（現：保健福祉部）における「保育人材の専門性の向上」の一つとして検討が開始され、「育児政策開発センターの保育資格管理事務局（現：韓国保育振興院）」で研究が進められた。

　そして、2010年には31の保育関連の教科目に対する「標準教科概要」が、2014年には34の保育関連の教科目に対する「標準教科概要」が開発された。2016年には対面教育の強化および保育実習期間の拡大などにより、「保育教師養成課程および保育実習マニュアルの研究」を通し、34の科目別の「教科概要」が提示された。さらに、4年後に『2020改訂標準教科概要』が上梓され、現在、全国の2・3年制専門大学、4年制大学および教育訓練機関等、保育教師2級養成のための機関で標準内容として活用されている。

　日本では2019年に保育を取り巻く社会情勢の変化と保育所保育指針の改定を踏まえ、より実践力のある保育士養成に向けて保育士養成課程を構成する教科目の名称と教授内容などが、大きく見直された。日本の保育士養成課程と韓国の保育教師2級資格取得のための標準教科概要を単純に比較することはできないが、韓国の標準教科概要は、各教科目の概要および目標、内容がより詳細に示されている。また、学習の到達目標や教授内容も具体的に掲載されている。韓国の保育教師2級の養成は「教科目および学点の履修制」をとっているため、国家資格として共通の教科目や実習指導の内容について一定の基準を示すことにより、養成課程の質を担保することができる。また、実習においても指導担当者や内容、諸書類など、体系的に実施されていることが分かる。とくに各オリニジップには学生の実習指導を担当する「実習指導保育教師」がいて、実習費から指導手当てが支給されている。韓国と同様に日本でも保育実習指導基準をより強化し、質の維持向上を図ろうとしている。その時、本書が一つの参考資料になることを期待している。

　なお、翻訳では、とくに法律名（例えば「嬰幼児保育法」）、科目名および科目の説明文（例えば「障碍」「特殊児童」）は、韓国の表記に準じたことをここにお断りをする。「障碍」は漢字表記の発音として使用されており、意味は同じではあるがハングルでは「障碍」と「障害」の発音は異なる。また「障碍者（韓国では障碍人）」の表記についてさまざまな議論が行われている。「特殊児童」についても障害者権利条約で規定する「インクルーシブ教育」の考えに基づいた「特別なニーズのある子ども」と理解していただきたい。

　本訳書は、2023年度から2025年度までの科学研究費補助金「基盤研究（C）一般」による共同研究「保育ソーシャルワークと教育との結合を求めた韓国保育者養成・研修システムの調査研究」の一環としてまとめた。本書が、韓国の保育教師養成課程の教科目および実習指導の全体を理解するための基礎資料として読者の皆様の一助となれば幸甚である。

　最後に、翻訳が完了し、本書を上梓するにあたり、多くの方々がご助言およびご援助をいただいたことを記し、ここに感謝を表する。

2024年12月14日

代表　金　珉呈

訳書刊行にあたってのご挨拶

안녕하십니까? 한국보육진흥원 나성웅 원장입니다.

먼저, 「보육교사 2급 자격취득 교과목 표준교과개요」를 일본에서 발간하게 된 것을 뜻깊게 생각하며, 이를 위해 애써주신 김민정선생님 (精華여자단기대학), 上原真幸선생님 (熊本学園대학), 勅使千鶴선생님 (日本福祉대학 명예교수), 한인애선생님 (和光대학) 을 비롯하여 이 책이 발간할 수 있도록 힘써주신 관계자 여러분께 깊은 감사의 말씀을 드립니다.

한국은 저출생, 고령화사회 속에서 다양한 보육 니즈에 대응할 수 있는 질 높은 보육서비스 제고를 위하여 전문성 높은 보육교사를 양성하는 것이 국가의 중요한 과제 중 하나입니다. 그런 의미에서 본 표준교과개요는 '교사인성, 보육지식과 기술, 보육실무' 3개 영역, 총 34개 교과목의 개요, 목표 및 교육내용을 규정화하여 예비교사로서 각 교과목을 통해 배워야 하는 고유한 목표를 제시하고, 필요한 직무능력을 갖출 수 있도록 하였으며, 보육교사를 양성·배출하는 전국의 대학 및 대학교에서 활용되고 있습니다.

현재 한국은 저출생 위기에 적극 대응하고, 생애 초기 건강한 성장과 배움을 지원하기 위해 영유아 교육·보육을 통합하는 과정 중에 있으며, 올해 6월 27일 중앙 단위 영유아 보육사무를 교육부로 일원화하는 「정부조직법」이 시행되며, 유보통합의 첫걸음을 뗴었습니다.

아직 통합되어야 할 과제들이 많지만 단순 돌봄으로 여겼던 영유아기 성장 환경에 대해 생애 초기교육의 중요성과 모든 영유아의 동등한 교육적 지원을 최우선으로, 성공적인 유보통합을 이루기 위해 정부, 교육청, 지자체, 현장, 학계 등 관련 부처 및 관계자 등이 소통과 협치로 추진되고 있습니다.

본 「보육교사 2급 자격취득 교과목 표준교과개요」가 일본에서 한국의 보육교사 양성과정에 대해 관련 자료로 유용하게 활용되기 바라며, 나아가 한국과 일본의 영유아 교육·돌봄 관련 지식을 나누고, 확장하는 등 학문적 성취를 이루는데 기여할 수 있기를 기원합니다. 감사합니다.

2024년 10월 16일

한국보육진흥원장 나성웅

日本語訳

アンニョンハシムニッカ。韓国保育振興院 院長の羅聖雄（ナ・ソンウン）です。

この度は『2020 改訂　保育教師 2 級資格取得のための教科目 標準教科概要』を日本で発刊することに意味深く思うと共に、そのためにご尽力していただいた研究代表の金珉呈氏、上原真幸氏、勅使千鶴氏、韓仁愛氏をはじめとし、本書を発刊できるようにご協力いただいた関係者の皆様に深く感謝を申し上げます。

韓国は低出生、高齢化社会の中で多様な保育ニーズに対応できる質の高い保育サービスを提供するために専門性の高い保育教師を養成することが国の重要な課題の一つになっています。その意味でこの「標準教科概要」は「教師人性」「保育知識と技術」「保育実務」の 3 つの領域、計 34 の教科目の概要、目標及び教育内容を規定化し、予備保育教師として各教科目を通して学ぶべき固有の目標を提示し、必要な職務能力を備えられるよう、保育教師の養成・輩出する全国の大学及び大学校で活用しています。

現在韓国は低出生の危機に積極的に対応し、人生初期の健康な成長と学びを支援するために乳幼児の教育・保育を統合する過程にあります。今年 6 月 27 日には中央単位の乳幼児の保育事務を教育部に一元化する「政府組織法」が施行され、幼保統合の初めの一歩を踏み出しました。

まだ統合しなければならない課題が多く残っている中で、単純な「世話」として捉えていた乳幼児の成長環境に対して、生涯にわたる初期教育の重要性とすべての乳幼児に同等な教育的支援を最優先し、成功的な幼保統合にするために、政府、教育庁、自治体、現場、学界等、関連部署及び関係者等が疎通と協治で推進しております。

本書、『2020 改訂　保育教師 2 級資格取得のための教科目 標準教科概要』が日本において韓国の保育教師養成課程に関連する資料として有用に活用されることを願い、さらに韓国と日本の乳幼児の教育・保育関連の知識を共有し、拡張する等、学問的成就に寄与することを祈念いたします。ありがとうございます。

2024 年 10 月 16 日

韓国保育振興院長　羅 聖雄
訳　韓 仁愛

目 次

訳者まえがき　　　　　　　　　　　　　　　代表　金珉呈　2
訳書刊行にあたってのご挨拶　韓国保育振興院長　羅聖雄　訳　韓仁愛　4

PART I 標準教科概要の総論　　　　　　　　　　9

1　標準教科概要の改訂の必要性及び目的　10
2　標準教科概要の改訂内容　11
3　標準教科概要の開発過程　13

PART II 教師の人性の領域　　　　　　　　　　15

1　保育教師（人性）論　16
2　児童の権利と福祉　22

PART III 保育知識と技術の領域　　　　　　　29

必修教科目

1　保育学概論　30
2　保育課程　34
3　乳幼児の発達　39
4　乳幼児の教授方法論　43
5　遊びの指導　46
6　言語の指導　51
7　児童の音楽　56
8　児童の動作　61
9　児童の美術　66
10　児童の数学指導　70
11　児童の科学指導　76
12　児童の安全管理　82
13　児童の生活指導　86

選択教科目

14　児童の健康教育　92

15　乳幼児の社会情緒指導　95
16　児童の文学教育　98
17　児童相談論　101
18　障碍児の指導　104
19　特殊児童の理解　108
20　オリニジップの運営管理　111
21　乳幼児保育プログラムの開発と評価　114
22　保育政策論　118
23　精神健康論　121
24　人間の行動と社会環境　124
25　児童の看護学　128
26　児童の栄養学　132
27　父母教育論　135
28　家族福祉論　138
29　家族関係論　141
30　地域社会福祉論　144

保育実務領域 149

保育実務領域の運営概要 150
1 児童の観察及び行動研究 150
2 保育実習 155

保育実習関連書式 187

1 保育実習生 申請書例 188
2 保育実習 協力公文書例 189
3 保育実習生 同意書例 190
4 保育実習生 身上カード例 191
5 保育実習 誓約書例 192
6 保育実習費 領収証例 193
7 保育実習 機関現状例 194
8 保育実習生 出勤簿例 195
9 保育実習日誌例 196
10 保育実習 機関訪問結果報告書例 198
11 保育実習生 自己評価票例 199
12 保育実習 評価書例 200
13 保育実習確認書例 201
14 保育実習生 記録台帳例 203

付録 205

1 保育関連の教科目及び学点(嬰幼児保育法施行規則 第12条第1項[別表4]) 206
2 第4次オリニジップ標準保育課程の告示 207
3 標準教科概要 執筆者及び諮問者 218

訳 註 220

補論 韓国における幼児教育・保育政策の現状と課題
——教育・保育の公共性・質の向上への取り組み(2008年-2023年)を中心に 勅使千鶴 222

訳者あとがき 246

訳者紹介 248

原書

書　名　2020 개정
　　　　보육교사 2급 자격취득 교과목 표준교과개요
発行日　2020年 12月
発行者　院長　柳　熙貞
発行所　韓国保育振興院

訳出にあたって

① 本書は、「嬰幼児保育法」「障碍」等、韓国で用いられる漢字表記に準じた記載をしている。
② 本文中、ハングルで用いられている言葉は原則として意訳をせずにハングル表記に準じた語句を使用した（例：祖孫、方案、特殊、暴力家族 等）。その際、意味が分かりにくいものや誤解を招くことが予想されるものについては訳註を付けて補足した。
③ 原文中、保育教師2級の教科目を教授する大学教員を示す「교(강)사」は「養成校教員」と訳出した。
④ 原文中の「교사」について、保育教師の意味に限られるものについては全て「保育教師」とし、それ以外の幼稚園教師等の教師の意味を含む個所は「教師」と訳出した。
⑤ 原文中に出てくる多様な専門分野の理論名は、理論の提唱者が明記されているものは、日本で使用されている名称に翻訳した。提唱者が記されていない理論については、韓国表記に準じて表記した。
⑥ 原文で省略して記載されていた資料名や書籍名は、省略せず執筆団体名や出版年を含め正式な名称を記載した。
⑦ 原文の章・節・項目のタイトルや見出しは、本書の構成や内容を捉えやすくするため、適宜数字を付記した。
⑧ 原文中の‘　’および"　"は、日本語の文章で使用する記号「　」と『　』にした。
⑨ 原文中に記載されていた註は*を付け、本文中に付記した。訳者による註は訳註として番号を付け巻末の訳註一覧に掲載した。

　　　　　　　　　　　　　　　　　　　　　　　　　　　　　　　　　訳者一同

**PART
I**

標準教科概要の総論

標準教科概要の改訂の必要性及び目的

　現在、保育教師2級資格の取得は、大学等で出身学科と関係なく、保育関連の教科目と学点[1]（17科目、51学点）を履修し、専門学士[2]の学位以上の要件を満たすと資格取得ができる。これは「嬰幼児保育法」第21条第2項に明示された資格基準であり、「『高等教育法』第2条による学校で、保健福祉部令で定める保育関連の教科目と学点を履修して専門学士学位以上を取得した者」、あるいは「法令に従い『高等教育法』第2条による学校を卒業した者と同等の水準以上の学歴を有すると認められた者として保健福祉部令で定められた保育関連の教科目と学点を履修し、専門学士学位以上を取得した者」が該当する。

　保育教師の資格基準に対する規定は1991年の「嬰幼児保育法」で初めて明示されたことによって、2005年の保育教師資格証を国家資格証制度として導入し、保育関連の教科目及び学点を全面改編し、大学等を通した保育教師資格取得の基準を強化した。

　その後、継続的に保育教師資格基準を強化し、2014年に保育関連の教科目及び学点を向上調整（12科目・35学点→17科目・51学点）するとともに、2016年に対面教育の強化及び保育実習の拡大等、保育教師教育課程を改編した。

　保育教師資格基準の強化のために、関連法令を改正する際、保育関連の教科目に対する標準教科概要を開発し、これまで計3回の標準教科概要を開発・普及してきた。2010年に31の保育関連の教科目に対し、標準教科概要を開発しており、2014年には34の保育関連の教科目に対する標準教科概要を開発した。また、2016年には対面教育の強化及び保育実習の拡大により、「保育教師養成課程及び保育実習マニュアルの研究」を通して34の科目別教科概要を提示した。

　標準教科概要は、開発当時の必要性と目的に相応しい保育教師養成のために全国の大学及び教育訓練機関で保育教師養成課程の標準内容として活用されている。また、保育教師資格証を発給するための資格検定の過程で、保育関連の教科目の類似教科目の認定のため、公正で客観的な審議根拠として使用されている。

　しかし、2019年7月に「3～5歳ヌリ課程の告示」の改訂に続き、2020年4月に0～2歳保育課程と、3～5歳の保育課程（ヌリ課程）を包括する「第4次オリニジップ標準保育課程の告示」が改訂された。それに伴い、変更された保育課程の内容を反映し、標準教科概要を改訂することによって保育教師養成機関で標準保育課程の全般と改訂事項を迅速・正確に理解し、保育教師養成教育の水準向上を図ることができるよう『2020年標準教科概要』を作成し、普及する。

標準教科概要の改訂内容

1 「第4次オリニジップ標準保育課程」の告示の特性

　まず、オリニジップの3〜5歳の保育課程に当たる「2019年改訂ヌリ課程」は、幼児中心、遊び中心、教師の自律性の強化を基本方向として改訂された。3〜5歳の保育課程（ヌリ課程）の告示の特性は以下の通りである。

① 教育課程の構成体系を確立した。
② ヌリ課程の性格を「共通の教育課程」として明示した。
③ 既存の構成体系を維持し、5領域の内容を簡略化した。
④ 幼児中心、遊び中心を追求した。
⑤ ヌリ課程の実行力と現場の自律性を強調した。
⑥ 評価を簡略化した。

「第4次オリニジップ標準保育課程」告示の特性は以下の通りである。

① 総論は3〜5歳保育課程（ヌリ課程）の改訂の方向と趣旨を取り入れ、保育のアイデンティティの維持、乳児保育の特性を反映した。
② 0〜2歳の領域別内容は、「第3次オリニジップ標準保育課程」を土台に、乳児保育の特性を反映した。
③ 既存の年齢体系を維持し、0〜1歳の保育課程、2歳の保育課程、3〜5歳の保育課程（ヌリ課程）とし、提示した。
④ 構成体系を調整し、領域、内容範疇、内容の体系を維持し、0〜1歳の4つの水準、2歳の2つの水準に区分した「細部内容」を「内容」に統合した。
⑤ 0〜2歳の保育課程は、既存の6領域を維持し、内容を簡略化した。
⑥ 全体的に乳幼児中心、遊び中心を追求した。
⑦ 乳幼児の基本権利の個別保障を重視し、乳幼児は個別的な特性を有する固有な存在として尊重すべきことを強調した。

2 標準教科概要の構成体系

　標準教科概要の教科目は「嬰幼児保育法施行規則」一部改定（2016.1.12）［別表4］に明示している。「保育関連の教科目及び学点」（第12条第1項関連）の内容は以下の通りである。

PART I 標準教科概要の総論

表 I −1 大学等で履修すべき教科目及び学点の一般

領域		教科目	履修科目 （学点）
教師の人性[3)		保育教師（人性）論、児童の権利と福祉	2 科目 （6 学点）
保育の知識と技術	必修	保育学概論、保育課程、乳幼児の発達、乳幼児の教授方法論、遊びの指導、言語の指導、児童の音楽（または児童の動作、児童の美術）、児童の数学指導（または児童の科学指導）、児童の安全管理（または児童の生活指導）	9 科目 （27 学点）
	選択	児童の健康教育、乳幼児の社会情緒指導、児童の文学教育、児童相談論、障碍児の指導、特殊児童の理解、オリニジップの運営管理、乳幼児保育プログラムの開発と評価、保育政策論、精神健康論、人間の行動と社会環境、児童の看護学、児童の栄養学、父母教育論、家族福祉論、家族関係論、地域社会福祉論	4 科目 （12 学点） 以上
保育実務		児童の観察及び行動研究、保育実習	2 科目 （6 学点）
17 科目（51 学点以上）			

資料：「嬰幼児保育法施行規則」第 12 条第 1 項関連［別表 4］

　保育関連教科目は、計 34 科目であり、保育教師 2 級資格を取得するためには、このうち、17 科目以上（51 学点以上）を履修しなければならない。

3　教科目別の項目構成

　標準教科概要は、34 の教科目別に「概要」「目標」及び「内容」で構成され、それ以外に各教科目の「教授学習方法及び授業資料」「適用時の留意点」と「参考資料」の項目が追加され、計 6 項目に構成されている。また対面教科目の場合は、「対面授業の運営方案[4)」の項目が付け加えられ、計 7 項目で構成されている。

　「適用時の留意点」は該当する教科目の標準教科概要の解説書の性格をもつ内容であり、養成校教員が実際、講義時に参照できる教授学習方法、その他の留意点等を含み、学科で教科課程の編成時に参照すべき事項等を記述した。

　「参考資料」は養成校教員が講義計画及び授業の進行に活用できる参考資料の目録であり、関係法令及び各種の政府資料、その他、公的に信頼できる情報サイトと政策報告書等を含んでおり、個別の教材は収録していない。

4　教科目別の内容の構成

　教科目別の内容は、「大主題」と「小主題」で構成した。教科目の性格に相応しく必須的に含まれねばならない内容を「大主題」に大きく分類（類目化）し、それぞれの「大主題」は各論に該当する「小主題」で構成した。教科目別に違いはあるものの、大主題は3個～5個、小主題は計13個で構成している。

　これは中間試験と期末試験を除いた1学期の理論と実際の授業は13週開講を前提にし、13週に含まれる小主題は「保育」で重要且つ必須内容で構成し、教科課程の運営時に含むようにした。

3　標準教科概要の開発過程

1　共同執筆陣の構成

　標準教科概要の改訂に参与した共同執筆者は総括執筆者1名を含め、6名で構成するが、各執筆者が所属する養成校の学制及び学科の類型を考慮し、より代表性のある共同執筆者の構成を目指した。

2　専門家の諮問会議

　標準教科概要の改訂のために専門家の諮問会議を行った。『2014年標準教科概要』の研究陣、保育教師養成課程及び保育実習マニュアルの研究陣・執筆陣、「第4次オリニジップ標準保育課程」の執筆陣等を含めた多様な養成機関の教員陣の意見を取り入れるために学界の専門家に諮問を行った。

教師の人性の領域

PART II　教師の人性の領域

1　保育教師（人性）論

対面必修

1　「保育教師（人性）論」の教科目の概要

　「保育教師論」は、乳幼児が心身ともに健康で全人的な発達を成し遂げ、民主市民としての基礎を形成できるよう支援する保育教師の役割を理解し、力量を確かめる教科目である。予備保育教師[5]として学習者が児童尊重思想の重要性を理解し、正しい保育哲学及び保育観を確立し、保育専門家としての力量を養うことに目的がある。そのため、保育教師職の特性、乳幼児の健康な発達を支援するための教師としての専門的な職務内容及び職務遂行、保育専門家として自ら自分を成長させるための専門性及び力量開発に必要な全般的な内容を探索する。

2　「保育教師（人性）論」の教科目の目標

① 乳幼児尊重の思想の歴史的背景を知り、正しい保育哲学及び保育観を確立する。
② 保育教師職の意味と重要性を認識し、保育教師が備えるべき知識と態度、資質を探索し、自らを点検することで保育教師の倫理意識を高める。
③ 保育教師の反省的な思考に対する必要性を認識し、保育教師の使命感及び責務性と召命意識を養う。
④ 保育教師の身分、服務と処遇、採用と任命報告、資格管理を把握し、保育教師の勤務環境を理解し、保育現場の適応能力を養う。
⑤ 保育教師の職務教育、昇級教育、自己開発及びストレスの管理戦略等を探索することにより、保育専門家として成長するための基盤を整える。

3　「保育教師（人性）論」の教科目の内容

★：対面推奨

大主題	小主題	対面	核心概念	主要な内容
保育哲学と倫理	保育教師職の理解		・保育の歴史 ・保育教師の役割	・保育の歴史 ・保育哲学の変化 ・児童観の変化 ・保育教師像の変化 ・専門職としての保育教師
	保育教師の倫理		・保育教師の職務 ・保育教師の倫理綱領	・保育教師の職務特性 ・職務倫理の理解 ・保育教師の倫理綱領の組織と内容の理解 ・保育教師の倫理綱領の適用

保育教師の職務遂行	保育教師の人性	★	・保育教師の人性及び資質 ・保育教師職の理解 ・自己理解	・乳幼児を保育する教師として備えるべき資質と特性の理解 ・保育教師としての自分の特性理解と保育教師職を遂行する際に適合した人性の特性の理解
	保育教師職の理解		・保育教師の選択動機 ・処遇と勤務環境 ・保育教師の職務	・保育教師職の選択動機 ・保育教師の処遇及び勤務環境の理解 ・保育教師の職務に関する理解及び業務分掌
	仕事と運営		・乳幼児の権利尊重の保育 ・乳児クラス保育教師の日課運営 ・幼児クラス保育教師の日課運営	・乳幼児の権利を尊重する保育の理解と実際 ・乳児クラスの日課による保育教師の役割、準備事項及び指針の理解 ・幼児クラスの日課による保育教師の役割、準備事項及び指針の理解
	保育環境の管理及び支援		・室内外の保育環境管理 ・室内外の遊び領域の構成と運営 ・教材教具の管理 ・施設・設備、備品管理	・室内外の保育環境の清潔及び安全管理 ・室内外の遊び領域の構成の事例別適用 ・教材教具及び遊び資料の管理方法の理解 ・オリニジップ室内外の施設・設備管理方法の理解 ・オリニジップの備品の管理方法の理解
	乳幼児の理解及び支援		・乳幼児の理解 ・遊び支援 ・乳幼児の行動指導	・乳幼児に対する観点 ・遊びの意味 ・乳幼児の特性と発達を理解するための観察記録と評価の理解 ・乳幼児の行動指導及び支援方案の模索
	保育教職員との協力	★	・保育教職員との関係形成 ・保育教職員との意思疎通 ・葛藤管理	・同僚保育教師及び園長との建設的な相互作用方法の理解 ・葛藤の種類と原因の理解 ・葛藤解決の力量と葛藤予防の力量の技術の理解 ・同僚保育教師及び園長との効率的な意思疎通能力の向上 ・同僚保育教師及び園長との葛藤解決及び葛藤予備技術の理解
	学父母及び[6)]地域社会との協力		・学父母との関係形成 ・学父母との意思疎通 ・地域の社会資源の活用	・学父母との建設的な関係形成の方法の理解 ・学父母と意思疎通時の注意すべき内容の把握 ・学父母との効率的な意思疎通能力の向上 ・地域社会の資源を保育課程に活用する方法の理解
	ジレンマと葛藤管理	★	・多様なジレンマの状況 ・倫理綱領の活用	・オリニジップで頻繁に発生し得る普遍的な問題状況の把握及び意思決定方法の理解 ・オリニジップのジレンマ状況と葛藤解決のための倫理綱領の活用

保育教師の力量開発	自己開発	・補修教育[7] ・園内教育及びメンタリング	・保育教師の職務教育及び昇級方法と主要内容の理解 ・補修教育の体系と主要な内容の理解 ・様々な園内教育の必要性と方法の理解 ・多様なメンタリングを通した同僚教師との相互成長の事例別論議
	専門性の開発	・保育教師の発達段階 ・保育教師の専門性	・保育教師の発達段階の理解及び発達段階による職務力量向上の理解 ・保育教師の反省的な思考の重要性の理解 ・保育教師の反省的な思考に基づく保育教師としての継続的な力量開発の理解 ・ＩＴ教育等、急変する社会雰囲気に適応するための様々な再教育の重要性と保育教師が学ぶべき内容の論議
	ストレス管理	・保育教師のストレス ・保育教師のストレス管理 ・時間管理及び業務計画	・保育教師のストレス特性の理解 ・多様なストレスの管理方法の理解 ・効率的な職務遂行のための業務計画の作成及び時間管理方法の理解

4 「保育教師（人性）論」の教科目の教授学習方法及び授業資料

① 予備保育教師が児童尊重思想を明確に認識するために国連（UN）の児童権利協約[8]、保育教師の倫理綱領、嬰幼児保育法、児童福祉法等に基づき、人権尊重に対する概念と知識を理解できるようにする。また、それを踏まえて乳幼児を尊重する保育の実際を学習するために、保育現場に適用できるよう人権尊重の事例を紹介し、児童の人権を尊重する実践的な方法について討論できるようにする。

② オリニジップで行われている職務内容を現場観察、保育教職員の面談、グループ討議、専門家の招聘等、多様な方法でアプローチすることにより学習者が職務遂行の原理と実際の関係を理解し、把握できるようにする。

③ 養成校教員は保育教師と関連する法規と、これと関連している機関のホームページを紹介し、韓国の保育教師の現職教育と保育教師の法的制度等に関連する多様な情報を提供する。また、学習者は自ら保育教師の法的制度に対する内容を探索する課題を提示できる。そして、これを通して学習者が保育教師制度の問題点と今後のビジョンを提示できるように討論の機会を提供する。

④ 保育教師は、年間で遂行すべき業務内容の全体について小グループ別に簡単な業務マニュアルを作成し、学習者がより具体的で実際的な学習内容を理解できるようにする。また、乳幼児の１日の日課に沿った保育教師の役割及び準備事項を作成する課題を遂行することで保育教師の役割について実際的な能力を増進する。

⑤ 養成校教員はオリニジップで頻繁に発生する問題の状況別事例を提示し、グループ別の討論及び発表を通して、学習者が身につけるべき資質と態度及び力量について能動的に考えて討論してみることで、授業時間に扱った内容を自然に内面化できるようにする。

⑥ 養成校教員は学習者がオリニジップを訪問し、保育教職員と面談を通してオリニジップで頻繁に発生するジレンマの状況と葛藤問題について調査し、保育現場で実践できる対処方法を調べる。また、学習者が調査した内容を発表し、グループ別に討議するように試みることで、オリニジップでの適切な対処方法を導き、状況に合わせて意思決定能力を強化する。

⑦ 養成校教員は反省的な思考の重要性を強調し、学期初めと中間、学期の終わりに学習者が自己成長報告書を批判的、反省的に作成することで、学習者が自分自身の力量を絶えず、伸ばすことの重要性を実際、経験できるようにする。

授業資料

① 国連（UN）の児童権利協約
② オリニジップ園長及び保育教師の倫理綱領
③ 全米乳幼児教育協会（ＮＡＥＹＣ）の倫理綱領
④ 育児支援機関の児童権利の実態及び増進方案の研究
⑤ 保育教師の資格取得基準
⑥ 保育教師の補修教育の基準
⑦ 同僚教師の奨学及びメンタリングの実際事例及び動画資料
⑧ オリニジップで頻繁に発生する普遍的な問題状況の例
⑨ 保育教師の省察的な記録の書き方例

5 「保育教師（人性）論」の教科目の対面授業の運営方案*

① 小主題に該当する概念及び原理に対する理解を適用できる実際の事例を提示し、その後、学習者が概念及び原理を適用し、事例に対する議論をする。

② 小主題「保育教師の人性」の対面授業の例を取り上げ、保育教師の人性の重要性を強調できる関連ニュースまたは事例を提示し、その後、保育教師に必要な人性の徳目を調べるようにする。また、保育教師職を遂行するために必要な資質について議論し、自らの資質と特性を省みることで足りない部分への補完策を立てられるようにする。

③ 小主題「ジレンマと葛藤管理」「保育教職員との協力」の対面授業の例を取り上げ、実際の事例を提示し、それに対する理解を高めるために学習者は事例内容を土台にロールプレイに参加する。この過程でより建設的な相互作用の方法を練習してみることで、肯定的な関係形成の技術及び葛藤解決の技術を練習できるようにする。

④ 以下は、対面授業の小主題の中で「保育教師の人性」「ジレンマと葛藤管理」「保育教職員との協力」の対面授業の例示である。

　　*対面教科目は8時間以上の出席授業と1回以上の出席試験を実施しなければならない。

1週	保育教師の人性
教科目標	・保育教師職を遂行するために備えるべき人性の特徴について理解する。 ・学習者は、自身の性格の特徴を探り、保育教師職に適合した人性及び資質を備えるための実践方法を立てる。

教科内容	・保育教師職に必要な人間愛、肯定的な自我概念、肯定的な情緒、対人関係の能力、創意性及び自己開発、乳幼児に対する安全管理能力、乳幼児に対する受容性と敏感性、乳幼児に対する親和力、業務に対する召命感等と、人性の特性について学習する。 ・それを土台に保育教師職に、前述の人性及び資質が必要な理由を明確に認識する。 ・学習者は、自身の適性及び興味を省み、自身の保育教師職を選択した動機を分析する。
教授学習方法	・保育教師職に必須的に必要な人性及び資質の特性と要素について講義する。各特性及び要素を一目で分かりやすく図式化して提示し、講義することにより学習者の理解水準を高める。 ・保育教師職が他の職業群より人性及び資質が優先されなければならない理由について討論できるようにする。その際に養成校教員は学習者の討論を活性化できる具体的な質問項目を事前に準備し、提示できるようにする。 ・学習者は自身が保育教師職を選択した動機（例：「個人の適性及び興味レベルの個人の内的要因」「意味のある役割を担当する社会的要因」「安定性を考えた経済的要因」）を分析し、発表し、他の学習者の動機と比べてみる。 ・養成校教員は学習者がより効率的に分析できるように保育教師職の選択要因による質問項目を案内し、それを土台に自身の動機を記録できる記録紙を作成し、提示できるようにする。

2 週	ジレンマと葛藤管理
教科目標	・オリニジップでよく起きる問題状況に対する理解と、それを効果的に解決するための指針を理解し、意思決定の方法を模索する。
教科内容	・保育教師が自身のクラス運営を効率的にするための指針と、乳幼児の要求や権利を尊重しなければならない指針に相反する問題状況、学父母との要求とクラス運営の指針が違うことで発生し得る問題状況、扱いにくい乳幼児と関連した問題状況、児童虐待を申告しなければならない問題状況等をよく調べてみる。 ・各問題状況から保育教師が省みなければならない観点及び指針について調べる。 ・最も効果的な問題の解決方法を模索し、意思を決定する実際を演習する。
教授学習方法	・オリニジップで起きる代表的な問題状況の例を提示する。問題状況に対して、最大限に詳しく提示する。 ・学習者の理解を助けるために問題状況を状況劇で行う。 ・各問題状況に対する各々の観点で考えられる質問項目を提示し、学習者が考えて討論できるようにする。 ・討論を土台に、学習者が模索した最も効果的な方法をロールプレイとして再現し、解決方法が適切であるか、補完すべき点はあるか等を点検する。

3 週	保育教職員との協力
教科目標	・オリニジップで保育教職員間の関係でよく起きる問題状況に対する理解とそれを効果的に解決するための指針を理解し、方法を模索する。
教科内容	・意思疎通の過程及び意思疎通の障碍要素に対する内容を講義する。 ・肯定的で効果的な意思疎通の方法について講義する。 ・例示・事例を提示し、学習者間で肯定的な意思疎通の方法を練習する。 ・オリニジップの保育教職員間で起きる問題状況を提示し、それを分析し、解決するための意思疎通方法を模索する。即ち、問題状況で意思疎通の障碍要因と多様な問題解決方法を模索する。 ・最も効果的な問題解決方法を模索する実際を練習する。

教授学習方法	・オリニジップの保育教職員間でよく起きる問題状況を提示するが、その際は最大限詳細に提示する。 ・学習者の理解を助けるために問題状況を状況劇で行う。 ・各問題状況に対するそれぞれの観点で考えられる質問項目を提示し、学習者が考え、討論できるようにする。 ・討論を土台に学習者が模索した最も効果的な方法をロールプレイで再現し、解決方法が適切であるか、補完すべき点はないか等を点検する。

6 「保育教師（人性）論」の教科目の適用時の留意点

① 「保育教師（人性）論」の各小主題は理論の講義と実際の演習が並行されることで効果的に学習できる教科目である。従って養成校教員は各小主題の概念及び理論に対する理解を高められる多様な形式の演習課題を準備し、行うようにする。
② 保育教師の役割、資質、保育教師の制度、勤務環境等に対する内容は、理論だけではなく実際の保育現場で主に扱われる課題と関連付けて講義することで、学習者が各概念に正しい価値観を形成できるようにする。
③ 児童の権利尊重と保育教師の人性及び資質等のように、保育教師の哲学と信念を確立し、正しい態度を形成できるようにする小主題の場合、多様な実際の事例を活用し、学習者の実際的な体験学習に重点を置き、保育教師職の重要性を認識できるようにする。
④ 多様な事例を扱う教授方法を使用することにより、不適切な事例に対する経験による保育教師職について否定的なイメージが形成されることもある。従って、問題状況を扱うが、それに対する建設的な解決方法の価値とそれを行う保育教師職の価値と意味に重点を置くよう注意する。
⑤ 事前に学習者が持っている保育教師職に対する観点と態度を点検し、それを土台に保育教師職の固有の価値と意味を認識できるよう教授方法に重点を置く。特に、社会的に他の職業群より低い水準の職業として認識される傾向性に対して批判的に考えられるよう督励し、学習者とともに保育教師職に対する自負心を向上し、未来のビジョンを模索することに重点を置く。

7 「保育教師（人性）論」の教科目の参考資料

① 教育部・保健福祉部（2019）『2019 改訂ヌリ課程 解説書』
② 教育部・保健福祉部（2019）『2019 改訂ヌリ課程 遊びの理解の資料』
③ 教育部・保健福祉部（2019）『2019 改訂ヌリ課程 遊びの実行資料』
④ 教育科学技術部・育児政策開発センター（2008）『ＯＥＣＤ乳幼児教育・保育政策Ⅱ』
⑤ 国家人権委員会（2018）『国連児童権利協約の理解』
⑥ キム・ミジョン、リム・イェスル（2019）『京畿道保育教師の権利保護方案』京畿道家族女性研究院
⑦ キム・インスク（2011）『幼児教師のための人権教育プログラムの開発研究』国家人権委員会
⑧ キム・ヒジン、イ・キョンミ、キム・ウンヨン、チェ・ミョンヒ（2012）『幼児の人性教育のための父母訓練プログラム』教育科学技術部・育児政策研究所

⑨ パク・ヒョンキョン、イ・ハンヨン、ジョン・カユン、パク・ウンミ、キム・クンファ、イン・ヒョンスク、キム・スウヒ（2014）『幸福な子どものための父母の人性教育マニュアル』中央育児総合支援センター
⑩ 保健福祉部（2020）『第4次オリニジップ標準保育課程 解説書』
⑪ 保健福祉部・中央育児総合支援センター（2020）『オリニジップ乳幼児の性行動問題の管理・対応マニュアル』
⑫ 釜山広域市育児総合支援センター（2014）『オリニジップ標準保育課程に基づいた乳幼児の人性教育プログラム』
⑬ ソウル特別市育児総合支援センター（2015）『乳幼児の権利を尊重するための自己チェックリスト』
⑭ オリニジップ安全共済会（2019）『オリニジップ安全管理百科：健康、環境、衛生、給食』
⑮ オリニジップ安全共済会（2019）『オリニジップ安全管理百科：室内外の保育環境』
⑯ 育児政策研究所（2010）『保育施設長・教師倫理綱領の開発研究』
⑰ 育児政策研究所（2011）『育児支援機関での児童権利の実態及び増進方案の研究』
⑱ 育児政策研究所（2012）『教師養成課程の内質化のための幼稚園とオリニジップの日課運営及び教師の職務分析』
⑲ イ・ハンヨン、イ・ユンソン、イ・ウンヨン、カン・インザ、イ・セラピナ（2015）『オリニジップ標準保育課程に基づく乳幼児の人性教育プログラム』釜山広域市育児総合支援センター
⑳ 中央育児総合支援センター（2015）『保育教職員の人性涵養のための児童虐待予防教育』
㉑ 中央育児総合支援センター（2020）『保育教職員の安全教育：児童虐待予防教育』
㉒ 韓国保育振興院（2020）『保育教職員の権利保護及び支援方案の模索』

2 児童の権利と福祉 　　　　対面必修

1 「児童の権利と福祉」の教科目の概要

「児童の権利と福祉」は保育教師が児童福祉と権利の概念及び原理、そしてサービス対象と種類を理解し、児童政策と法を学ぶことにより児童の権利に基づいた児童福祉を実践できる能力を養う教科目である。従って、「児童の権利と福祉」は児童を権利の主体者として認め、社会が児童に幸福に生きる基礎を提供することの重要性を認識し、それを実現できる児童の権利と福祉に対する政策とサービスを探索することに目的がある。そのため、児童の権利と福祉の概念と原則、児童の権利と福祉の歴史、児童の権利と福祉に関連する政策と行政、児童福祉サービス、児童福祉と権利の課題と関連した全般的な内容を探索する。

2 「児童の権利と福祉」の教科目の目標

① 児童の権利と福祉の概念を理解し、児童の権利と福祉の対象と類型、基本前提と原理を把握し、児童の権利に基づく児童福祉に対する基本的な知識を養う。
② 国内外の児童の権利と福祉の発達史を理解し、韓国における児童の権利と福祉の実態と問題点を分析・評価する。

③ 児童の権利と福祉の関連法、政策、行政に対する基礎的な知識を習得し、理解する。
④ 貧困家庭の児童、多文化家庭、ひとり親家庭、祖孫家庭、北朝鮮離脱住民家庭[9]等の多様な家庭の児童福祉サービスと一般家庭の児童のための児童福祉サービスの実態を把握し、問題点を分析する。
⑤ 国内の全ての児童が幸福に生きる基礎を提供し、生まれ持った潜在能力を十分に発揮できるようにするために必要な児童の権利に基づいた児童福祉の課題を探索し、展望する。

3 「児童の権利と福祉」の教科目の内容

★：対面推奨

大主題	小主題	対面	核心概念	主要な内容
児童の権利と福祉の概念と原則	児童の権利と福祉の概念理解	★	・児童の権利の理解 ・児童の発達と児童福祉 ・児童の権利と児童福祉	・児童及び児童の権利に対する理解 ・児童の発達と児童福祉の関連性の把握 ・児童福祉サービスにおける児童の権利の具現方案の模索
	児童の権利と福祉の内容と分類		・児童福祉の対象及びサービスの分類 ・児童の権利と福祉の類型 ・児童の権利と福祉の基本前提と原則	・児童福祉の対象：一般児童と要保護児童 ・児童福祉の類型：サービス機能とサービス提供の場所で分類 ・児童権利協約及び児童の権利の類型（生存権、保護権、発達権、参与権） ・児童の権利と福祉の原則：権利と責任、普遍性と選別性、開発的機能、包括性、専門性
児童の権利と福祉の歴史	児童の権利と福祉の発達		・児童の権利と福祉の発達史 ・国内外の児童の権利と福祉の発達過程と特徴	・児童の権利に関する思想の発展：ジュネーブ宣言、児童権利宣言、児童権利協約 ・児童福祉の発達史：社会救護段階、選別的児童保護段階、普遍的児童福祉段階、普遍的児童福祉実行段階 ・国内の児童の権利と福祉の発達過程及び特徴 ・国外の児童の権利と福祉の発達過程及び特徴
児童の権利と福祉関連の政策と行政	児童の権利と福祉関連の法律と政策		・児童の権利と福祉関連法律 ・児童の権利と福祉関連政策の意味と種類	・児童権利協約と児童福祉関連法（児童福祉法、児童・青少年・家族の関連法） ・児童の権利に関する政策（児童政策調整委員会及び児童権利モニタリング）と児童福祉政策（社会保険政策、公共扶助政策、社会サービス政策、児童・家族手当、勤労奨励税制等）
	児童福祉行政		・公共の児童福祉の伝達体系 ・民間の児童福祉の伝達体系	・児童福祉行政と伝達体系の関連性理解及び実行方式の探索 ・公共の児童福祉の伝達体系と民間の児童福祉伝達体系の理解

PART II　教師の人性の領域

児童福祉サービス	貧困児童の福祉サービス		・児童の貧困の定義 ・児童の貧困の現状 ・児童の貧困関連制度	・絶対的貧困と相対的貧困の概念及び貧困の定義と児童福祉サービスの関係理解 ・国内の児童の貧困の実態と問題点 ・国内の児童の貧困関連制度と改善方案
	保育		・保育の概念と発達過程 ・保育と児童福祉の現状	・保育の概念変化（選別的・代理的サービス→普遍的・支持的サービス） ・保育の発達過程の理解（保育の胎動期、保育の模索期、保育の確立期、保育の発展期） ・保育実態の確認及び児童福祉と連係した評価 ・オリニジップで乳幼児の権利尊重保育の実践
	多様な家庭の児童福祉サービス		・多文化家庭の児童福祉 ・ひとり親家庭の児童福祉 ・祖孫家庭の児童福祉 ・北朝鮮離脱住民家庭の児童福祉	・多文化家庭の児童福祉の実態と関連政策の理解 ・ひとり親家庭の児童福祉の実態と関連政策の理解 ・祖孫家庭の児童福祉の実態と関連政策の理解 ・北朝鮮離脱住民家庭の児童福祉の実態と関連政策の理解
	障碍児童の福祉サービス		・障碍児童の福祉サービス ・障碍児童の福祉の関連政策	・障碍児童のための教育、医療支援の実態等の把握と問題点の確認 ・「障碍児童福祉支援法」等の関連法と政策の理解
	児童保護サービス	★	・児童虐待の概念と類型 ・児童保護サービス	・児童虐待に対する児童福祉法の規定、児童虐待の類型の把握 ・児童保護サービスの過程及び手続きと法規定の理解
	施設児童の福祉サービス	★	・施設児童の福祉サービス ・施設児童の福祉サービスの発達的変化	・施設児童福祉の実態と問題点の把握 ・施設児童福祉の発展方案の模索
	入養[10]家庭委託保護サービス		・入養児童福祉 ・家庭委託保護サービスの理解	・入養児童福祉の実態把握と「入養特例法」の理解と問題点の評価 ・家庭委託保護の実態把握及び「家庭委託保護法」と制度の発展方案の模索
児童の権利と福祉の課題	児童の権利と福祉の展望と課題		・児童福祉の問題点 ・児童福祉の課題	・現行の韓国の児童福祉の問題点の評価 ・児童の権利に基づいた児童福祉発達の方案の模索

4　「児童の権利と福祉」の教科目の教授学習方法及び授業資料

① 理論的講義と発表、討論（対面授業）を中心に授業をする。

② 養成校教員は受講期間中、テレビ、新聞をはじめとする各種メディアで扱う国内外の児童

福祉関連法と政策の変化に注目し、それを積極的に取り入れ、講義に反映する。現状、制度及び法改正、最新の資料を調査し、紹介する。

③ 養成校教員は国内外の児童の権利と福祉関連の新聞記事を学習者がスクラップし、これに対する意見を記述した報告書を課題物として提出するようにする。児童の人権、児童虐待、多様な家庭の児童福祉の側面に重点を置き、討論をする。

④ 養成校教員は学習者が直接児童福祉機関を訪問し、サービスを参観し、これに対する所感の報告書を作成する課題を提示する。

⑤ 養成校教員は学習者に事例を提示する場合、オリニジップをできるだけ含み、学習者が保育現場で適用できるようにする。

授業資料

① 児童福祉法
② ＥＢＳ児童虐待の予防プログラム「3名の危険な視覚」
③ ＥＢＳ生放送の教育大討論「児童虐待 誰の誤りなのか」
④ 国連（UN）児童権利協約、国連（UN）児童権利委員会、大韓民国政府の国連（UN）児童権利協約履行報告書
⑤ ソウル市女性家族財団「わが子守りガイド 児童性暴力及び児童虐待予防の父母教育資料集」
⑥ 中央児童保護機関「児童の権利自己チェックリスト」、「児童虐待の類型別の兆候」
⑦ 中央育児総合支援センター「尊重される子ども ともに成長する父母」
⑧ 中央育児総合支援センター「保育教職員の安全教育：児童虐待予防教育」
⑨ ソウル特別市育児総合支援センター「乳幼児の権利尊重のための自己チェックリスト」

5 「児童の権利と福祉」の教科目の対面授業の運営方案[*]

① 対面授業は講義内容の中で、討論、発表、議論が必要な部分を対象とし、養成校教員と学習者がともに直接的な相互作用を通した学習内容の深化と内面化を目的とする。

② 養成校教員は講義1週目に該当する「児童の福祉と権利の概念」で、対面授業を通して学習内容を深層的に討論することにより、児童の権利と福祉の重要性と必要性を学習者に直接的に把握できるよう支援する。また、最近、社会的に問題になっている児童虐待の内容を含む10週目「児童保護サービス」では対面授業を通して学習者が直接児童虐待事例を養成校教員とともに検討することによって、問題の深刻性に気づき、防止のための方案を一緒に討論を通し、模索する。11週目の「児童福祉サービス」では、学習者による児童福祉施設の参観が必修であるため、対面授業中に参観記を発表し、それを踏まえて全体討論を通し相互の意見を交流する。

③ 養成校教員は対面授業時に適度なグループ別の討論を行い、個人発表中心に流されないよう学習者全員がともに参与する授業になるよう留意する。

　＊対面教科目は8時間以上の出席授業と1回以上の出席試験を実施しなければならない。

1週	児童の権利と福祉の概念理解
教科目標	・児童、児童の権利と福祉の概念、理念、意義について検討し、児童の権利と福祉の関連性について理解する。
教科内容	・児童、児童の権利と福祉の概念、理念、意義に関する理解 ・児童の発達と児童福祉の関連性の把握 ・児童福祉サービスとして児童の権利の具現方案の模索
教授学習方法	・討論、講義
2週	児童保護サービス
教科目標	・児童虐待の概念と類型、児童保護サービスについて実例を通して理解し、防止方案についてともに模索する。
教科内容	・児童虐待に対する児童福祉法の規定、児童虐待の類型の把握 ・児童保護サービスの過程と手続き及び法規定の理解
教授学習方法	・事例参観（メディア活用、ＥＢＳ児童虐待予防プログラム「3名の危険な視覚」、ＥＢＳ生放送教育大討論「児童虐待誰の誤りなのか」）、討論、講義
3週	施設児童の福祉サービス
教科目標	・施設児童の福祉サービスを理解し、施設児童の福祉サービスの発達的変化を調べる。
教科内容	・施設児童の福祉の実態と問題点の把握 ・国連（UN）児童権利委員会の勧告を踏まえ、施設児童の福祉の発展方案を模索
教授学習方法	・発表、討論、講義〈参考資料 - 国連（UN）児童権利協約、国連（UN）児童権利委員会、大韓民国政府の国連（UN）児童権利協約履行報告書〉

6 「児童の権利と福祉」の教科目の適用時の留意点

① 養成校教員は、受講期間中、テレビ、新聞を始めとする各種メディアで取り上げている国内外の児童の権利と福祉の記事に注目し、それを実時間に反映させ、現場中心の講義を進める。

② 養成校教員は、児童の権利と福祉の概念と原理、各児童福祉の実践領域を講義する過程で学習者個人の児童期の経験を踏まえて、児童の権利と福祉の懸案、そして地域社会の児童の発達環境と連係し、多様な事例の発表と討論を積極的に促し、学習者が主導する講義になるよう進める。

③ 養成校教員は、学習者が住んでいる地域と、教育機関が所在する地域の児童の権利と福祉の水準を評価、分析してみる過程を学習者と一緒に実施する。

④ 養成校教員は、オリニジップまたは家庭で起こり得る児童の権利侵害と児童虐待の具体的な実例を学習者とともに検討する過程を通して、児童の権利と福祉の重要性と必要性を深層的に再認識できるよう促す。

⑤ 養成校教員は、学習者がオリニジップで児童の権利を尊重する保育方案を考案し、日常生活で実践できる児童の権利を尊重する保育教師になるよう手助けをする。

⑥ 養成校教員は、講義時に政策及び法の変化を敏感に反映しなければならない。

7 「児童の権利と福祉」の教科目の参考資料

① 国家人権委員会（2018）『国連（UN）児童権利協約の理解』
② 保健福祉部（2009）『児童権利協約とともにする児童・青少年の権利』
③ 保健福祉部（2016）『生涯周期別マチュム型福祉—乳幼児・児童・青少年編』
④ ソウル大学校社会福祉研究所、セーブ・ザ・チルドレン（2013）『韓国の児童の生活の質に関する総合指数研究』
⑤ ソウル特別市育児総合支援センター（2015）『乳幼児の権利尊重のための自己チェックリスト』
⑥ 中央育児総合支援センター（2020）『保育教職員の安全教育：児童虐待予防教育』

保育知識と技術の領域

PART III　保育知識と技術の領域

必修教科目　(1)　保育学概論

1　「保育学概論」の教科目の概要

　「保育学概論」は保育専門家として成長する際に必要な保育に関する全般的で概括的な知識を習得する保育入門科目である。従って、「保育学概論」は、学習者が乳幼児の発達と家族福祉を支援し、社会と国家の発展に基礎となる保育の重要性と本質を十分に認識するようにしなければならない。また、保育に必要な基礎知識と内容を学習し、将来保育専門家として正しい態度と哲学を形成し、望ましい役割を遂行できるようにすることが目的である。そのために保育の基礎、保育教職員の役割及び協力、乳幼児の保育課程、オリニジップの環境構成と運営原理、保育評価等、保育全般にわたる内容を探索する。

2　「保育学概論」の教科目の目標

① 保育の概念と重要性、保育経験と乳幼児の発達との関連性を理解し、保育制度及び政策を学習し、保育に対する基礎知識を養う。
② 保育教職員の資格要件を確認し、役割と資質を把握し、保育効果を最大にするために、オリニジップと父母及び地域社会との協力方案に対する内容を習得する。
③ 乳幼児の発達要求と権利を尊重し、家族と社会文化的な要求に符号する保育課程の特性と内容を理解する。
④ 乳幼児に適合した保育環境を構成するための原理を調べ、オリニジップを運営する際に必要な多様な事項を把握する。
⑤ 保育の効果を点検するために、多様な評価方法を学び、オリニジップの評価制の運営体系と手続きを熟知する。

3　「保育学概論」の教科目の内容

大主題	小主題	核心概念	主要な内容
保育の基礎	保育の概念と重要性	・保育の概念及び重要性 ・保育の類型 ・保育の現状 ・保育パラダイムの変化	・保育の概念、本質、重要性の理解 ・保育統計を通した保育現状の把握 ・過去と現在の保育パラダイムの比較

	保育経験と乳幼児の発達	・保育の質的要因 ・保育経験と乳幼児の発達	・保育の質的水準と関連する要因の理解 ・乳幼児の能力と発達の理解 ・発達に適合した保育方法の理解 ・保育経験の量と質が乳幼児の発達に与える影響の理解
	保育制度と政策	・韓国の保育制度と政策 ・国外の保育制度と政策	・韓国の保育の歴史 ・保育制度の変遷過程と政策の把握 ・主要な保育先進国の保育制度と政策の考察
	オリニジップの設置と運営	・オリニジップの設置 ・オリニジップの類型 ・保育サービスの多様性	・オリニジップの設置と類型 ・オリニジップの学級編成と保育教師配置 ・多様な保育サービスの理解 ・障碍児統合保育の理解
	保育教職員の役割と資質	・保育教職員の特性 ・オリニジップ園長と保育教師の資格要件 ・保育教職員の資質及び役割 ・保育教職員の倫理 ・保育教師の専門性の向上	・保育教職員の特性と役割の理解 ・オリニジップ園長と保育教師の資格要件及び養成課程の理解 ・オリニジップ園長の役割及び資質の理解 ・保育教師の役割及び資質の理解 ・保育教職員の倫理綱領の認識 ・保育教師の専門性向上の方案の模索
	オリニジップと父母及び地域社会と協力	・オリニジップと父母との協力概念と重要性 ・オリニジップと父母の協力方法 ・オリニジップと地域社会との協力	・父母の子どもの養育者及び保育パートナーとしての役割と重要性の理解 ・オリニジップと父母との協力方法の理解 ・オリニジップと地域社会との関係の重要性の認識 ・地域社会の人的資源との交流及び参与方法の把握
乳幼児の保育課程	保育課程の概念と特性	・保育課程の概念及び特性 ・保育課程の構成原理 ・保育課程の運営	・保育課程の計画の重要性の認識 ・保育課程の概念及び特性の理解 ・保育課程の構成時に考慮すべき原理の理解 ・保育課程の運営方法の理解 ・保育課程の運営時に考慮すべき多様な人的・物的資源の把握
乳幼児の保育課程	オリニジップの標準保育課程の構成と内容	・標準保育課程の性格、追求する人間像、目的と目標、構成の重点構成と内容 ・標準保育課程の運営 ・標準保育課程の内容	・標準保育課程の開発の理解 ・標準保育課程の構成方向 ・標準保育課程の編成運営、教授学習、評価 ・標準保育課程の領域別内容
乳幼児の保育課程	国外の乳幼児保育課程	・国外の国家水準の保育課程の特性	・主要な国別の保育課程の背景及び目標の理解 ・主要な国別の保育課程の内容及び保育教師の役割の探索
オリニジップの運営	オリニジップの環境構成と運営	・オリニジップの環境の重要性 ・オリニジップの環境の構成原理 ・オリニジップの環境構成	・オリニジップの環境と乳幼児の発達との関係の理解 ・オリニジップの環境構成原理の理解 ・オリニジップの主要な空間把握及び施設設備の内容及び基準の把握 ・年齢別の特性に適合したオリニジップの室内外の環境構成及び遊び資料の支援

			・乳幼児及び保育教職員の管理要素の理解
	オリニジップの 運営管理	・オリニジップの人的管理 ・オリニジップの施設管理 ・オリニジップの事務管理	・乳幼児及び保育教職員の管理方法の把握 ・オリニジップの室内外の施設と設備管理の基準の理解 ・オリニジップの室内外の施設及び設備管理方法の把握 ・オリニジップの運営と関連した記録、文書作成及び保管方法の把握 ・公文書の執行と処理手続きの把握
保育評価	保育評価の 目的と方法	・保育評価の目的と重要性 ・保育評価の対象と方法	・保育評価の目的と重要性の理解 ・保育評価の対象である乳幼児、保育教師、保育課程による多様な評価方法の理解
	オリニジップの 評価	・オリニジップ評価の目的と重要性 ・オリニジップ評価の運営体系と手続き	・オリニジップ評価制度の導入背景と重要性の理解 ・オリニジップ評価制度の運営体系と手続きの理解

4 「保育学概論」の教科目の教授学習方法及び授業資料

① 講義時に関連する保育統計や政策及び機関について紹介することにより、概念及び原理に対する理解を高めるようにする。また、講義主題と関連した保育課題や問題等とマスコミの報道内容を先に提示し、学習者の学習動機及び興味を高める。

② 養成校教員は保育関連の新聞記事をスクラップできるようにし、学習者個人の意見を記述する報告書を課題物として提示する。また、養成校教員が提示した保育と関連した多様な主題の中で学習者が自身の関心に沿って主題を選定し、主題に該当する新聞記事や関連資料を収集し、それを分析することによって保育についてより実際的に理解できるようにする。

③ 保育サービスの対象者である養育者を対象に、保育と関連したインタビューを実施した結果と、学習者自らが疑問や興味のある主題と関連した保育政策を調べるようにする。それを通して保育に対する関心を高め、より実際的な理解を深めるようにする。また、現在の保育政策を分析し、保育政策が家庭と保育現場に及ぼす影響を中心に学習者間の討論を進めることで、保育の重要性を認識できるようにする。

④ 養成校教員は学習者が保育現場を訪問し、保育教職員の業務を観察するか、面談することで、保育に関する疑問点を直接解決できるようにする。また、保育現場の訪問及び保育教職員の面談の結果による学習者の疑問点と関連する政策を調べ、より効果的で発展的な保育の方向性を提示し、課題を行うことができる。

⑤ 養成校教員は学習者が保育現場を訪問し、実際運営している保育及び保育環境を観察し、乳幼児の発達に適合した保育課程への理解と保育環境についての実際的な理解を高められるようにする。

⑥ 養成校教員は講義の主題と関連したテレビニュース、ドキュメンタリー等、各種視聴覚媒体を通して紹介される保育課題や問題等を示し、韓国社会の保育懸案に関心を誘導し、関心のある主題について討論することにより、保育の重要性を強調する。

授業資料

① 保健福祉部「保育事業案内」
② 保健福祉部（2020）『第4次オリニジップ標準保育課程 解説書』
③ 教育部・保健福祉部（2019）「2019 改訂ヌリ課程」、教育部・保健福祉部（2019）『2019 改訂ヌリ課程 解説書』、『2019 改訂ヌリ課程 遊びの理解の資料』、『2019 改訂ヌリ課程 遊びの実行資料』
④ オリニジップの室内外の空間写真の資料
⑤ オリニジップ評価制指標

5 「保育学概論」の教科目の適用時の留意点

① 「保育学概論」は保育に関する基本的な内容を扱う教科目であるため、他の教科目より優先的に履修すべき教科目として運営する。

② 大学の場合、「保育学概論」の教科目は比較的、低学年で受講するため、保育に対する基本知識が不足した状態で受講するか、大学講義の特性に対する理解が不足した状態で受講することになる。従って、保育学概論の授業が面白く、意味のある授業になるよう、学習者が持っている保育に対する関心や経験、講義に対する理解水準を反映し運営する。

③ 「保育学概論」の教科目は、多様な保育関連の教科目と相互補完的な特性がある。従って、各大学または学科で運営される多様な保育関連の教科目の講義内容を事前に検討し、「保育学概論」の教科目の内容を調整することで講義の内容が重複しないようにする。例えば、「保育教師論」の教科目の内容と「保育学概論」の教科目の内容を比較し、二つの教科目の学習が互いに連係できるよう講義内容を計画する。

④ 養成校教員は保育制度と政策を扱う時、国内だけではなく主要な保育先進国の保育制度と政策等を一緒に取り上げ、国内の保育発展のための示唆点を模索し、発展方向を論議できるようにする。

⑤ 保育教職員の主題を学習する時、保育教師の処遇と与件の否定的な側面だけを強調し、保育教師に対する偏見が形成されないよう留意する。保育教職員の役割と責任について調べ、保育教職員の役割の価値を認識し、保育に対する自負心が持てるようにする。

⑥ オリニジップと家庭及び地域社会間の連携と協力は、保育の効果を高める際に大変重要であり、これを考慮し、オリニジップと父母との協力に対する内容及びオリニジップと地域社会との協力に対する内容を連続で取り上げることが効果的である。特に、オリニジップと父母との協力部分を指導する時、多様な家庭類型（ひとり親家庭、多文化家庭、祖孫家庭等）のニーズを考慮する必要があることを強調する。

⑦ オリニジップの環境構成及び運営原理に対する具体的で実際的な指針を探求することにより、体系的な保育運営の実際を経験できるようにする。

⑧ 韓国のオリニジップ評価制だけではなく、保育先進国の評価制度も一緒に扱うことで、評価の価値と重要性を認識できるようにする。

PART III　保育知識と技術の領域

6　「保育学概論」の教科目の参考資料

① 教育部・保健福祉部（2019）『2019改訂ヌリ課程 解説書』
② 教育部・保健福祉部（2019）『2019改訂ヌリ課程 遊びの理解の資料』
③ 教育部・保健福祉部（2019）『2019改訂ヌリ課程 遊びの実行資料』
④ 教育科学技術部・育児政策開発センター（2008）『ＯＥＣＤ乳幼児教育・保育政策Ⅱ』
⑤ グォン・ミキョン、ド・ナムヒ、ファン・ソンウン（2012）『ＯＥＣＤ諸国の保育サービス：保育
　 類型、保育教職員、保育サービスを中心に』育児政策研究所
⑥ 保健福祉部（2020）『第４次オリニジップ標準保育課程 解説書』
⑦ 保健福祉部（2020）『2020保育事業案内』
⑧ 保健福祉部・韓国保育振興院（2020）『2020オリニジップの評価マニュアル』
⑨ オリニジップ安全共済会（2019）『オリニジップの安全管理百科：健康、環境、衛生、給食』
⑩ オリニジップ安全共済会（2019）『オリニジップの安全管理百科：室内外の保育環境』
⑪ 中央育児総合支援センター（2020）『保育教職員の安全教育：児童虐待予防教育』

必修教科目　2　保育課程

1　「保育課程」の教科目の概要

　「保育課程」は乳幼児がオリニジップで全人的な発達と幸福を追求できるように支援する予
備保育教師の力量を養うための教科目である。乳幼児は遊ぶ中で自分の有能さを発揮し、楽し
く学び、成長する。従って、「保育課程」の教科目は予備保育教師が乳幼児の声に耳を傾け、
乳幼児の意見を尊重し、乳幼児の主導的な遊びが十分できるように支援する力量を養うことが
目的である。また、予備保育教師が国家水準の共通性と地域、機関及び個人レベルでの多様性
を同時に追求する保育課程を運営できるようにすることに目的がある。そのため、保育課程の
基礎、保育課程の構成、保育課程の実際、保育課程の運営に関する内容を探索する。特に保育
課程の実際ではオリニジップの標準保育課程の全般的な内容を詳細に学ぶ。

2　「保育課程」の教科目の目標

① 乳幼児の発達的要求と権利を尊重する保育課程の基礎として保育課程の概念及び理論的な
　 基礎について理解を増進する。
②「第４次オリニジップ標準保育課程」及び「改訂ヌリ課程」の性格、構成方向及び運営に対
　 する知識を習得する。
③ 保育課程が「乳幼児中心、遊び中心」を追求することの意味を理解する。
④ 0〜1歳の保育課程、2歳の保育課程、3〜5歳の保育課程（ヌリ課程）の領域別目標と内容
　 を理解する。

⑤ 乳幼児の遊びと日常生活で現れる統合的な経験を領域別の内容とつなげて理解し、それを支援できる方法を知り、実行する。

⑥ 年齢による保育課程の運営方案及び一日の日課運営方案を知り、実行する。

⑦ 国家水準の共通的な基準に基づき、地域、機関、個人水準の特性に従って保育課程を多様に運営できることを理解する。

3 「保育課程」の教科目の内容

大主題	小主題	核心概念	主要な内容
保育課程の基礎	保育課程の概念	・保育課程の定義 ・保育課程の特性	・保育課程の定義 ・保育課程に対する多様な観点及び変化 ・乳幼児の発達及び能動的な経験構成の機会提供に基づいた保育課程の特性と重要性の理解
保育課程の基礎	理論的基礎	・児童に対する観点 ・哲学的な基礎 ・心理学的な基礎 ・社会変化と保育課程	・児童に対する歴史的・社会的な観点の理解 ・保育課程に影響を与える哲学的な理論に対する理解 ・保育課程に影響を与える心理的な基礎に対する理解 ・社会変化に伴う保育課程の変化
保育課程の構成	保育課程の構成原理及び要素	・保育課程の構成原理 ・保育課程の構成要素	・保育課程の構成原理の理解 ・保育課程の目標 ・保育課程の内容 ・保育課程の実行 ・保育課程の評価
保育課程の実際	国家水準の保育課程の理解	・保育課程関連の国際動向 ・国家水準の保育課程の変化 ・国家水準の保育課程の連係	・保育課程関連の国際動向の理解 ・標準保育課程の変遷過程 ・ヌリ課程の変遷過程 ・0〜2歳標準保育課程及び3〜5歳標準保育課程（ヌリ課程）、初等教育課程との連係の理解、構成体系の理解
保育課程の実際	オリニジップ標準保育課程の総論	・標準保育課程の性格 ・標準保育課程の構成方向 ・標準保育課程の運営	・標準保育課程の性格の理解 ・追求する人間像、目的と目標、構成の重点理解 ・編成・運営、教授学習、評価の理解
保育課程の実際	0〜1歳オリニジップ標準保育課程	・領域別の目標と内容 ・6領域の統合的な理解	・基本生活領域の目標と内容の理解 ・身体運動領域の目標と内容の理解 ・意思疎通領域の目標と内容の理解 ・社会関係領域の目標と内容の理解 ・芸術経験領域の目標と内容の理解 ・自然探求領域の目標と内容の理解 ・6領域の統合的な経験の実際と理解、保育教師支援

	2歳 オリニジップ 標準保育課程	・領域別の目標と内容 ・6領域の統合的な理解	・基本生活領域の目標と内容の理解 ・身体運動領域の目標と内容の理解 ・意思疎通領域の目標と内容の理解 ・社会関係領域の目標と内容の理解 ・芸術経験領域の目標と内容の理解 ・自然探求領域の目標と内容の理解 ・6領域の統合的な経験の実際と理解、保育教師支援
	3〜5歳 オリニジップ 標準保育課程 （ヌリ課程）	・領域別の目標と内容 ・5領域の統合的な理解	・身体運動・健康領域の目標と内容の理解 ・意思疎通領域の目標と内容の理解 ・社会関係領域の目標と内容の理解 ・芸術経験領域の目標と内容の理解 ・自然探求領域の目標と内容の理解 ・5領域の統合的な経験の実際と理解、保育教師支援
保育課程の運営	乳児クラスの 保育課程の運営	・乳児クラスの保育課程の特性 ・乳児クラスの保育課程の運営計画 ・乳児クラスの一日の日課運営 ・乳児クラスの遊び支援の理解 ・観察記録と評価	・乳児のための保育課程の特性の理解 ・乳児クラスの保育課程に基づいた保育計画の理解と実習 ・乳児クラスの保育課程に基づいた一日の日課運営と実習 ・乳児クラスの保育課程に基づいた遊び支援（相互作用、環境構成）の理解と実習 ・乳児の観察記録と評価
	幼児クラスの 保育課程の運営	・幼児クラスの保育課程の特性 ・幼児クラスの保育課程の運営計画 ・幼児クラスの一日の日課運営 ・幼児クラスの遊び支援の理解 ・観察記録と評価	・幼児のための保育課程の特性の理解 ・幼児クラスの保育課程に基づいた保育計画の理解と実習 ・幼児クラスの保育課程に基づいた一日の日課運営と実習 ・幼児クラスの保育課程に基づいた遊び支援（相互作用、環境構成）の理解と実習 ・幼児の観察記録と評価
	特性を反映した 多様な保育課程 の運営	・地域水準の保育課程 ・機関水準の保育課程 ・個人水準の保育課程	・地域水準の特性を反映した保育課程の運営の理解 ・機関水準の特性を反映した保育課程の運営の理解 ・乳幼児の個人差を反映した保育課程の運営の理解

4 「保育課程」の教科目の教授学習方法及び授業資料

① 「保育課程」の教科目は理論と実際の教授をバランスよく構成し、進めることで学習者の学びを助けることができる。保育課程の基礎と構成要素等、専門的な知識に対する内容は講義で行い、保育課程の実際及び運営は体験的な学習ができるよう運営する。

② 学習者が保育課程の基礎と関連した主題を調べ、報告書を提出し、発表・討論できるようにする等の方法を活用し、児童観、保育哲学、社会変化に伴う保育の動向等が確立できる

よう手助けをする。

③ オリニジップの標準保育課程の各領域別の目標及び内容は講義で進める。講義内容を踏まえて乳幼児の経験の実際から乳幼児の経験を理解し、乳幼児が追求する人間像へと成長できるよう支援する方法を模索する。

④ 学習者が乳幼児、保育教師の役割を担い、自然な遊び状況での乳幼児の経験を観察・記録し、支援する経験をできるようにする。乳幼児役の学習者は遊びの資料を用いて自由に遊び、保育教師役の学習者は、遊ぶ乳幼児の経験を理解し、遊びの資料、遊び空間、遊びのルールと安全等を考慮し、支援できるようにする。

⑤ 保育課程の運営と連係し、保育課程及び相互作用領域の評価指標を丁寧にみていくことで、標準保育課程とオリニジップ評価制をつなげて実践的な知識を養うようにする。

⑥ 保育課程の運営が体験的な学習になるよう、オリニジップを訪問し、保育課程を運営している実際を観察する方法等を活用できるようにする。

⑦ 国家レベルでの共通基準に基づいた地域、機関、個人水準の特性を反映し、多様に運営する保育課程の事例を詳しく調べるようにする。

授業資料

① 保健福祉部（2020）『第4次オリニジップ標準保育課程 解説書』
② 教育部・保健福祉部（2019）『2019 改訂ヌリ課程 解説書』
③ 教育部・保健福祉部（2019）『2019 改訂ヌリ課程 遊びの理解の資料』
④ 教育部・保健福祉部（2019）『2019 改訂ヌリ課程 遊びの実行資料』
⑤ 教育部・保健福祉部（2019）『2019 改訂ヌリ課程 遊び運営事例集』
⑥ 乳幼児の遊び事例
⑦ 年齢別オリニジップの室内外空間の写真
⑧ オリニジップ評価制指標

5 「保育課程」の教科目の適用時の留意点

① 「保育課程」の教科目は乳幼児に対する発達知識と保育学分野の概論に対する知識に基づいて理解することが望ましい。従って、この2つの教科目を先に受講した後に「保育課程」の教科目を受講するようにし、学習者の理解増進に役に立つよう運営する。

② 乳幼児中心、遊び中心の保育課程の運営のために、学習者自らが遊びながら、遊びに含まれる意味と価値を経験することが重要であり、それを経験できる乳幼児の遊び関連の教科目を先に受講することも役に立つ。

③ 大学で開設している保育関連の教科目の種類によって担当教員間の協議を通して教科目の講義範囲を調整することができる。例えば、「乳幼児プログラムの開発と評価」の教科目や保育実際と関連する教科目と「保育課程」の教科目は、保育の実際に対する内容が重複することもあるため、事前に科目担当教員間の協議を通して関連内容を調整することが効果的である。

④ オリニジップの標準保育課程の解説書、ヌリ課程の解説書、遊びの理解の資料、遊びの実

行資料、遊びの運営事例集及び案内動画を活用することで国家水準の保育課程の性格、構成方向、運営に対する確固たる理解を明確にできるようにする。

⑤ 計画案の形式と方法の自律化、興味領域[12]の運営方式の自律化、5領域の統合方式の多様化、評価の自律化等、保育教師の自律性が強調される「第4次オリニジップ標準保育課程」の方向に従って学習者が多様な観点で考え、共に共有できる時間が持てるようにする。

⑥ 学習者が乳幼児の経験を理解し、支援する過程を直接体験し、共有しながら自ら学ぶよう、シミュレーション授業、協同学習、討論等の教授学習方法を活用する。

6 「保育課程」の教科目の参考資料

① 京畿道教育庁（2019）『遊び 2019：遊びで幼児の暮らしを映す』
② 教育部・保健福祉部（2019）『2019 改訂ヌリ課程 解説書』
③ 教育部・保健福祉部（2019）『2019 改訂ヌリ課程 遊びの理解の資料』
④ 教育部・保健福祉部（2019）『2019 改訂ヌリ課程 遊びの実行資料』
⑤ 教育部・保健福祉部（2019）『2019 改訂ヌリ課程 遊びの運営の事例集：遊び！幼児が世界に出会い、生きる力』
⑥ 教育部・保健福祉部（2019）『2019 改訂ヌリ課程 遊びの運営事例集：自然と子どもらしさを生かす生態遊び』
⑦ 教育部・保健福祉部（2019）『2019 改訂ヌリ課程 遊びの運営事例集：遊びを支援する教師の役割』
⑧ 教育部・保健福祉部（2019）『2019 改訂ヌリ課程 遊びの運営事例集：幼児の暮らし 遊びで染まる』
⑨ 教育部・保健福祉部（2019）『2019 改訂ヌリ課程 遊びの運営事例集：創っていく遊び中心の幼児教育』
⑩ 保健福祉部（2020）『第4次オリニジップ標準保育課程 解説書』
⑪ 保健福祉部（2020）『2020 保育事業案内』
⑫ 保健福祉部・中央育児総合支援センター（2020）『「2019 改訂ヌリ課程」保育日誌の改善方向及び日誌様式の事例』
⑬ 保健福祉部・韓国保育振興院（2020）『2020 オリニジップの評価マニュアル』
⑭ ソウル特別市育児総合支援センター（2020）『第4次改訂標準保育課程に基づく障碍乳幼児の遊び支援教育』
⑮ ソウル特別市・自治区育児総合支援センター（2019）『遊ぼう、このように！』
⑯ 教育部テレビ（2019）「ペンス、幼稚園に行く！『2019 改訂ヌリ課程』-EP.01（映像資料）」
⑰ 教育部テレビ（2019）「ペンスが叫ぶ理由は？『2019 改訂ヌリ課程』-EP.02（映像資料）」
⑱ 教育部テレビ（2019）「教育の変化：ペンスが教えてくれる！［2019 改訂ヌリ課程］-EP.03（映像資料）」
⑲ 韓国保育振興院（2020）「2020 保育事業案内 教育（映像資料）」
⑳ ＥＢＳ（2014）「ドキュプライム 幸せの条件：福祉国家に行く 4部 保育（映像資料）」
㉑ ＥＢＳ（2019）「新年特集企画『遊びの力』（映像資料）」
㉒ ＥＢＳ（2008）「知識チャンネル e. 忘却の椅子（映像資料）」
㉓ ＥＢＳ（2019）「特集プログラム『遊びの喜び』1部、自ら遊んでこそ育つ（映像資料）」
㉔ ＥＢＳ（2019）「特集プログラム『遊びの喜び』2部、外で遊んでこそ育つ（映像資料）」
㉕ ＥＢＳ（2018）「キッズ：幼児たちの夢は遊びで育つ 1部 うちの子、遊ばせてもいいでしょうか？（映像資料）」

㉖ ＥＢＳ（2018）「キッズ：幼児たちの夢は遊びで育つ 3 部 遊びながら学び、遊びながら育つ（映像資料）」
㉗ 保健福祉部「ホームページ（http://www.mohw.go.kr/react/index.jsp）」
㉘ i-ヌリ（https://www.i-nuri.go.kr/main/index.do）

3 乳幼児の発達

1 「乳幼児の発達」の教科目の概要

「乳幼児の発達」は保育教師を目指す学習者に必修知識とも言える、乳児と幼児の発達に対する概念と内容を学び、理論的な基盤が形成できる教科目である。学習者は乳幼児の発達に対する主要な理論と乳児の発達特性及び幼児の発達特性に関する内容を学習し、乳幼児を取り巻く周辺環境との連係性を把握する。これを土台に保育現場で乳幼児の全人的な発達を支援するための理論的な基礎を形成することに目的がある。そのため、乳幼児の発達の概念及び理論、生命のはじまり、乳児期の発達、幼児期の発達、乳幼児の発達と生態学的な脈絡等、乳幼児の発達の全般にわたる内容を学習する。

2 「乳幼児の発達」の教科目の目標

① 乳幼児の発達の概念と主要な原理を理解し、科学的な乳幼児の発達の研究方法を探索し、理論的な基盤を形成する。それを土台に発達的な連続性を理解する。
② 胎内の発達と新生児の発達の特徴を調べる。
③ 乳児期の発達の領域別の主要な特徴を理解する。
④ 幼児期の発達の領域別の主要な特徴を理解する。
⑤ 乳幼児の発達的な特性と社会文化的な脈絡の相互作用を考察する。
⑥ 乳幼児の発達と遊びとの関連性を調べる。

3 「乳幼児の発達」の教科目の内容

大主題	小主題	核心概念	主要な内容
乳幼児の発達の基礎	発達の概念	・発達概念 ・発達段階 ・発達の原理 ・発達に対する争点 ・遊びと発達	・発達概念の把握 ・発達段階の理解 ・発達の主要な原理の理解 ・発達に対する主要な争点の模索 ・乳幼児の発達に及ぼす遊びの影響

PART III 保育知識と技術の領域

	発達の研究方法	・発達研究の目的及び科学的な研究過程 ・発達研究の設計	・発達研究の目的及び科学的な研究過程の把握 ・発達研究のための研究設計の理解
	発達理論	・成熟理論 ・精神分析理論 ・行動主義理論 ・社会学習理論 ・認知発達理論 ・動物行動学理論 ・生態学的理論	・成熟理論の主要な概念及び発達メカニズムの理解 ・精神分析理論の主要な概念及び発達メカニズムの把握 ・行動主義理論の主要な概念及び発達メカニズムの理解 ・社会学習理論の主要な概念及び発達メカニズムの把握 ・認知発達理論の主要な概念及び発達メカニズムの把握 ・動物行動学理論の主要な概念及び発達メカニズムの理解 ・生態学的理論の主要な概念及び発達メカニズムの把握
生命のはじまり	胎内の発達及び出産	・妊娠 ・胎内の発達段階 ・胎内の発達に影響を及ぼす要因 ・出産過程	・妊娠過程の理解 ・胎内の発達段階の把握 ・胎内の発達に影響を及ぼす遺伝及び環境要因の理解 ・出産過程及び出産と関連した内容の把握
生命のはじまり	新生児	・新生児の特徴 ・反射行動 ・新生児のケア	・新生児の特徴の理解 ・新生児の反射行動の特徴の把握 ・新生児のケア方法についての理解
乳児期の発達	乳児期の身体・運動発達	・身体成長 ・運動発達 ・脳の発達	・乳児期の身体成長についての理解 ・乳児期の運動発達についての把握 ・乳児期の脳の発達の理解
乳児期の発達	乳児期の認知・言語発達	・知覚発達 ・認知発達 ・乳児期の学習と模倣 ・言語発達	・乳児期の知覚発達の主要な特徴の把握 ・乳児期の認知発達の特性の理解 ・乳児期の学習及び模倣、記憶の特性の把握 ・乳児期の言語発達段階及び言語発達に影響を及ぼす要因の理解
乳児期の発達	乳児期の社会・情緒発達	・情緒発達 ・気質発達 ・愛着関係 ・自我発達	・乳児期の情緒分化及び情緒発達の把握 ・乳児期の気質発達及び気質特性の理解 ・乳児期の愛着類型及び愛着測定方法の把握 ・乳児期の自我発達の特性及び発達的な変化の理解
幼児期の発達	幼児期の身体・運動発達	・身体成長 ・運動発達 ・脳の発達	・幼児期の身体成長の原理の理解 ・幼児期の大小筋肉の発達の把握 ・幼児期の脳の発達の理解
幼児期の発達	幼児期の認知・言語発達	・認知発達の特性 ・情報処理能力の発達 ・記憶発達 ・知能に対する理論及び検査 ・創意性の発達 ・言語発達の主要な理論と段階	・幼児期の認知発達に対する主要な特性の理解 ・幼児期の情報処理能力の発達の理解 ・幼児期の記憶発達の把握 ・知能に対する主要な理論の理解及び知能検査の把握 ・幼児期の創意性発達と測定方法の理解 ・幼児期の言語発達の主要な理論の理解 ・幼児期の言語発達段階及び段階別特性の把握

		・情緒発達	・幼児期の情緒表現、情緒理解及び情緒調節の理解
	幼児期の 社会・情緒発達	・気質と発達	・幼児期の気質類型及び特性の把握
		・自我の発達	・幼児期の自我発達の特性の理解
		・道徳性の発達	・幼児期の道徳性の発達の理解
		・性役割の発達	・幼児期の性役割の発達の理解
乳幼児の発達と生態的な脈絡	家族の内的環境	・父母の養育行動 ・きょうだい関係 ・祖父母関係 ・多様な家族の類型 ・児童虐待	・乳幼児の発達に対する父母の養育の影響の把握 ・乳幼児の発達に対するきょうだい関係の影響の理解 ・乳幼児の発達に対する祖父母関係の影響の把握 ・多様な家族の類型の理解 ・児童虐待の類型と乳幼児の発達に及ぼす影響
	家族の外的環境	・遊びと乳幼児の発達 ・子ども同士の関係と乳幼児の発達 ・保育と乳幼児の発達 ・メディアと乳幼児の発達 ・地域社会の育児支援	・乳幼児の発達に対する遊び及び子ども同士の影響の理解 ・保育が乳幼児の発達に与える影響 ・乳幼児の発達に対するメディアの影響の把握 ・乳幼児の発達に対する地域社会の育児支援の影響の理解

4 「乳幼児の発達」の教科目の教授学習方法及び授業資料

① 発達の概念及び理論と研究方法に関する主題は、理論的な講義で行い、講義の主題と関連した写真資料及び発達理論と関連した実験例、または写真資料を活用し、学習者の興味と理解を高めるようにする。乳幼児の発達と保育関連の新聞記事を収集及び分析することで乳幼児の発達に対する理解の重要性を強調する。

② 胎内の発達及び出産、新生児の発達に対する理解を促すために、動画資料と実験結果等を活用し、各発達時期の発達の特性に関する内容を熟知できるようにする。胎内の環境等、外部の環境が胎内の発達と新生児の発達に与える影響に関する主題（例：妊産婦の喫煙が胎児に与える影響）を提示し、学習者自らが胎内の発達及び新生児の発達に与える肯定的、または否定的な影響について考察できるようにする。

③ 乳児期と幼児期の発達の各領域別の発達特性と関連した写真及び動画資料、乳幼児を対象とする実験あるいは実験結果を活用し、乳幼児期の年齢別の発達特性に関する理解を確固たるものとする。また、オリニジップに訪問するか、学習者周辺にいる乳児を観察できる機会を与え、年齢による乳児の発達水準を体験的に経験できるようにする。

④ 年齢別の幼児の観察をグループ課題として提示し、発表することにより、年齢別の発達特性に対する体験的な学習の効果を高めることができる。

⑤ 養成校教員は乳幼児の発達の特性について代表的な主題を提示し、学習者がグループ別に主題を選定し、協同学習として主題を探索した後、その結果を発表することにより、主要な発達の特性に対する理解を深めることができる。また、各グループが発表した主題内容を学習者同士が共有し、討論することにより、多様な主題に関する学習を深化させ、実行することができる。

⑥ 乳児期の発達の特性と幼児期の発達の特性に関する理解を土台に、各年齢に適合した教授
方法の例を案内するか、発達に適合した教授方法の指針について討論できるようにする。

授業資料

① 韓国の乳幼児の身体発達のグラフ
② ローレンツを母親と思い、追いかけるアヒルの子どもたち
③ パブロフの古典的条件形成の実験写真
④ スキナー操作的条件形成の実験写真
⑤ 胎内の発達の写真
⑥ 出産の段階別の案内図絵
⑦ 胎教と関連した写真または音楽等
⑧ 新生児の感覚機能の実験写真
⑨ 新生児の反射行動の写真
⑩ 乳児の慣れない状況に関する実験の写真または動画
⑪ 乳児の深さの知覚実験の写真または絵
⑫ 年齢による身体発達の写真
⑬ ピアジェの実験と関連した写真または絵
⑭ 幼児の知能測定道具
⑮ 創意性の測定実験または創意性の測定道具

---

5 「乳幼児の発達」の教科目の適用時の留意点

① 「乳幼児の発達」の教科目は、専攻初期に選択する教科目であり、多様な保育関連の教科目
の先修科目になるように運営されなければならない。従って、学習者が乳幼児の発達に対
する知識がなく、大学講義の特性をまだ把握していない段階で受講する教科目になりやす
いため、平易な講義水準を保ちながらも興味が持てるよう運用する。
② 乳幼児の発達の特性に関する内容の講義時、乳幼児は自身の学習速度と気質、状況、事前
経験、環境による個人差があり、個人差を考慮した時に乳幼児自身の潜在力を最大に発揮
できる指針に重点を置くようにする。学習者が、発達の能動的な主体は乳幼児であり、個
人差及び発達の特徴に重点を置き、乳幼児の発達を理解できるようにする。
③ 養成校教員は、教材によって発達段階の名称及び該当年齢が異なるため、学習者が混乱す
ることもあり得ることから、これらを講義のなかで言及できるようにする。年齢別の発達
特性を把握することは、乳幼児の発達について学習者の理解を高めるためであり、乳幼児
の発達段階及び特性を標準化、または規格化する思考を警戒し、注意するようにする。
④ 養成校教員は大学及び学習者の特性により、乳幼児の発達の教育内容で提示した小主題を
選別して教えることが可能で、提示した内容を調整することもできる。例えば、提示した
乳幼児の発達の主要な理論の中で主要ないくつかの理論だけを選別して扱うこともできる。
また、提示した理論以外の他の理論を取り上げることもできる。
⑤ 養成校教員は「乳幼児の発達」の教科目と保育の実際の教科目との関連性を十分に説明し、
保育及び教育において発達理解の重要性を強調する。

6 「乳幼児の発達」の教科目の参考資料

① 保健福祉部・中央育児総合支援センター（2020）『オリニジップの乳幼児の性に関する行動問題の管理・対応マニュアル』
② 韓国教育放送公社（2006）「赤ちゃんの成長報告書ＣＤ 1〜5」
③ 韓国教育放送公社（2008）「ドキュプライム：子どもの私生活ＣＤ 1〜5」
④ 韓国教育放送公社（2008）「ドキュプライム：パーフェクトベイビーＣＤ 1〜5」
⑤ 韓国児童学会（2009）『韓国児童・青少年発達白書』
⑥ ＥＢＳ（2019）「ＥＢＳドキュ 遊びの力 1部：遊びは本能だ」
⑦ ＥＢＳ（2019）「ＥＢＳドキュ 遊びの力 2部：ホントの遊び、ウソッコの遊び」
⑧ ＥＢＳ（2019）「ＥＢＳドキュ 遊びの力 3部：遊びは競争力だ」
⑨ ＥＢＳ（2020）「ＥＢＳドキュ 遊びの喜び 1部：自ら遊んでこそ育つ」
⑩ ＥＢＳ（2020）「ＥＢＳドキュ 遊びの喜び 2部：外で遊んでこそ育つ」

乳幼児の教授方法論

1 「乳幼児の教授方法論」の教科目の概要

「乳幼児の教授方法論」は、乳幼児の発達特性に対する理解を踏まえ、乳幼児の教授学習と関連する諸原理、方法、運営、評価方法を探索し、乳幼児の年齢、発達、障碍、背景に適合した教授学習の実際を計画し、適用してみる力量を養うための教科目である。従って、予備保育教師として乳幼児の教授学習の原理と基本的な教授学習方法を十分に理解し、乳幼児の興味、関心、性格等、個人差を尊重し、多様な教授学習方法を多様な脈絡に合わせて適用する能力を養うことに本教科の目的がある。そのため、乳幼児の教授学習の理解、乳幼児の相互作用及び発問法、乳幼児の教授学習の運営、乳幼児の教授学習の環境、乳児の教授学習の実際、幼児の教授学習の実際を調べる。

2 「乳幼児の教授方法論」の教科目の目標

① 乳幼児の教授学習に対する諸理論と教授学習方法の多様な類型を理解する。
② 多様な教授学習方法を多様な脈絡に合わせて選択し、適用する能力を養う。
③ 乳幼児の個別的な要求、興味、年齢と発達水準、そして、個別的な探求と尊重できる学習方法を通して乳幼児と相互作用ができる実際的な能力を養う。
④ 一日の日課の中で乳幼児に適合した保育課程を計画し、実践し、評価する能力を養う。
⑤ 年齢によって室内・外の自由遊び及び遊びと連係した活動に適合した教授方法を適用する能力を育てる。

3 「乳幼児の教授方法論」の教科目の内容

大主題	小主題	核心概念	主要な内容
乳幼児の教授学習方法の理解	乳幼児の発達と教授学習	・乳幼児の教授学習の理論 ・乳幼児の教授学習の背景 ・乳幼児の教授学習の原理	・乳幼児の教授学習理論の理解 ・東・西洋の乳幼児の教授学習の歴史的な理解 ・自発性、個別化、多様性及び柔軟性、具体性、探索、統合の原理の理解
	乳幼児教授学習方法の類型	・保育教師中心的アプローチ ・児童中心的アプローチ	・説明法及び概念学習法 ・理解探求学習法、問題解決学習法、協同学習法、発見学習法、協同学習法及びプロジェクトアプローチの理解 ・乳幼児の主導的な遊びを通した学びの理解
乳幼児の相互作用及び発問法	保育教師と乳幼児の相互作用	・保育教師の役割 ・望ましい相互作用の戦略	・保育教師の支援者としての役割 ・乳児の自律性、意思疎通、問題解決力を激励すること、達成したことを認めることと情報及びモデル技術を提供すること ・幼児の主導性、意思疎通、子ども同士の相互作用、問題解決力の激励、達成したことを認めることと情報及びモデル技術を提供すること
	保育教師の発問法	・発問の定義及び類型 ・良い発問法の戦略	・発問の定義 ・発問の類型 ・発問の技術と戦略
乳幼児の教授学習の運営	教授学習の計画	・乳幼児の遊びと連係した保育計画案の作成 ・保育実践の評価計画	・乳幼児の遊びと連係性のある活動内容、活動方法・計画及び一日の評価計画 ・登園から降園までの統合した一日の日課の計画及び評価計画
	教授学習の実践	・日常生活の指導 ・室内外の自由遊び及び活動の指導 ・室内外の環境構成	・年齢による日常生活関連の指導の理解 ・年齢及び発達水準と主題を考慮し、室内外の遊びと連係した活動を選定・運営する能力の増進 ・発達水準と要求に適合し、興味と挑戦を提供する環境構成の原理と室内外の遊び空間の構成及び遊び資料の支援の理解
	教授学習の評価	・評価の目的と内容 ・評価の過程	・評価の重要性、目的と方法、手続きの理解 ・乳幼児のための評価、保育教師のための評価、保育課程に対する評価の理解
乳幼児の教授学習の環境	教授学習の環境	・教授学習の環境の重要性 ・室内外の教授学習の環境	・教授学習環境の重要性及び構成原理 ・室内の教授学習環境の構成 ・室外の教授学習環境の構成
乳児の教授学習の実際	日常生活の指導	・乳児の日常生活の指導 ・乳児の基本生活の指導	・授乳、食事、排便、昼寝等の日常生活の指導 ・健康生活、安全生活、正しい生活等の基本生活の指導とオリニジップの適応指導

	乳児の 室内外の 遊び支援	・乳児の室内外の遊び支援 ・転移活動[13]	・乳児の発達水準と興味に適切な室内外の遊びを支援し、適切な介入能力を養う ・転移時間に使用される注意集中の活動（歌うこと、手遊び、身体遊び等）
幼児の教授学習の実際	日常生活の指導	・幼児の日常生活の指導 ・幼児の基本生活の指導	・食事、排便、昼寝等、日常生活の指導 ・健康生活、安全生活、正しい生活等、基本生活の指導とオリニジップの適応指導
	幼児の室内外の遊びの支援	・幼児の室内外の遊びの支援 ・混合年齢の室内外遊びの支援 ・障碍統合の室内外遊びの支援	・幼児の年齢と発達水準、興味に適切な遊びを支援すること ・遊び空間及び遊ぶ際の保育教師の適切な支援と相互作用の力量を養うこと ・遊びによる環境構成、遊ぶ時間、資料等、遊び支援の力量を養うこと ・個別活動と小集団の協力が必要な活動を支援すること ・障碍統合班の室内外の環境構成及び遊びの支援
	活動の指導	・話し合い ・転移活動 ・幼児の遊びと連係した統合的な活動	・幼児のための話し合い指導計画、実践、評価 ・転移時間に使用される幼児の注意集中活動（歌うこと、手遊び、観察ゲーム、なぞなぞ等） ・幼児遊びと連係した統合的な活動（文学、音楽、身体、数・科学、美術、料理等）及び見学等の体験活動の計画及び実践と評価

4 「乳幼児の教授方法論」の教科目と教授学習方法及び授業資料

① 理論的な講義と課題発表を中心に授業を進行する。

② 養成校教員は学習者が直接現場で乳幼児と保育教師の相互作用を観察及び記録したものを報告書として提出するようにし、乳幼児の教授学習方法に対する実践的な理解を図る。

③ 養成校教員は保育教師の多様な教授学習方法を見せるＶＯＤ（Video On Demand：動画配信サービス）、デジタル写真等の現場の実物資料を積極的に活用し、学習者の理解を促す。

④ 養成校教員は保育教師の多様な教授学習方法の類型を適用した計画案を学習者が構成できるようにし、それに対する適切な助言をする。

⑤ 養成校教員は多様な国の現場で活用中の多様な教授学習方法の事例を提示し、教授学習方法に対する開いた姿勢を学習者がもつように激励する。

授業資料

① 「オリニジップの園長及び保育教師の倫理綱領」

② 教育部・保健福祉部（2019）『2019 改訂ヌリ課程 解説書』、『2019 改訂ヌリ課程 遊びの理解の資料』、『2019 改訂ヌリ課程 遊びの実行資料』

③ 保健福祉部（2020）『第 4 次オリニジップ標準保育課程 解説書』

④ 脆弱保育プログラム、オリニジップの室内外空間に関する多様な媒体資料、オリニジップ評価制指標

⑤ ＥＢＳドキュプライム

⑥ 育児政策研究所「世界の育児政策動向」

PART III 保育知識と技術の領域

5 「乳幼児の教授方法論」の教科目の適用時の留意点

① 乳幼児の教授学習に関する理論に基づき、保育現場の状況に沿って多様な教授方法を適用できる能力を育てることに重点を置く。

② 乳幼児の関心と興味に基づき、乳幼児が属した社会文化的な脈絡に適合した教授学習方法を計画できる能力を育てることに重点を置く。

③ 乳幼児の教授学習の実際は、乳幼児が楽しく遊び、自ら学ぶことができるよう教師が支援する内容である。

④ 教授学習の実際は養成校教員の関心と力量とともに地域社会の条件によって多様な教授学習方法を適用する方式で進行する。

⑤ 養成校教員は混合年齢の保育、障碍児統合保育、多文化保育の教授学習方法の内容を取り上げ、学習者が乳幼児の教授学習方法に対する幅広い視覚を持てるようにする。

6 「乳幼児の教授方法論」の教科目の参考資料

① 教育部・保健福祉部（2019）『2019 改訂ヌリ課程 解説書』
② 教育部・保健福祉部（2019）『2019 改訂ヌリ課程 遊びの理解の資料』
③ 教育部・保健福祉部（2019）『2019 改訂ヌリ課程 遊びの実行資料』
④ 教育部・保健福祉部（2020）『2019 改訂ヌリ課程 遊びの運営事例集：自然と子どもらしさを生かす生態遊び』
⑤ 教育部・保健福祉部（2020）『2019 改訂ヌリ課程 遊びの運営事例集：創っていく遊び中心の幼児教育』
⑥ 保健福祉部（2020）『第 4 次オリニジップ標準保育課程 解説書』
⑦ 育児政策研究所「世界の育児政策動向（http://www.kicce.re.kr/kor/publication/04.jsp）」

必修教科目　5　遊びの指導　　対面必修

---

1 「遊びの指導」の教科目の概要

「遊びの指導」は、乳幼児の健康と幸福、遊びを通じた学びの価値を最大限に尊重して反映する乳幼児中心の哲学の実現に価値を置き、乳幼児が主導する遊びを中心に保育課程を構成し、運営するための教科目である。乳幼児の生活であり、学習の方法である遊びの特性を理解し、乳幼児の遊びがダイナミックかつ循環的に行われるよう遊びを支援する力量を養うことに目的がある。そのため、遊び理論と発達水準による乳幼児の遊びの特性について学び、遊び支援の教授学習方法と領域別遊びの理解と支援の実際を探索する。

2 「遊びの指導」の教科目の目標

① 遊びの概念と理論に対する考察を踏まえ、遊びの重要性と教育的価値を理解する。
② 遊びと乳幼児の発達間の関係を理解し、乳幼児の発達を支援できる多様な遊びの種類と支援の方案を模索する。
③ 乳幼児別の室内外の遊び環境の構成原理、遊び領域と遊び資料の配置、遊び時間と空間の活用方法等を調べる。
④ 年齢別遊びの状況で保育教師の遊びの支援類型、支援時期、支援方法のための効果的な戦略を習得する。
⑤ 乳幼児の年齢、興味と関心、遊びの主題を反映した遊びの支援の実際を実習し、現場の適用能力を高め、乳幼児の遊びを理解し、支援する力量を養う。

3 「遊びの指導」の教科目の内容

★：対面推奨

大主題	小主題	対面	核心概念	主要な内容
遊びに対する理解	遊びの概念と重要性		・遊びの概念と特性 ・乳幼児の遊びの重要性 ・遊びの教育的な価値	・遊びの概念及び重要性の理解 ・遊びと仕事、探索、教育間の関係の理解 ・乳幼児の遊びの教育的な価値及び活用の理解
	遊び理論		・遊び理論の発展過程 ・古典的な遊び理論 ・現代の遊び理論	・古代、近代、現代の遊び理論の変化と発展過程の理解 ・余剰エネルギー理論、反復理論、練習理論の理解 ・精神分析学理論・構成主義理論・覚醒理論・上位意思疎通理論・心の理論等の研究における遊び理論の理解、存在論的な遊び理論
遊びの発達	発達と遊び		・乳児期の遊び ・幼児期の遊び	・乳児期の発達特性による遊び、社会的遊び及び認知的遊びの発達過程の理解 ・幼児期の発達特性による遊び、社会的遊び及び認知的遊びの発達過程の理解
	遊びの発達関連の要因		・個人的、家庭環境、教育環境の要因 ・メディア及び地域社会の要因 ・遊びの発達に関するその他の要因	・遊びの発達に影響を及ぼす個人的、家庭的、教育的な環境の理解 ・テレビ、スマートフォン、地域社会の環境等、遊びの発達を阻害する要因の理解 ・保育教師の遊び効能感等、遊びの発達に影響を及ぼす要因の理解
遊びの支援方法	室内遊びの環境		・室内の環境構成の原理 ・乳幼児の室内遊びの資料	・乳幼児のための室内の環境構成及び興味領域別（遊び領域別）遊びの理解 ・乳幼児の年齢別遊びの資料の選定基準及び興味領域別（遊び領域別）の遊びの資料の支援 ・安全な乳幼児のための室内遊び環境の構成

	室外遊び環境		・室外遊びの重要性 ・室外遊び環境構成の原理 ・乳幼児の室外遊びの資料	・室外遊びの重要性の理解 ・室外遊びの環境構成及び遊び施設の安全管理の理解 ・室外遊びの資料の構成原理の理解
	乳幼児の遊びの計画及び評価		・乳幼児の遊びの計画 ・乳幼児の遊びの評価	・乳幼児の年齢別遊びの計画の理解 ・乳幼児の年齢別遊びの評価の理解
	遊びの支援と相互作用		・遊びの支援の種類及び時期 ・遊びの支援のための効果的戦略	・保育教師の相互作用の理解 ・遊びの支援の類型の理解 ・遊びの支援の時期及び方法の理解 ・遊びの支援のための効果的な戦略の理解
	乳幼児の遊び観察		・観察と記録 ・遊びの分析及び解釈 ・評価	・乳幼児の遊びの観察の意味と重要性 ・多様な遊びの観察方法の理解 ・観察記録及びポートフォリオ資料の分析と解釈 ・観察記録物の評価及び評価結果の活用
遊びの支援の実際	役割遊び及び積み木遊び	★	・乳幼児の役割遊びに対する理解及び支援 ・乳幼児の積み木遊びに対する理解及び支援	・乳幼児期の象徴遊び及び役割遊びの特性の理解及び支援方法 ・乳幼児期の積み木遊びの特性及び発達過程の理解及び支援方法 ・遊びの支援の模擬実践及び評価
	身体運動・遊び及び水・砂遊び	★	・乳幼児の身体運動・遊びに対する理解と支援 ・乳幼児の水・砂遊びに対する理解と支援	・乳幼児期の身体遊び、探索遊び、身体運動・遊びの特性の理解と支援方法 ・乳幼児期の水・砂遊びの特性の理解と支援方法 ・遊びの支援の模擬実践及び評価
	操作遊びと木工遊び	★	・乳幼児の操作遊びに対する理解と支援 ・乳幼児の木工遊びに対する理解と支援	・乳幼児の操作遊びの特性の理解及び支援方法 ・乳幼児の木工遊びの特性の理解及び支援方法 ・遊びの支援の模擬実践及び評価
	表現遊び及び伝承遊び		・乳幼児の表現遊びに対する理解及び支援 ・乳幼児の伝承遊びに対する理解及び支援	・乳幼児の表現遊び（美術、音律、身体表現）の特性の理解及び支援方法 ・乳幼児の伝承遊びの特性の理解及び支援方法 ・遊びの支援の模擬実践及び評価

4 「遊びの指導」の教科目の教授学習方法及び授業資料

① 養成校教員は、学習者が乳幼児中心で遊び中心に保育活動が運営され保育現場を観察し、遊び環境の構成と遊びの支援の実際的な感覚を学習できるようにする。

② 養成校教員は、地域の自然から得られる自然親和的な遊び資料を探し、乳幼児ができる自然親和的な遊び活動を創案し、保育現場での適用可能性を探索できるようにする。

③ 養成校教員は、ドキュメンタリー等の各種視聴覚媒体を通じて紹介される遊び関連の映像を見せ、学習者の遊びの効能感を高められるようにする。

④ 養成校教員は、年齢別乳幼児の自然発生的な遊びの状況映像を視聴し、遊びを分析して保育教師の支援類型、支援時期及び方法のための効果的な戦略を立て、遊びの支援行動を練習してみるようにする。

⑤ 養成校教員は、年齢別、領域別に実践した遊びの主題に沿って遊びの計画を作成し、模擬保育を実施し、自己評価、学生同士の評価、専門家の評価を通して学習者の遊びの理解及び支援の力量を養う。

授業資料

① オリニジップの室内外の遊びの環境に関する多様な写真資料
② 遊び関連の映像資料、年齢別の遊びの資料
③ 写真資料等

---

5 「遊びの指導」の教科目の対面授業の運営方案[*]

① 対面授業を通して予備保育教師として乳幼児の遊びに対する知識と態度を備え、乳幼児の遊びを理解し、支援する場合、必要な教授学習方法を学ぶことに目的がある。

② 学習者は直接、乳幼児が主導した遊びの主題に沿って遊び活動を選定し、遊びの資料を製作するか、商品化された遊びの資料を活用し、模擬活動を行うようにする。乳幼児の年齢に適合した遊びの資料を製作し、適切な遊びの支援の実習を通して、遊びの支援者としての保育教師の力量を身につける。

③ 予備保育教師として学習者自身の遊び性[14]を点検し、遊びの楽しさを経験できる機会を持つ。

　＊対面の教科目は8時間以上の出席授業と1回以上の出席試験を実施しなければならない。

1週	役割遊び及び積み木遊び
教科目標	・役割遊び及び積み木遊びの教育的な価値を知る。 ・役割遊び及び積み木遊びに適合した遊びの資料の種類と環境構成の方法を知る。 ・役割遊び及び積み木遊びにおいて、保育教師の支援時期及び方法等、遊びを支援する技術を知る。
教科内容	・役割遊び及び積み木遊びの教育的な価値を調べる。 ・役割遊び及び積み木遊びに適合した遊びの資料の種類と環境構成の方法を調べる。 ・役割遊び及び積み木遊びにおいて、保育教師の支援時期及び方法（遊びの入り方、出方、支援類型、支援行動等）等、遊びを支援する技術を模索し、練習する。 ・役割遊び及び積み木遊びの計画案を作成し、遊びの支援の模擬実践及び評価を行う。
教授学習方法	・学習者が役割遊び及び積み木遊びの計画案を作成し、遊びの支援の模擬実践及び評価を進めるようにする。 ・学習者が発表した内容に対する自己評価、学生同士の評価、養成校教員による評価及び助言を行い、年齢別、場所別、乳幼児の構成員の人数によって遊びがどのように変わるかについて討議できるようにする。

PART III 保育知識と技術の領域

2週	身体運動・遊び及び水・砂遊び
教科目標	・身体運動・遊び及び水・砂遊びの教育的な価値を知る。 ・身体運動・遊び及び水・砂遊びに適合した遊びの資料の種類と環境構成の方法を知る。 ・身体運動・遊び及び水・砂遊びにおける保育教師の支援時期及び方法等、遊びを支援する技術を知る。 ・身体運動・遊び及び水・砂遊びを支援するための効果的な戦略を知る。
教科内容	・身体運動・遊び及び水・砂遊びの教育的な価値を調べる。 ・身体運動・遊び及び水・砂遊びに適合した遊びの資料の種類と環境構成の方法を調べる。 ・身体運動・遊び及び水・砂遊びにおける保育教師の支援時期及び方法（遊びの入り方、出方、支援類型、支援行動等）等、遊びを支援する技術を模索し、練習する。 ・身体運動・遊び及び水・砂遊びの計画案を作成し、遊びの支援の模擬実践及び評価を行う。
教授学習方法	・学習者が身体運動・遊び及び水・砂遊びの計画案を作成し、遊び支援の模擬実践及び評価を進めるようにする。 ・学習者が発表した内容について、自己評価、学生同士の評価、養成校教員による評価及び助言を行い、年齢別、場所別、乳幼児の構成員により遊びがどのように変わるかについて討議できるようにする。
3週	操作遊び及び木工遊び
教科目標	・操作遊び及び木工遊びの教育的な価値を知る。 ・操作遊び及び木工遊びに適合した遊びの資料の種類と環境構成の方法を知る。 ・操作遊び及び木工遊びにおける保育教師の支援時期及び方法等、遊びを支援する技術を知る。
教科内容	・操作遊び及び木工遊びの教育的な価値を調べる。 ・操作遊び及び木工遊びに適した遊びの資料の種類と環境構成方法を調べる。 ・操作遊び及び木工遊びにおいて、教師の支援時期及び方法（遊びの入り方、出方、支援類型、支援行動等）等、遊びを支援する技術を模索し、練習する。 ・操作遊び及び木工遊びの計画案を作成し、遊び支援の模擬実践及び評価をする。
教授学習方法	・学習者が操作遊び及び木工遊びの計画案を作成し、遊び支援の模擬実践及び評価を進めるようにする。 ・学習者が発表した内容に対する自己評価、学生同士の評価、養成校教員の評価及び助言を行い、年齢別、場所別、乳幼児の人数によって遊びがどのように変わるかについて討議できるようにする。

6 「遊びの指導」の教科目の適用時の留意点

① 乳幼児の遊びは自然発生的で非構造化された活動で行われるため、遊び領域、人数、遊びの資料等を制限しないようにし、保育教師が計画案を作成するが、計画案によって乳幼児の遊びを構造化させないように学習者に注意する。

② 乳幼児の遊びは、他の活動によって遊び時間が制限されないよう十分な時間を提供しなければならず、室内遊び、室外遊び、個別または大小集団の遊びがバランスよく計画されなければならないことを強調する。

7 「遊びの指導」の教科目の参考資料

① 教育部・保健福祉部（2019）『2019 改訂ヌリ課程 解説書』
② 教育部・保健福祉部（2019）『2019 改訂ヌリ課程 遊びの理解の資料』
③ 教育部・保健福祉部（2019）『2019 改訂ヌリ課程 遊びの実行資料』
④ 教育部・保健福祉部（2020）『遊び！幼児が世界に出会い、生きる力』
⑤ 教育部・保健福祉部（2020）『遊びを支援する教師の役割』
⑥ 教育部・保健福祉部（2020）『幼児の暮らし 遊びで染まる』
⑦ 保健福祉部（2020）『第４次オリニジップ標準保育課程』
⑧ 延世大学校子ども生活指導研究院教育映像資料（2012）「幼児の創意的なブロック遊び」
⑨ ＥＢＳ（2019）「ＥＢＳドキュ 遊びの力１部：遊びは本能だ」
⑩ ＥＢＳ（2019）「ＥＢＳドキュ 遊びの力２部：ホントの遊び、ウソッコの遊び」
⑪ ＥＢＳ（2019）「ＥＢＳドキュ 遊びの力３部：遊びは競争力だ」
⑫ ＥＢＳ（2020）「ＥＢＳドキュ 遊びの喜び１部：自ら遊んでこそ育つ」
⑬ ＥＢＳ（2020）「ＥＢＳドキュ 遊びの喜び２部：外で遊んでこそ育つ」
⑭ ＥＢＳ（2012）「生放送 60 分 父母：脳の発達 五感教育２ 創意力の遊び場（映像資料）」
⑮ ＥＢＳ（2012）「学校の告白９部：遊びながら学ぶ子ども（映像資料）」
⑯ 安全行政部「子ども遊び施設の安全管理システム（http://www.cpf.go.kr）」

参教科目 **6** 言語の指導　　　　　　　　　　　　　　　　対面必修

1 「言語の指導」の教科目の概要

　「言語の指導」は、乳幼児が日常生活で相手と言葉やシンボル及び文字で疎通する楽しさを経験し、本や物語を通して想像を楽しむよう支援する教科目である。乳幼児は人生初期から自発的に非言語と言語を使用し周囲の人々と疎通し、関係を結ぶ能動的な意思疎通者である。乳幼児は日常生活や遊びの中で、他者の話を注意深く聞き、自身の考えや感情を多様な方法で表現し、馴染みの深いシンボルや文字で疎通することを楽しみ、本や物語を通して想像の楽しさを経験する。従って、「言語の指導」の教科目は、乳幼児が自ら日常生活で言語を使用して自信を持ち、楽しさを感じ、本や物語を通して言語の楽しさと想像を十分に楽しめるよう支援する保育教師の力量を養うことに目的がある。そのために、乳幼児の意思疎通に対する理解、乳幼児期の意思疎通の発達、乳幼児期の意思疎通の内容、乳幼児の意思疎通を支援する教授学習方法及び評価、乳幼児の意思疎通の実際の全般的な内容を調べる。

2 「言語の指導」の教科目の目標

① 乳幼児の意思疎通の重要性を理解し、乳幼児の言語発達に関する基礎理論の主要概念を理

解する。

② 乳幼児の言語発達の特性と個人差を理解し、乳幼児の興味と発達水準に適合した支援ができる教授学習方法を身につける。

③「第4次オリニジップ標準保育課程」に基づき、意思疎通領域の内容範疇である聞くことと話すこと、読むことと書くことに関心を持つこと、本と物語を楽しむことの年齢層別の目標と内容を理解し、支援できる方法を知る。

④ 乳幼児が自発的に意思疎通を楽しめるようにし、自身を取り巻く環境の中の象徴と文字の使用を発見する経験を通し、能動的に疎通を試みることができるように支援する。また、日常生活の中で本や物語を通して言語が与える面白さを楽しめるように支援する保育教師の役割を習得する。

⑤ 観察に基づき、乳幼児が興味と関心を持つ遊びと連係した言語活動を計画し、実践のための資料、室内外の空間構成と運営を理解し、支援できる力量を養う。さらに、統合的な言語活動を理解し、実践する。

3 「言語の指導」の教科目の内容

★：対面推奨

大主題	小主題	対面	核心概念	主要な内容
言語指導の理解	言語指導の目的及び重要性		・言語指導の目的 ・言語の機能 ・言語の構成要素 ・乳幼児期の意思疎通の重要性	・乳幼児の言語指導の目的 ・言語の定義、機能、構成要素の理解 ・言語使用と思考の連関性の理解 ・乳幼児の意思疎通の重要性の理解
	言語発達の理論		・行動主義 ・生得主義 ・相互作用主義	・行動主義の観点、生得主義の観点、認知的構成主義、社会文化的構成主義理論等、乳幼児期の言語習得理論の理解
	意思疎通能力の発達		・音声言語の発達 ・リテラシー（文解力、識字）の発達 ・絵本の読み聞かせの発達	・音声言語の発達に対する乳児期、幼児期の発達の理解 ・リテラシー（文解力、識字）発達に関する乳児期・幼児期の発達の理解 ・絵本の読み聞かせを通した乳児期、幼児期の発達の理解
言語指導内容	標準保育課程の意思疎通領域の理解－乳児		・意思疎通領域の性格 ・意思疎通領域の目標 ・意思疎通領域の内容	・0～2歳保育課程（標準保育課程）に明示された意思疎通領域の性格、目標、年齢別の内容の理解
	標準保育課程の意思疎通領域の理解－幼児		・意思疎通領域の性格 ・意思疎通領域の目標 ・意思疎通領域の内容	・3～5歳保育課程（ヌリ課程）に明示された意思疎通領域の性格、目標、内容の理解

言語指導の教授学習方法及び評価	言語指導アプローチ法		・発音中心の言語教育法 ・総体的な言語教育法 ・均衡的な言語教育法 ・文学的な言語教育法	・発音中心、総体的、均衡的、文学的な言語教育アプローチの理解 ・言語指導アプローチに沿った環境構成、保育教師の役割の比較
	意思疎通の支援のための保育教師の役割		・意思疎通を支援する保育教師の役割 ・意思疎通を支援する教授学習方法 ・意思疎通を支援する相互作用	・遊びと活動、日常生活の中で意思疎通を支援する保育教師の役割についての理解 ・遊びと活動、日常生活の中で意思疎通を支援する多様な教授学習方法の理解 ・遊びと活動、日常生活の中で意思疎通を支援する相互作用方法の理解
	意思疎通の支援のための環境構成		・意思疎通を支援する室内外の興味領域（遊び領域）の構成と運営 ・意思疎通を支援する乳児と幼児の資料 ・家庭及び地域社会との連携	・意思疎通を支援する乳児クラス・幼児クラスの室内及び室外の興味領域（遊び領域）の構成と運営 ・意思疎通を支援する資料の類型及び活用方法 ・意思疎通を支援する家庭及び地域社会の資源の類型及び活用方法
	意思疎通活動の計画及び評価		・計画及び評価の目的 ・計画及び評価の方法 ・計画及び評価の活用	・意思疎通活動の計画及び評価の目的の理解 ・意思疎通活動の計画及び評価の方法（活動評価、保育教師評価、児童評価：観察、ポートフォリオ等）の理解 ・意思疎通の活動計画の実際 ・意思疎通の活動評価及び支援計画の実際
言語指導の実際	聞くことと話すこと	★	・聞くことと話すことの活動の実際	・オリニジップ標準保育課程に基づく、聞くことと話す活動の計画、適用及び評価 ・模擬実践及び評価
	読むことと書くことへの関心	★	・読むことと書くことに関心を持つ活動の実際	・オリニジップ標準保育課程に基づく、読むことと書くことに関心を持つ活動の計画、適用及び評価 ・模擬実践及び評価
	本と物語を楽しむこと	★	・本と物語を楽しむ活動の実際	・オリニジップ標準保育課程に基づく、本と物語を楽しむ活動の計画、適用及び評価 ・模擬実践及び評価
	統合的な言語活動	★	・言語活動と他の領域間の統合的アプローチ ・意思疎通領域内での統合的アプローチ	・他の興味領域（遊び空間）間の統合的な言語活動の計画、適用及び評価の理解 ・意思疎通領域内での統合的言語活動計画、適用及び評価の理解 ・模擬実践及び評価

4 「言語の指導」の教科目の教授学習方法及び授業資料

① 乳幼児の意思疎通能力の発達に関する講義は、日常で見られる乳幼児の言語的、非言語的な行動事例や動画、落書き（なぐり書き・描き）と、初歩的な文字の使用の痕跡の写真を活用することで、学習者が乳幼児の意思疎通能力の発達過程を理解できるようにする。

PART III 保育知識と技術の領域

② 乳幼児の言語は意味のある状況で最もよく発達するため、乳幼児に意味のある興味深い環境を造成する。乳幼児自らの事前経験と興味を表現する遊びを観察したことに基づき、多様な言語活動を考案し、実践してみる。

③ オリニジップ標準保育課程の意思疎通領域で提示している聞くことと話すこと、読むことと書くことに関心を持つこと、本と物語を楽しむことの年齢層別の目標、内容範疇別の内容と指導原理に基づいて、乳幼児の意思疎通を支援するための活動計画案（遊び支援実習計画案）を立てるようにする。計画に沿った資料を準備し、相互作用をしてみる実際的な活動を行い、これに対して自身の評価と科目担当教員の評価であるフィードバックを通して、その後の支援計画を修正する一連の方法を身につけ、保育教師の支援の力量を養う。

④ 乳幼児の意思疎通の支援のために、オリニジップでの言語活動だけではなく、遊びや日常生活等、多様な状況での意思疎通の経験が統合的に行われるようにする。この過程で学習者が遊びと日常生活で乳幼児の意思疎通の経験を統合的に支援する多様な教授方法及び相互作用を練習できるようにする。

授業資料

① 言語発達関連の動画
② 乳幼児用の教材教具と資料：指人形、謎解きカード、文字スタンプ、磁石文字、多様な媒体の童話等
③ 周辺で見ることができる多様な文字やシンボルが含まれる標識板、商標、看板等の写真を表示することができる資料
④ 乳児用、幼児用の絵本

---

5 「言語の指導」の教科目の対面授業の運営方案*

① 対面授業を通じて、保育教師として乳幼児の意思疎通の支援に関する知識と態度を備え、支援する教授学習方法を学ぶことに目的がある。

② 学習者が乳幼児の経験と興味に基づいて言語活動を選定し、活動に必要な資料を準備して模擬実践を行うようにする。乳幼児の年齢に適合した言語活動の資料と適切な相互作用を通して、具体的に乳幼児の意思疎通を支援する力量を身につけるようにする。

＊対面科目は8時間以上の出席授業と1回以上の出席試験を実施しなければならない。

1週	聞くことと話すこと
教科目標	・乳幼児の聞くことと話す活動が多様な方法で行われることを知る。 ・乳幼児の聞くことと話す活動を効率的に支援する方法を知る。 ・乳幼児の年齢に適合した聞くことと、話すことを支援する力量を備える。
教科内容	・乳幼児の聞く力と話す能力を育てるための多様な活動方法を調べる。 ・乳幼児の聞くことと話す活動に対する具体的な支援方法を調べる。 ・乳幼児の聞くことと話す活動を計画し、実習した後、発表してみる。

教授学習 方法	・学習者が聞く、話す活動を計画し、実習した後、発表できるようにする。 ・学習者が発表した内容に対する自己評価、学生同士の評価、養成校教員による評価及び助言をする。 ・家庭と地域社会の活動との連携ができるような方案があるかを討議する。
2週	**読むことと書くことに関心を持つ**
教科目標	・乳幼児の読むことと書くことに関心を持つ活動が多様な方法で行われることを知る。 ・乳幼児の読むことと書くことに関心を持つ活動を効率的に支援する方法を知る。 ・乳幼児の年齢に適合した読むことと書くことを支援する力量を身につける。
教科内容	・乳幼児の読むことと書くことへの関心を育てるための多様な活動方法を模索する。 ・乳幼児の読むことと書くことへの活動について具体的に支援する方法を調べる。 ・学習者が読むことと書くことへの関心を持つ活動を計画し、実習した後、学生同士で一緒に分析する。
教授学習 方法	・学習者が読むことと書くことに関心を持つ活動を計画して実習した後、発表できるようにする。 ・学習者が発表した内容に対する自己評価、学生同士の評価、養成校教員による評価及び助言をする。 ・家庭と地域社会の活動との連携ができるような方案があるかを討議する。
3週	**本と物語を楽しむ**
教科目標	・乳幼児の本と物語を楽しむ活動が多様な方法で行われることを知る。 ・乳幼児の本と物語を楽しむ活動について効率的な支援方法を知る。 ・乳幼児の年齢に適合した本と物語を楽しむことを支援する力量を身につける。
教科内容	・乳幼児の本と物語を楽しむことができる多様な方法を調べる。 ・乳幼児の本と物語を楽しむ活動について具体的に支援する方法を調べる。 ・学習者が本と物語を楽しむ活動を計画し、実習した後、学生同士で一緒に分析してみる。
教授学習 方法	・学習者が本と物語を楽しむ活動を計画して実習した後、発表できるようにする。 ・学習者が発表した内容に対する自己評価、学生同士の評価、養成校教員による評価及び助言をする。
4週	**統合的な言語活動**
教科目標	・統合的な言語活動が多様な方法で行われることを知る。 ・異なる興味領域（遊び領域）間の統合的言語活動について効率的な支援方法を知る。 ・意思疎通領域内での統合的言語活動について効率的に支援する方法を知る。 ・乳幼児の年齢に適した統合的言語活動を支援する能力を備える。
教科内容	・統合的な言語活動が行われる多様な方法を調べる。 ・他の興味領域間の統合的な言語活動について効率的な支援方法を模索する。 ・意思疎通領域内での統合的な言語活動について効率的な支援方法を模索する。 ・学習者が統合的な言語活動を計画し、実習後、学生同士が一緒に分析をする。
教授学習 方法	・学習者が統合的な言語活動を計画し、実習後、発表できるようにする。 ・学習者が発表した内容に対する自己評価、学生同士の評価、養成校教員による評価及び助言をし、統合的なアプローチ方法が開放的で互いに異なるアイデアを共有できるようにする。

必修
教科目

6

言語の指導

PART III　保育知識と技術の領域

6　「言語の指導」の教科目の適用時の留意点

① 養成校教員は、保育教師が計画した言語活動だけでなく、乳幼児の日常生活と遊びの中で自然に言語発達を支援することを強調する。

② 乳幼児の聞くことと話すこと、読むことと書くことに関心を持つこと、本と物語を楽しむ活動が一つの領域に偏ることなく均等に経験できるように支援する。

③ 養成校教員は、保育教師が乳幼児に正しく読み・話し、正確に書き・読むように指導するのではなく、乳幼児の自発的な意思疎通の試み自体を褒めて、意思疎通の楽しさを感じ、主体的に参与する乳幼児中心の意思疎通の過程を支援しなければならないことを強調する。

④ 乳幼児は日常で保育教師を通して言語を学ぶため、普段の保育環境で正しい言語を使用しなければならないことを認識できるようにする。

7　「言語の指導」の教科目の参考資料

① 教育部・保健福祉部（2019）『2019 改訂ヌリ課程 遊びの実行資料』

② 教育部・保健福祉部（2019）『2019 改訂ヌリ課程 遊びの運営事例集：遊びを支援する教師の役割』

③ 教育部・保健福祉部（2019）『2019 改訂ヌリ課程 遊びの運営事例集：遊び！幼児が世界に出会い、生きる力』

④ 教育部・保健福祉部（2019）『2019 改訂ヌリ課程 遊びの運営事例集：創っていく遊び中心の幼児教育』

⑤ 教育部・保健福祉部（2019）『2019 改訂ヌリ課程 遊びの運営事例集：幼児の暮らし 遊びで染まる』

⑥ 教育部・保健福祉部（2019）『2019 改訂ヌリ課程 遊びの運営事例集：自然と子どもらしさを生かす生態遊び』

⑦ 教育部・保健福祉部（2019）『2019 改訂ヌリ課程 遊びの理解の資料』

⑧ 教育部・保健福祉部（2019）『2019 改訂ヌリ課程 解説書』

⑨ 保健福祉部（2020）『第4次オリニジップ標準保育課程 解説書』

⑩ ＥＢＳ（2009）「赤ちゃん成長報告書：言語習得の驚くべき秘密（映像資料）

⑪ ＥＢＳ（2011）「ドキュプライム：言語発達の謎 1〜3（映像資料）」

必修教科目　（7）　児童の音楽　　　　　　　　対面必修

1　「児童の音楽」の教科目の概要

　「児童の音楽」は、乳幼児が自然と生活の中で音楽的な要素に関心を持ち、楽しみ、それを自由に表現する経験を通し、創意的な表現と感性の発達のための教科目である。乳幼児は日常生活の中で自然に音とリズム、速さ、音とメロディー等の音楽的な要素を経験し、美しさを感

じる。また、それぞれの方法で音楽的な要素を表現する中で、創意的な表現と豊かな感受性が増進できる。従って、「児童の音楽」の教科目は、乳幼児が日常生活の中で音楽を経験し、感じ、自由に音楽的な要素を表現し、楽しむことができるよう支援する保育教師の力量を養うことに目的がある。そのために、児童の音楽の理解、児童発達と音楽教育、児童の音楽教育の内容、児童の音楽を支援する教授学習方法及び評価、児童の音楽の実際について調べる。

2 「児童の音楽」の教科目の目標

① 児童の音楽教育の概念と重要性を理解し、主要なアプローチを理解する。
② 乳幼児期に経験する音楽の内容と要素について知り、支援できる教授学習方法を学ぶ。
③ 「第4次オリニジップ標準保育課程」に基づき、芸術体験領域で乳幼児の音楽に関連する内容を理解し、支援できる方法を知る。
④ 乳幼児が日常で経験する音楽的な要素に関心を持って楽しめるようにし、自由に音楽を表現する経験ができるよう、支援する保育教師の役割と相互作用の方法を学ぶ。
⑤ 乳幼児が遊びと日常生活の中で多様、かつ統合的に音楽的な要素と内容を自然に経験できるよう支援するための室内外の空間の構成と運営、資料、日課運営の方案を知って実践する。

3 「児童の音楽」の教科目の内容

★：対面推奨

大主題	小主題	対面	核心概念	主要な内容
児童の音楽の理解	児童の音楽概念と重要性		・児童の音楽教育の概念 ・児童の音楽教育の重要性	・乳幼児期の音楽経験の概念 ・乳幼児期の音楽経験の重要性 ・乳幼児期の音楽経験の価値
	児童の音楽教育のアプローチ		・世界各国の児童音楽のアプローチ	・世界各国の音楽の教育哲学と教育方法の理解
	児童の音楽発達		・乳児の音楽発達 ・幼児の音楽発達	・乳幼児が経験する音楽の内容（音の探索、聴き取りと鑑賞、歌を歌う、楽器の操作等）に見られる発達の特徴の理解
児童音楽の内容	標準保育課程における音楽内容		・芸術経験領域の性格 ・芸術経験領域の目標 ・芸術経験領域の内容	・0～2歳の保育課程（標準保育課程）に明示された芸術経験領域の性格、目標、年齢層別内容の理解 ・3～5歳の保育課程（ヌリ課程）に明示された芸術経験領域の性格、目標、内容の理解
	音楽の要素		・音の高低と強弱、音色、拍子とリズム、メロディー、音程、和声等	・音の高低と強弱、音色、拍子とリズム、メロディー、音程、和声等の基本要素の理解 ・音の高低と強弱、音色、拍子とリズム、メロディー、音程、和声等の表現

	音楽の構成内容		・音の探索、聴き取りと鑑賞	・音の探索、聴き取りと鑑賞の内容の理解 ・音の探索、聴き取りと鑑賞の表現
			・歌を歌う、楽器の操作	・歌を歌う、楽器操作の内容の理解 ・歌を歌う、楽器を操作し、表現をする
児童の音楽教授学習方法及び評価	音楽的な経験の支援のための保育教師の役割		・音楽的な経験を支援する教授学習方法 ・音楽的な経験を支援する相互作用 ・音楽的な経験に対する統合的アプローチ	・遊びと活動、日常生活の中で音楽を支援する多様な教授学習方法の理解 ・遊びと活動、日常生活の中で音楽を支援する相互作用の方法の理解 ・統合的な音楽経験を支援する保育教師の役割の理解
	音楽的な経験の支援のための環境構成		・音楽的な経験を支援する室内外の興味領域（遊び領域）の構成と運営 ・音楽的な経験を支援する乳児と幼児の資料 ・家庭及び地域社会との連携	・音楽経験を支援する乳児クラス・幼児クラスの室内及び室外興味領域（遊び領域）の構成と運営 ・音楽経験を支援する資料の類型及び活用方法 ・音楽経験を支援する家庭及び地域社会の資源の類型及び活用方法
	児童の音楽活動の計画及び評価		・計画と評価の目的 ・計画と評価の方法 ・計画と評価の活用	・音楽活動の計画及び評価の目的の理解 ・音楽活動の計画及び評価の方法の理解 ・音楽活動の計画の実際 ・音楽活動の評価及び支援計画の実際
児童の音楽の実際	音の探索及び音楽鑑賞	★	・音の探索及び音楽鑑賞活動の実際	・乳児のための単純な音の探索と幼児のための複雑な音の探索 ・多様な音から音楽要素（強弱、速さ、リズム等）の区分 ・対象・主題の特性が現れる音楽を多様な方法で鑑賞 ・模擬実践及び評価
	リズムづくり及び歌うこと	★	・リズムづくり及び歌う活動の実際	・声と身体、多様な資料を利用して多様な音、リズム、音楽をつくる ・乳幼児の発達に適合した歌の選定及び支援方法を学ぶ ・既存の音楽を部分的に変換するか、音楽を創作する ・模擬実践及び評価
	楽器の操作	★	・楽器を演奏する活動の実際 ・多様な材料で楽器をつくる活動の実際	・乳幼児の発達に適合した多様な楽器の操作 ・自然物とリサイクル品を利用した多様な楽器づくり ・模擬実践及び評価

4 「児童の音楽」の教科目の教授学習方法及び授業資料

① 乳幼児期に経験する音楽の内容と音楽的な要素が表現されている多様な実際の遊びとそれに関連する活動、日常生活で音楽が活用される例を動画や写真で見せ、発表できるように

し、実践中心の教科運営ができることに主眼を置く。

② 保育教師は、乳幼児の目の高さに合わせ、楽しく音楽に関連した遊びと活動を支援し、日常生活で音楽的な要素を経験できるように支援しなければならない。そのために、学習者が本教科目を通じて音楽の基本要素と内容を十分に理解し、表現してみる多様な音楽的な経験を通して音楽の楽しさを感じるようにする。

③ 「オリニジップ標準保育課程」の芸術経験領域で提示されている年齢層別の目標、内容範疇と内容で音楽と関連する内容と指導原理に基づき、乳幼児の音楽的な経験を支援するための活動計画案（遊びの支援実習計画案）を立てるようにする。乳幼児の興味や関心を観察し、それに対する経験に基づいて計画する。計画に沿った資料を準備し、相互作用を試みる実際的な活動を行い、それに対する評価を通じてその後の支援計画を立てるという一連の過程を通じて、乳幼児の音楽的な経験を支援する保育教師の力量を養う。

④ 乳幼児の音楽的な支援のために、オリニジップでの音楽活動だけではなく、室内外の多様な遊び、日常生活等多様な状況で乳幼児の音楽的な経験が統合的に行われるようにする。この過程で、学習者が遊びと日常生活の中で乳幼児の音楽的な経験を統合的に支援する役割について理解し、練習できるようにする。

授業資料

① 児童の音楽関連の動画：日常生活や遊びの中で音楽を体験する動画、音楽的な要素における児童の発達的な特徴を理解できる動画等
② 多様な乳幼児用の楽器
③ 音楽的な要素を感じ、表現できる多様な音源
④ 絵楽譜
⑤ 音楽活動の小道具の資料

---

5 「児童の音楽」の教科目の対面授業の運営方案*

① 対面授業を通して、保育教師としての知識と態度を備え、児童の音楽を支援する教授学習方法を学ぶことに目的がある。

② 学習者が乳幼児の経験と興味に基づいて音楽活動を選定し、活動に必要な資料を準備して模擬実習を行うようにする。乳幼児の年齢に適合した音楽資料を準備し、適切な相互作用を通して、具体的に児童の音楽的な経験を支援する力量を身につけるようにする。

＊対面の教科目は8時間以上の出席と1回以上の出席試験を実施しなければならない。

1週	音の探索及び音楽鑑賞
教科目標	・乳幼児が探索するための適切な音と音の探索を支援する方法を知る。 ・乳幼児が鑑賞するための適切な曲と鑑賞に対する支援方法を知る。 ・模擬活動を通して音の探索及び音楽鑑賞を支援する力量を身につける。

教科内容	・乳幼児が探索するための適切な音を調べ、音の探索に対する具体的な支援方法を調べる。 ・乳幼児が鑑賞するための適切な曲を調べ、鑑賞に対する具体的な支援方法を調べる。 ・乳幼児の音の探索活動及び鑑賞活動を計画し、実習した後、学生同士で一緒に分析する。
教授学習 方法	・学習者が個人または小グループ別に音の探索及び音楽鑑賞の活動を計画して実践した 　後、発表できるようにする。 ・学習者が発表した内容に対する自己評価、学生同士の評価、養成校教員による評価及び 　助言を行う。
2週	**リズムづくり及び歌うこと**
教科目標	・乳幼児に適切な歌の選定基準を知る。 ・乳幼児のリズムづくり及び歌うことに対する支援方法を知る。 ・乳幼児のリズムづくり及び歌うことを支援する力量を身につける。
教科内容	・乳幼児に適切な歌の選定基準を調べる。 ・乳幼児のリズムづくり及び歌うことに対する具体的な支援方法を調べる。 ・乳幼児のリズムづくり及び歌う活動を計画し、実習した後、学生同士で一緒に分析する。
教授学習 方法	・学習者が個別または小グループ別にリズムづくり及び歌う活動を計画し、実習した後、 　発表できるようにする。 ・学習者が発表した内容に対する自己評価、学生同士の評価、養成校教員による評価及び 　助言を行う。
3週	**楽器の操作**
教科目標	・乳幼児が楽器の操作方法と楽器の種類を知る。 ・乳幼児の楽器操作の支援方法を知る。 ・乳幼児の楽器操作を支援する力量を身につける。
教科内容	・乳幼児が楽器の操作方法と楽器の種類を調べる。 ・乳幼児の楽器操作に対する具体的な支援方法を調べる。 ・乳幼児の楽器操作活動を計画し、実習した後、学生同士で一緒に分析する。
教授学習 方法	・学習者が個別または小グループ別に楽器操作活動を計画し、実習した後、発表できるよ 　うにする。 ・学習者が発表した内容に対する自己評価、学生同士の評価、養成校教員による評価及び 　助言を行う。

6 「児童の音楽」の教科目の適用時の留意点

① 養成校教員は、学習者に乳幼児の音楽経験が音楽活動だけではなく、遊びと日常生活を通
　じて、オリニジップの一日の日課の中で自然に統合的に行われることを認識できるように
　する。

② 音楽的な経験が不足して音楽に興味がない保育教師は、乳幼児の音楽的な関心と楽しみを
　支援することが難しい。そのため、学習者が「児童の音楽」の教科目で音楽に対する楽し
　く肯定的な経験をし、乳幼児の音楽を支援することに興味と関心が高まるようにする。

③ 養成校教員は、学習者に音楽活動が、鑑賞や歌うこと、楽器操作等、一つの領域に偏るこ
　となく、乳幼児が均等に経験できるようにしなければならない。また、特定の機能や内容

を繰り返し練習し、訓練する活動を避けるように強調する。

7 「児童の音楽」の教科目の参考資料

① 教育部・保健福祉部（2019）『2019 改訂ヌリ課程 遊びの実行資料』
② 教育部・保健福祉部（2019）『2019 改訂ヌリ課程 遊びの運営事例集：遊びを支援する教師の役割』
③ 教育部・保健福祉部（2019）『2019 改訂ヌリ課程 遊びの運営事例集：遊び！幼児が世界と出会い、生きる力』
④ 教育部・保健福祉部（2019）『2019 改訂ヌリ課程 遊びの運営事例集：創っていく遊び中心の幼児教育』
⑤ 教育部・保健福祉部（2019）『2019 改訂ヌリ課程 遊びの運営事例集：幼児の暮らし 遊びで染まる』
⑥ 教育部・保健福祉部（2019）『2019 改訂ヌリ課程 遊びの運営事例集：自然と子どもらしさを生かす生態遊び』
⑦ 教育部・保健福祉部（2019）『2019 改訂ヌリ課程　遊びの理解の資料』
⑧ 教育部・保健福祉部（2019）『2019 改訂ヌリ課程 解説書』
⑨ 保健福祉部（2020）『第４次オリニジップ標準保育課程 解説書』

教科目　8　児童の動作　　　　　　　　　　対面必修

1 「児童の動作」の教科目の概要

　「児童の動作」は、動きの要素と基本動作に対する理解を踏まえ、乳幼児の身体発達だけでなく、言語と認知、社会性、感性と創意的な表現等、全人的な発達を図る教科目である。乳幼児は周辺の環境の中の動きに関心を示し、遊びと日常生活で多様な動きを経験し、自身の気持ちと考えを動作で表現することを楽しむ。従って、「児童の動作」の教科目は、乳幼児が自然と日常生活で経験する動きに関心を持ち、多様な動作を楽しめるように支援する保育教師の力量を養うことに目的がある。そのため、児童の動作の理解、児童の発達と動作、児童の動作の内容、児童の動作を支援する教授学習方法と評価及び支援計画、児童の動作活動の実際の全般的な内容を調べる。

2 「児童の動作」の教科目の目標

① 乳幼児期の動作経験の重要性を知り、動作教育に関する基礎理論の主要概念を理解する。
② 乳幼児期に経験すべき動作について知り、支援できる教授学習方法を身につける。
③「第４次オリニジップ標準保育課程」に基づき、身体運動（健康）領域と芸術経験領域で乳幼児の動作と関連する内容を理解し、支援できる方法を知る。
④ 乳幼児が自身の身体と能力に好奇心を持ち、主導的に多様な動作を試み、表現することを

楽しむようにし、自身の考えや感情から表現される自由で創意的な動作を支援する保育教師の役割を習得する。

⑤ 乳幼児が遊びと日常生活において、多様で統合的な性格の動作ができるよう支援するための室内外の空間の構成と運営、資料、日課運営の方案を知り、実行する。

3 「児童の動作」の教科目の内容

★：対面推奨

大主題	小主題	対面	核心概念	主要な内容
児童の動作の理解	児童の動作の重要性と概念		・動作教育の概念 ・児童の動作教育の重要性	・乳幼児期の動作教育の概念 ・乳幼児期の動作経験の重要性と価値
	児童の動作教育の歴史的な背景		・世界各国の動作教育 ・韓国の児童の動作教育の変遷	・世界各国の児童の動作の教授方法の理解 ・韓国の教育課程における動作教育の変遷の理解
	児童の動作発達		・乳児の動作発達 ・幼児の動作発達	・乳児の動作発達の理解 ・幼児の動作発達の理解
児童の動作の内容	標準保育課程における動作内容		・身体運動（健康）領域の性格、目標、内容 ・芸術経験領域の性格、目標、内容	・0〜2歳保育課程（標準保育課程）に明示された身体運動領域と芸術経験領域の性格、目標、年齢別動作に関連する内容の理解 ・3〜5歳保育課程（ヌリ課程）に明示された身体運動・健康領域と芸術経験領域の性格、目標、動作に関連する内容の理解
	動きの要素		・身体、空間、時間、力、努力等	・身体、空間、時間、力、努力等の、動きの要素の理解 ・身体、空間、時間、力、努力等の、動きの要素の表現
	基本動作		・移動動作、非移動動作、操作的な動作	・移動動作、非移動動作、操作的な動作等の基本動作の理解 ・移動動作、非移動動作、操作的な動作等の基本動作の表現
	器具と動作及び創意的動作		・器具を利用した動作 ・創意的動作	・器具を利用した動作の理解と表現 ・創意的動作の理解と表現
児童の動作の教授学習方法及び評価	動作経験の支援のための保育教師の役割		・動作経験を支援する教授学習方法 ・動作経験を支援する相互作用 ・動作経験に対する統合的アプローチ	・遊びと活動、日常生活の中で動作を支援する多様な教授学習方法の理解 ・遊びや活動、日常生活の中で動作を支援する相互作用の方法の理解 ・統合的な動作経験を支援する教授方法の理解
	動作経験の支援のための環境構成		・動作経験を支援する室内外の興味領域（遊び領域）の構成と運営 ・動作経験を支援する乳児と幼児の資料	・動作経験を支援する乳児クラス、幼児クラスの室内及び室外の興味領域（遊び領域）の構成と運営 ・動作経験を支援する資料の類型及び活用方法

	動作活動の計画及び評価		・計画及び評価の目的 ・計画及び評価方法 ・計画及び評価の活用	・動作活動の計画及び評価の目的理解 ・動作活動の計画及び評価方法の理解 ・動作活動の計画の実際 ・動作活動の評価及び支援計画の実際
児童の動作の実際	基本動作	★	・動きの要素と基本動作	・基本動作を活用した多様な動作活動を楽しむ ・模擬実践及び評価
	器具と動作	★	・器具を活用した動作	・基本動作を多様な器具を活用して楽しむ ・模擬実践及び評価
	創意的な動作	★	・創意的な動作表現	・音楽、物語等に伴う感情や考えを自由に動作で表現して楽しむ ・模擬実践及び評価

4 「児童の動作」の教科目の教授学習方法及び授業資料

① 養成校教員は、動作の基本要素と基本動作が動作表現の基礎となることを認識し、動画や写真を活用することで、学習者の理解を助け、直接身体で動作をし、学ぶようにする。

② 養成校教員は、学習者に乳幼児の動作経験が動作活動だけではなく、遊びと日常生活を通して、オリニジップの一日の日課の中で自然に統合的に行われることを認識できるようにする。

③ 養成校教員は、乳幼児が動作表現に興味を持ち、自然に表現できるよう、保育教師の効果的な教授法を構想できるようにする。乳幼児が動作をして動作の特性を自ら発見することができるだけではなく、自身の事前経験と結びつけ、自由かつ創意的に動作を表現することができる相互作用の方法を学ぶようにする。

④ 乳幼児のための動作活動を計画し、実行する過程で選定された動作活動が、オリニジップ標準保育課程の身体運動（健康）領域と芸術経験領域の目標及び内容と連係して構成されるようにする。

⑤ 学習者が自然と日常の全ての素材が乳幼児の動作表現の素材として使用できることを経験する過程が必要である。従って、学習者に周囲の環境で動作表現の素材になり得るものを探し、写真や動画で残し、動きの特徴を観察し、身体を利用してどのように動くことができるかを小グループ別に討議し、表現してみる機会を提供すると効果的である。講義の後半では、動きの特徴を基本動作と基本要素を利用し、表現してみる経験をすることができる。与えられた状況や短い物語を聞いて、自分の考えや感情を自由かつ創意的に表現する体験ができるようにする。

授業資料

① 乳幼児の動作発達の特徴をみることができる動画
② 基本動作に関連する動画
③ 自然や日常生活でよく見かける自然、事物、人の動きに関する動画
④ 多様な動作表現の器具（スカーフ、リボン棒、ボール、ゴムひも、新聞紙、豆袋、マット等）
⑤ 基本動作、創意的な動作表現に適切で多様な音源

5 「児童の動作」の教科目の対面授業の運営方案*

① 対面授業を通じて、保育教師としての知識と態度を備え、児童の動作経験を支援する教授学習方法を学ぶことに目的がある。

② 学習者が乳幼児の経験と興味に基づいて動作活動を選定し、活動に応じた資料や器具、音楽を準備して模擬実習を行うようにする。乳幼児の年齢に適合した動作活動の資料と適切な相互作用を通じて、具体的に乳幼児の動作表現と鑑賞等、動作に関連した経験を支援する力量を身につけることができるようにする。

*対面科目は 8 時間以上の出席授業と 1 回以上の出席試験を実施しなければならない。

1 週	基本動作
教科目標	・動きの要素を知る。 ・基本動作である移動動作、非移動動作、操作的な動作活動に対する支援方法を知る。 ・模擬実践を通して基本動作活動を支援する力量を備える。
教科内容	・動きの要素を理解するための多様な動作を経験する。 ・基本動作である移動動作、非移動動作、操作的な動作に対する具体的な支援方法を調べる。 ・基本動作を活用した動作活動を計画して実習した後、学生同士が一緒に分析する。
教授学習方法	・学習者が個別または小グループ別に基本動作活動を計画して実習した後、発表できるようにする。 ・学習者が発表した内容に対する自己評価、学生同士の相互評価、養成校教員による評価及び助言を行い、発表した基本動作活動を他の方法で行う場合、どのように変わるかについて討議できるようにする。
2 週	器具と動作
教科目標	・乳幼児の動作活動に適切な器具の種類と扱い方を知る。 ・器具を利用した動作活動を支援する方法を知る。 ・模擬実践を通して道具を活用した動作活動を支援する力量を身につける。
教科内容	・乳幼児の動作活動に適切な器具を調べ、直接扱ってみる。 ・道具を活用した動作活動に対する具体的な支援方法を調べる。 ・道具を活用した動作活動を計画して実習した後、学生同士で一緒に分析してみる。
教授学習方法	・学習者が個別または小グループ別に器具を活用した動作活動を計画して実習した後、発表できるようにする。 ・学習者が発表した内容に対する自己評価、学生同士の評価、養成校教員による評価及び助言を行い、他の器具に変えて動作活動を行う場合、どのように変わることができるかを討議できるようにする。
3 週	創意的な動作
教科目標	・乳幼児の創意的な動作活動を支援する方法を知る。 ・模擬活動を通して、音楽を活用した動作活動を支援する力量を身につける。
教科内容	・乳幼児が創意的に動作を表現する活動に対する具体的な支援方法を調べる。 ・創意的な動作活動を計画して実習した後、学生同士が一緒に分析してみる。

教授学習方法	・学習者が個別、小グループ別に創意的な動作活動を計画し、実習した後、発表できるようにする。 ・学習者が発表した内容に対する自己評価、学生同士の評価、養成校教員による評価及び助言を行い、他の導入方法や素材に変えて動作活動を行う場合、どのように変わることができるかを討議できるようにする。

6 「児童の動作」の教科目の適用時の留意点

① 養成校教員は、乳幼児に保育教師が計画した動作活動だけでなく、日常生活や遊びの中で自然に動作表現を支援することを強調する。

② 動作表現は、特に身体を利用した遊びとそれに連係した活動、音楽を経験する遊びや活動で自然に統合され、現れることを理解し、実行できるようにする。

③ 動作によっては乳幼児にモデリングが必要な場合もあるが、動作を習得するために乳幼児が繰り返し練習し、一方的に真似をすることは避けるよう強調する。また、基本動作を利用した動作表現、創意的な動作表現を均等に経験できるようにし、乳幼児の自由な表現を励ますようにする。

④ 動作表現に関連して養成校教員の示範（お手本）やメディア媒体等を利用して授業の理解を促すことは良いが、学習者個人によって動作能力に差異があるため、無理な活動にならないようにする。

⑤ 表現を大きくする身体活動をし、器具を利用した動作活動をする際、安全について事前に案内できるようにする。学習者が動作活動を計画し、実行する際、安全な環境が何よりも重要であることを強調する。

7 「児童の動作」の教科目の参考資料

① 教育部・保健福祉部（2019）『2019 改訂ヌリ課程 遊びの実行資料』
② 教育部・保健福祉部（2019）『2019 改訂ヌリ課程 遊びの運営事例集：遊びを支援する教師の役割』
③ 教育部・保健福祉部（2019）『2019 改訂ヌリ課程 遊びの運営事例集：遊び！幼児が世界に出会い、生きる力』
④ 教育部・保健福祉部（2019）『2019 改訂ヌリ課程 遊びの運営事例集：創っていく遊び中心の幼児教育』
⑤ 教育部・保健福祉部（2019）『2019 改訂ヌリ課程 遊びの運営事例集：幼児の暮らし 遊びで染まる』
⑥ 教育部・保健福祉部（2019）『2019 改訂ヌリ課程 遊びの運営事例集：自然と子どもらしさを生かす生態遊び』
⑦ 教育部・保健福祉部（2019）『2019 改訂ヌリ課程 遊びの理解の資料』
⑧ 教育部・保健福祉部（2019）『2019 改訂ヌリ課程 解説書』
⑨ 保健福祉部（2020）『第 4 次オリニジップ標準保育課程 解説書』

PART III 保育知識と技術の領域

必修教科目　⑨　児童の美術　　　　　　　　　　　　　　　　　　　　　　対面必修

1 「児童の美術」の教科目の概要

　「児童の美術」は、乳幼児が芸術経験を通じ、健康な人、自主的な人、創意的な人、感性が豊かな人、共に生きる人として成長できるよう支援する教科目である。乳幼児は日常生活の中で美しさと驚異を感じ、楽しみながら表現する豊かな感性を持つ存在である。従って、乳幼児が自然、生活、芸術から美しさを感じ、楽しみ、創意的に表現し、豊かな感受性を養うよう支援する保育教師としての力量を培うことに目的がある。加えて、乳幼児が多様な芸術鑑賞を通じて想像力を養い、芸術表現が持つ固有の価値を尊重できるように支援する保育教師としての力量を養うことに目的がある。そのために、児童の美術の理解、美術表現の発達、乳幼児の美術経験の理解、教授学習方法及び評価に関する内容を調べる。

2 「児童の美術」の教科目の目標

① 美術理論と乳幼児期の美術表現の特性の理解を通じて児童の美術の基礎知識を養う。
② 乳幼児が日常生活の中で美しさと驚異を感じ、楽しみながら表現する豊かな感性を持つ存在であることを理解する。
③ 乳幼児が美しさと芸術に関心を持ち、創意的な表現を楽しむよう支援する力量を養う。
④ 乳幼児の美術経験と標準保育課程の各領域を統合的に連係し、支援する方法を知り、実行する。
⑤ 乳幼児の遊び、日常生活、活動において乳幼児の芸術経験を理解し、乳幼児の学びと成長を促すための評価方法を模索し、支援計画を立てる。
⑥ 予備保育教師自身も日常生活の中で驚異と美しさを感じ、それを美術で表現しながら文化を享受する人として成長する。

3 「児童の美術」の教科目の内容

★：対面推奨

大主題	小主題	対面	核心概念	主要な内容
児童の美術の理解	児童の美術概念と重要性		・児童の美術概念及び目的 ・児童期の美術経験の重要性	・児童の美術概念及び目的に対する理解 ・児童期の美術経験の重要性及び価値の理解
	児童の美術の歴史的な背景		・美術の歴史 ・美術理論	・美術の歴史の理解 ・児童の美術理論の理解

美術表現の発達	児童期の美術表現の発達段階		・児童期の美術表現の発達 ・児童期の描画の発達 ・児童期の立体表現の発達	・児童期の美術表現の発達段階の理解 ・児童期の描画の発達段階の理解 ・児童期の立体表現の発達段階の理解 ・児童期の美術表現の特徴及び絵の理解
乳幼児の美術経験の理解	美術の基本要素及び原理		・美術の基本要素 ・美術の原理 ・乳幼児の美術教育アプローチ	・点、線、面、形、色等の美的要素の理解 ・調和、バランス、リズム、パターン等の美術原理の理解 ・多様な乳幼児の美術教育アプローチの理解
	オリニジップ標準保育課程における乳幼児の美術		・0〜1歳の芸術経験領域 ・2歳の芸術経験領域 ・3〜5歳の芸術経験領域	・0〜1歳の芸術経験領域の目標と内容の理解 ・2歳の芸術経験領域の目標と内容の理解 ・3〜5歳の芸術体験領域の目標と内容の理解
教授学習方法及び評価	支援のための保育教師の役割		・美術経験を支援する保育教師の役割 ・乳幼児における年齢特性の考慮 ・乳幼児における個別特性の考慮	・乳幼児の美術経験における保育教師の役割の理解 ・乳幼児の年齢特性を考慮した保育教師の役割の理解 ・乳幼児の個別特性を考慮した保育教師の役割の理解
	室内外の環境構成		・美術経験を支援する乳児クラス及び幼児クラスの室内外の環境構成 ・多様な美術材料と道具	・乳幼児が多様な美術経験ができるように支援する乳児クラス及び幼児クラスの室内外の環境構成の理解 ・多様な美術材料と道具の特性、購入、活用、管理法の理解
	描くこと	★	・多様な描く活動 ・紙と道具を活用した平面活動	・乳幼児のための多様な描く活動 ・多様な描くための材料と道具で自由に自身の考えや感じたことを表現する ・模擬実習
	つくることと飾ること	★	・多様なつくることと、飾ることを活用した立体活動	・乳幼児のためのつくることと飾ることの活動 ・多様な紐、布、紙、リサイクル品等で自由に自身の考えや感じたことを表現する ・模擬実習
	彫塑、版画、織物、染色	★	・多様な粘土や土を活用した表現活動 ・多様な版画を刷る活動 ・紐と布で行う織物 ・多様な方法で行う染色	・乳幼児のための多様な種類の粘土と土を活用した活動 ・多様な材料と技法を使用した刷る活動 ・乳幼児のための多様な紙、紐、布を使って行う織物活動 ・染料と天然染色材料で染める活動 ・模擬実習
	鑑賞及び共有		・多様な芸術を鑑賞し、想像する ・美術表現の過程と結果物、作品等の共有	・多様な芸術を鑑賞し、想像することを楽しむ経験の理解 ・美術表現の過程に対する記録、結果物、作品等の展示及び共有方法の模索

必修教科目

9 児童の美術

統合的な 経験	・統合的に乳幼児の経験と 連係	・乳幼児が美術経験をし、身体運動・健康、 意思疎通、社会関係、芸術経験、自然探求 領域の内容を統合的に経験することの理解 ・乳幼児の興味と関心に沿って、主題、絵 本、事物、偶発的な状況等を中心とした統 合的な連係 ・模擬実習
評価及び 支援計画	・児童の美術の評価 ・美術経験の支援計画	・評価の目的の理解 ・観察、記録、ポートフォリオ等の評価方法 の理解及び活用 ・美しさと芸術に関心を持ち、創意的な表現 を楽しめる空間、日課、資料、相互作用、 安全等に対する支援計画の記録

4 「児童の美術」の教科目の教授学習方法及び授業資料

① 「児童の美術」は理論だけでなく、美しさを感じ、表現し、鑑賞する経験がより強調されなければならない分野であるため、学習者が直接、自然や生活の中で美しさを感じ、美術材料で表現し、楽しむ経験ができるようにする。
② 写真、映像物等、多様な補助資料と媒体を活用して学習者の理解を促す。
③ 乳幼児の美術経験の実際を共有し、乳幼児の経験を「オリニジップ標準保育課程」の領域の内容と結びつけ、理解できるようにする。
④ 学習者が「オリニジップ標準保育課程」に基づき、乳幼児の美術経験を支援できるように模擬実習を行うことで、児童の美術指導法の実際を学ぶようにする。

授業資料

① 映像物
② 写真資料
③ 乳幼児の美術作品
④ 名画
⑤ 多様な描くことの材料及び道具（クレパス、パステル、絵の具、色鉛筆、墨、自然物等）
⑥ つくることの材料及び道具（リサイクル品、紐、布、紙、針金、紙コップ、割り箸、自然物、装飾材料等）
⑦ 多様な粘土と土
⑧ 多様な版画材料及び道具（自然物、紙、布、スポンジ、ローラー等）
⑨ 多様な染色材料及び道具（自然物、布、糸、絵の具等）

5 「児童の美術」の教科目の対面授業の運営方案*

① 対面授業を通して、学習者が直接、多様な美術材料と道具で自由に表現して楽しむ経験ができるようにする。
② 乳幼児が美しさと芸術に関心を持ち、創意的な表現を楽しめるように支援する教授学習方

法を学ぶようにする。

③ 乳幼児が美術の経験をし、追求する人間像に成長できるよう、空間、日課、資料、相互作用、安全等の支援ができる能力を身につけるようにする。

＊対面の教科目は8時間以上の出席と1回以上の出席試験を実施しなければならない。

1週	描くこと
教科目標	・乳幼児の表現を支援する描くことの材料及び道具を知る。 ・多様な描くことの活動に対する支援方法を知る。 ・乳幼児が創意的に表現する過程を楽しめるよう支援する力量を身につける。
教科内容	・多様な描くことの材料及び道具を調べる。 ・描くことの活動に対する具体的な支援方法を調べる。 ・模擬実習を通して、乳幼児が描くことの過程を楽しめるよう支援する保育教師の役割を実行し、評価及び助言をする。
教授学習 方法	・学習者が小集団で乳幼児と保育教師の役割を担い、乳幼児は描くことの材料及び道具を使って自由に表現し、保育教師はそれを支援する。 ・模擬実習における保育教師の役割について、学生同士の評価、自己評価、養成校教員による評価を行い、乳幼児が表現する過程を楽しめる支援方法について討議できるようにする。
2週	つくることと飾ること
教科目標	・乳幼児に適切なつくることと飾ることの資料を知る。 ・つくることと飾ることの活動の支援方法を知る。 ・乳幼児がつくり、飾る過程を楽しめるよう支援する力量を身につける。
教科内容	・乳幼児に適切なつくることと飾ることの資料を調べる。 ・つくることと飾ることの活動に対する具体的な支援方法を調べる。 ・模擬実習を通して、乳幼児がつくって飾る過程を楽しめるよう支援する保育教師の役割を実行し、評価及び助言をする。
教授学習 方法	・学習者が小集団で乳幼児と保育教師の役割を担い、乳幼児は自由につくったり飾ったりし、保育教師はそれを支援する。 ・模擬実習における保育教師の役割に対して、学生同士の評価、自己評価、養成校教員による評価を行い、乳幼児が表現する過程を楽しめるよう支援する方法について討議する。
3週	彫塑、版画、織物、染色
教科目標	・乳幼児に適切な彫塑、版画、織物、染色活動の材料と道具を知る。 ・彫塑、版画、織物、染色活動に対する支援方法を知る。 ・乳幼児が彫塑、版画、織物、染色活動を楽しめるよう支援する力量を身につける。
教科内容	・乳幼児に適切な彫塑、版画、織物、染色活動の材料と道具を調べる。 ・彫塑、版画、織物、染色活動に対する具体的な支援方法を調べる。 ・模擬実習を通して、乳幼児が表現する過程を楽しめるよう支援する保育教師の役割を実行し、評価及び助言をする。
教授学習 方法	・学習者が小集団で乳幼児と保育教師の役割を担い、乳幼児は彫塑、版画、織物、染色活動を行い、保育教師はそれを支援する。 ・模擬実習における保育教師の役割に対して、学生同士の評価、自己評価、養成校教員による評価を行い、乳幼児が表現する過程を楽しめるように支援する方法について討議する。

教科目 必修

9
児童の美術

PART III　保育知識と技術の領域

6　「児童の美術」の教科目の適用時の留意点

① 養成校教員は、学習者が日常生活の中で美しさと芸術に関心を持ち、創意的に表現する過程を楽しみ、多様な芸術表現を尊重する経験ができるようにする。
② 養成校教員は、学習者が特定の美術概念や機能に偏らないように注意を払うべきであり、オリニジップの一日の日課で美術経験が統合的に行われなければならないことを強調する。
③ 養成校教員は、美術作品の完成よりも、学習者が美術経験に自由で楽しく参与できるように激励する。

7　「児童の美術」の教科目の参考資料

① 教育部・保健福祉部（2019）『2019 改訂ヌリ課程 解説書』
② 教育部・保健福祉部（2019）『2019 改訂ヌリ課程 遊びの理解の資料』
③ 教育部・保健福祉部（2019）『2019 改訂ヌリ課程 遊びの実行資料』
④ 教育部・保健福祉部（2019）『2019 改訂ヌリ課程 遊びの運営事例集：遊び！幼児が世界に出会い、生きる力』
⑤ 教育部・保健福祉部（2019）『2019 改訂ヌリ課程 遊びの運営事例集：自然と子どもらしさを生かす生態遊び』
⑥ 教育部・保健福祉部（2019）『2019 改訂ヌリ課程 遊びの運営事例集：遊びを支援する教師の役割』
⑦ 教育部・保健福祉部（2019）『2019 改訂ヌリ課程 遊びの運営事例集：幼児の暮らし 遊びで染まる』
⑧ 教育部・保健福祉部（2019）『2019 改訂ヌリ課程 遊びの運営例集：創っていく遊び中心の幼児教育』
⑨ 保健福祉部（2020）『第 4 次オリニジップ標準保育課程 解説書』
⑩ ＥＢＳ（2010）「世界の教育現場：創意力を育むフランスの美術教育、子どもの落書きの読み方（映像資料）」
⑪ ＥＢＳ（2010）「世界の教育現場：創意力を育むフランスの美術教育、子どもの『アトリエ』に行く」（映像資料）
⑫ ＥＢＳ（2010）「世界の教育現場：創意力を育むフランスの美術教育、博物館も学校だ」（映像資料）
⑬ ＥＢＳ（2011）「世界の教育現場：創意力を育むフランスの美術教育、全ての学習は美術から始まる（映像資料）」
⑭ ＥＢＳ（2016）「ＥＢＳ 育児学校 子どもの絵で展覧会を開いてください」（映像資料）
⑮ ＥＢＳ（2020）「知識チャンネル e. 見えるものより、（大事なものは）近くにあります」（映像資料）

必修教科目　⑩ 児童の数学指導　対面必修

1　「児童の数学指導」の教科目の概要

　「児童の数学指導」は、乳幼児が日常生活の中で好奇心を持って探求することを楽しみ、生

活の中の問題を数学的に解決する経験を支援できる予備保育教師の力量を養うための教科目である。

　乳幼児は、自身を取り巻く周辺世界に好奇心を持って探求することを楽しみ、遊びと活動、日常生活の中で自然に数の概念、空間と図形、規則性、差異の比較、区分する等の数学的な経験をする。予備保育教師は、乳幼児が自然に日常生活の中で数学的に探求する経験を楽しむことができるよう支援する力量を身につけなければならない。そのため、「児童の数学指導」の教科目は、乳幼児の数学的な経験の理解、乳幼児の数学的な探求内容、乳幼児の数学的な探求を支援する教授学習方法及び評価、乳幼児の数学的な探求経験の実際等を扱う。

2　「児童の数学指導」の教科目の目標

① 乳幼児期の数学的な経験の価値と重要性を理解し、乳幼児期の数学的な経験を説明する基礎理論の主要概念を理解する。
② 乳幼児が周辺世界と自然から好奇心を感じ、探求しようとする本性を持つ存在であることを理解する。
③ 自然探求領域の「探求過程を楽しむ」「生活の中で探求する」「自然と共に生きる」の内容範疇と内容を知る。
④ 乳幼児の遊びと活動、日常生活で自然に現れる数の概念、空間と図形、規則性、差異の比較、区分する等の数学的な探求経験を発見し、理解できるようにする。
⑤ 乳幼児が数学的な探求経験を統合的に経験できるよう支援するための教授学習方法を知り、実行する。
⑥ 乳幼児の遊びを通した学習を支援するための評価及び支援計画を立てることができる。
⑦ 学習者も周辺世界と自然に好奇心を持ち、探求する楽しさを経験し、日常で問題解決を経験する数学的な探求の素養を培う。

3　「児童の数学指導」の教科目の内容

★：対面推奨

大主題	小主題	対面	核心概念	主要な内容
乳幼児の数学的な探求の理解	乳幼児期の数学的な探求の重要性		・数学的な経験の価値 ・数学的な理解の発達 ・数学的な探求の目的	・乳幼児の数学的な経験の重要性、価値の理解 ・乳幼児期の基礎的な数学的な理解の発達理解 ・乳幼児期の数学的な探求の目的
	乳幼児の数学的な探求の基礎理論		・数学的な探求を説明する多様な観点からの基礎理論	・成熟主義理論 ・構成主義理論 ・表象理論 ・多重知能理論
乳幼児の数学的な探求内容の理解	自然探求領域の理解		・自然探求領域 ・内容範疇 ・内容	・0〜1歳の乳児の自然探求領域 ・2歳の乳児の自然探求領域 ・3〜5歳の幼児の自然探求領域

	カテゴリ		項目	内容
	数の概念		・対象永続性 ・数量 ・数の意味 ・部分と全体 ・数の演算	・「ある・ない」「多い・少ない」の区別 ・数量に関心を持つ ・数の多様な意味を調べる ・部分と全体の関係を調べる ・物体を数えて数量を調べる
	空間と図形		・位置、方向、場所 ・形、基本図形	・周辺の形と空間を探索する ・物体の位置と方向、形を知り、区別する
	差異の比較及び測定		・大きさの比較 ・差異の測定 ・順序	・周辺の物の大きさに関心を持つ ・日常生活で長さ、大きさ、重さ等の属性を比較する ・任意測定単位を使って、長さ、面積、容量、重さ等を測る
	規則性		・規則性の経験 ・規則性の発見	・規則性を経験し、関心を持つ ・日常生活の中で、物事、出来事、自然の変化の繰り返される規則性を探す
	資料収集と分類		・区分する ・分類する	・周辺の事物を類似と違いに沿って区分する ・必要な情報や資料を収集する ・一つまたは多様な基準（形、大きさ、色）によって資料を分類する
数学的な探求を支援する教授学習方法及び評価	保育教師の役割	★	・数学的な探求の素養 ・数学的な探求を支援する相互作用	・保育教師の数学的な探求の素養を育てる ・乳幼児の数学的な探求を支援する保育教師の役割を理解する ・乳幼児の数学的な探求を支援する多様な教授学習方法 ・相互作用の実際
	環境構成と運営		・数学的な探求を支援する室内外の遊び領域の構成と運営 ・数学的な探求を支援する遊び資料 ・家庭及び地域社会との連携	・数学的な探求を支援する乳児クラスと幼児クラスの室内及び室外の遊び領域の構成と運営 ・数学的な探求を支援する遊び資料の類型及び活用方法 ・数学的な探求を支援する家庭及び地域社会の資源の類型及び活用の理解
	評価及び支援計画		・数学的な探求の観察及び記録 ・数学的な探求の評価 ・数学的な探求の支援計画	・乳幼児の遊び、日常生活、活動と連係した数学的な探求の評価の理解 ・乳幼児の数学的な探求の多様な記録及び評価方法（観察、ポートフォリオ等）の理解 ・評価と、空間、日課、資料、相互作用、安全支援の計画との連係
乳幼児の数学的な探求経験の実際	乳幼児の数学的な探求の実際	★	・0～1歳の乳児の数学的な探求経験 ・2歳の乳児の数学的な探求経験 ・統合的アプローチ	・0～1歳の乳児の数学的な探求経験の実際 ・2歳の乳児の数学的な探求経験の実際 ・日常生活、室内外遊び、活動等、統合的アプローチを通した数学的な探求経験の実際

幼児の 数学的な 探求の実際	★	・幼児の数学的な探求 経験 ・統合的アプローチ	・幼児の数学的な探求経験の実際 ・日常生活、室内外の遊び、文学、美術、身体運動、プロジェクト、料理活動等、多様な統合的アプローチを通した数学的な探求経験の実際

4 「児童の数学指導」の教科目の教授学習方法及び授業資料

① 乳幼児の数学的な理解の発達及び基礎理論に関する講義は、日常生活における乳幼児の行動事例や動画、写真、実物資料等、多様な補助資料を活用することで、学習者が乳幼児の数学的な探求経験を実際的に理解できるようにする。

② 乳幼児が家庭や日常生活で、偶然かつ即興的に経験する数学的な状況の事例を整理し、このような日常的な経験を数学的な探求経験の機会として支援できる方案を計画してみるようにする。

③ 乳幼児の数学的な探求経験に関連する多様な遊びの資料、自然物、媒体等を持ち、学習者が直接実習し、乳幼児の数学的な探求を支援できる方案を模索してみるようにする。

④ 学習者が保育室で行われる実際の乳幼児の遊びと活動、日常の経験を撮影した動画や写真を見ながら、乳幼児の遊びと活動、日常において統合的に数学的な経験を理解し、遊びを通した学びの意味を考えてみるようにする。これを支援するための保育教師の相互作用、環境構成、資料支援等について分析し、発表できるようにする。

⑤ 学習者が本教科目で学習した内容を土台に、室内外の多様な遊び、日常生活、活動等、多様な状況で乳幼児の数学的な探求経験を支援する計画を立て、これを模擬事例として実践できるようにする。

授業資料

① 「ＥＢＳ赤ちゃんの成長報告書２：赤ちゃんは科学者として生まれる（ＤＶＤ）」
② 積み木の実物または写真
③ フレーベルの恩物
④ モンテッソーリ教具
⑤ 多様なパズル、ブロック、七巧（知育玩具＝立体パズル）、ビーズ通し、粘土等
⑥ 多様な形、大きさの物体の測定道具
⑦ 数学的な概念に関連した絵童話

5 「児童の数学指導」の教科目の対面授業の運営方案*

① 乳幼児の数学的な探求経験に関連する多様な遊びの資料、自然物、媒体等、多様な資料を活用し、学習者が小主題に関連する内容を実際に経験できるようにする。これらを通して探求する楽しさを感じ、予備保育教師としての探求的な素養を培うことができるようにする。

② 小主題「数学的な探求支援のための保育教師の役割」の対面授業は、乳幼児が楽しく遊び

ながら自ら学ぶことができるように支援する保育教師の役割を明確に認識できるようにする。そのために関連する事例を提示し、学習者が適切な環境及び資料の支援、相互作用等を模索し、実習できるようにする。

③ 小主題「乳児の数学的な探求経験の実際」と「幼児の数学的な探求経験の実際」の対面授業は、乳幼児の年齢、興味・関心、遊びの主題等を反映して、多様な統合の方式で数学的な探求活動を考案し、個別またはグループ別で模擬実習を行うようにする。可能であれば、グループ活動を通して、他の人の考えを尊重し、一緒に問題を解決していく経験ができるようにする。

＊対面科目は 8 時間以上の出席授業と 1 回以上の出席試験を実施しなければならない。

1 週	乳幼児の数学的な探求を支援するための保育教師の役割
教科目標	・乳幼児の数学的な探求を支援するための保育教師の態度及び役割を理解する。 ・乳幼児の数学的な経験を促進し、支援する多様な教授方法を理解し、実行できる。
教科内容	・乳幼児が数学的な探求を楽しめるように支援する保育教師の役割の原理を講義する。 ・乳幼児の数学的な探求を支援する多様な教授学習方法について講義する。 ・乳幼児の数学的な探求を支援するために活用できる相互作用の方法等を、例題を通して調べる。 ・乳幼児の数学的な探求を支援する多様な教授学習方法と相互作用を適用して実践してみる。
教授学習方法	・乳幼児の探求的な態度を励まし、数学的な探求経験を提供するために保育教師が持つべき探求的な素養及び保育教師の役割について調べる。 ・乳幼児の数学的な探求を支援する教授学習の原理、相互作用の方法を説明はするが、乳幼児の遊び、日常生活と連係した例（動画、写真、観察記録等）を紹介する。学習者が例を土台に、乳幼児の数学的な探求を支援する教授学習方法及び相互作用を実習できるようにする。 ・学習者が模擬実習の過程で、乳幼児の数学的な探求を促すための質問及び反応、態度等を学ぶようにする。
2 週	乳児の数学的な探求経験の実際
教科目標	・乳児が好奇心を持って探索する過程を楽しみ、生活の中で数学的に探求する経験ができるよう、適切な支援を計画し、実行する。 ・乳児の数学的な探求活動を日常生活、遊び等、多様な統合の方式で連係するアプローチを知り、実行する。
教科内容	・乳児の遊びと日常生活を注意深く観察し、乳児の興味や好奇心を反映し、乳児が能動的に参与できるような支援を計画し、実行する。 ・乳児の数学的な探求経験と連係できる多様な統合的アプローチについて講義する。 ・学習者が個別またはグループ別に、遊びと日常生活を連係し、乳児のための数学的な探求活動を計画して実習し、学生同士で一緒に分析する。
教授学習方法	・学習者が個別またはグループ別に、乳児の日常生活や遊びと連係し、乳児のための数学的な探求活動を計画して実習した後、発表できるようにする。 ・学習者が室内外の遊び、絵本、美術、歌等多様な統合的なアプローチで乳児のための数学的探求を支援する方案を直接、経験できるようにする。 ・発表した学習者と他の学習者が、標準保育課程の自然探求領域の目標及び乳児の数学的な探求活動の学習原理に沿って模擬実習の内容を分析できるようにする。

	・または、事前に学習者の模擬実習の内容を映像で撮影した後、授業時間にこの映像を活用することができる。映像を活用する場合、模擬実習を準備した学習者が自身の姿を客観的に分析することができ、効果的である。 ・学習者が模擬実習を行った後、報告書を作成し提出できるようにする。報告書には、乳児の観察を通じて乳児の事前経験、興味・関心を反映した数学的な探求活動の実行及び活動資料及び空間構成、相互作用の支援計画及び学生同士の評価を含めるようにする。
3週	**幼児の数学的な探求経験の実際**
教科目標	・幼児が好奇心を持って探求する過程を楽しみ、生活の中で数学的に探求する経験ができるよう、適合した支援を計画し、実行する。 ・幼児の数学的探求活動を日常生活、遊び等多様な統合の方式で連係するアプローチを知り、実行する。
教科内容	・幼児の遊びや日常生活を注意深く観察し、幼児の興味や好奇心を反映して、幼児が主導的に参与できるように支援を計画し、実行する。 ・幼児の数学的な探求経験と連係できる多様な統合的アプローチについて講義する。 ・学習者が個別またはグループ別に幼児のための数学的探求活動を模擬実習として行い、学生同士で一緒に分析する。
教授学習方法	・学習者が個別またはグループ別に幼児の遊びと日常生活と連係して幼児のための数学的探求活動を計画して実習した後、発表できるようにする。 ・学習者が室内外の遊び、文学、美術、身体運動、歌、料理活動、プロジェクト等多様な統合的アプローチで幼児のための数学的な探求を支援する方案を直接、経験できるようにする。 ・発表した学習者と他の学習者が、標準保育課程の自然探求領域の目標及び幼児の数学的な探求学習の原理に沿って模擬実習の内容を分析できるようにする。 ・または、事前に学習者の模擬実習を映像で撮影した後、授業時間にこの映像を活用することができる。映像を活用する場合、模擬実習を準備した学習者が自身の姿を客観的に分析することができ、効果的である。 ・学習者が模擬実習を行った後、報告書を作成して提出するようにする。報告書には、幼児の観察を通して幼児の事前経験、興味・関心を反映した数学的な探求活動の実行及び活動資料及び空間構成、相互作用の支援計画及び学生同士の評価を含むようにする。

6 「児童の数学指導」の教科目の適用時の留意点

① 乳幼児期の数学的な探求経験は、保育教師が提示した問題の決まった答えを当てることではない。乳幼児が周辺の環境に内在している数学的な秩序と問題を発見することを楽しみ、乳幼児が主導的に数学的な問題解決の過程で、遊びを通して経験することが目的である、と強調する。

② 「第4次オリニジップ標準保育課程」では、乳幼児が遊びながら自ら学んでいくと考えているため、教科目標や教科内容に予備保育教師が乳幼児の遊びと連係して保育教師が支援する計画を立て、活動を実演することを超えて、乳幼児の主導的な遊びで自然に起こる数学的な経験を発見し、その意味を考えてみる機会を持つようにする。

③ 乳幼児は周辺で起こる数学的な状況を経験し、興味深いものを探索することによって数学的な思考が発達するため、乳幼児が興味を感じることができる資料を豊富に提供し、探索できる時間的な余裕を十分に提供できるようにする。

PART III　保育知識と技術の領域

④ 学習者が数学的な概念や知識を教えようとする負担感を捨て、数学的な経験に対して肯定的になれるよう励ます。

7 「児童の数学指導」の教科目の参考資料

① 教育部・保健福祉部（2019）『2019 改訂ヌリ課程 解説書』
② 教育部・保健福祉部（2019）『2019 改訂ヌリ課程 遊びの理解の資料』
③ 教育部・保健福祉部（2019）『2019 改訂ヌリ課程 遊びの実行資料』
④ 教育部・保健福祉部（2019）『2019 改訂ヌリ課程 遊びの運営事例集：遊び！幼児が世界に出会い、生きる力』
⑤ 教育部・保健福祉部（2019）『2019 改訂ヌリ課程 遊びの運営事例集：自然と子どもらしさを生かす生態遊び』
⑥ 教育部・保健福祉部（2019）『2019 改訂ヌリ課程 遊びの運営事例集：遊びを支援する教師の役割』
⑦ 教育部・保健福祉部（2019）『2019 改訂ヌリ課程 遊びの運営事例集：幼児の暮らし 遊びで染まる』
⑧ 教育部・保健福祉部（2019）『2019 改訂ヌリ課程 遊びの運営事例集：創っていく遊び中心の幼児教育』
⑨ 保健福祉部（2020）『第 4 次オリニジップ標準保育課程 解説書』
⑩ ＥＢＳ（2019）「ＥＢＳドキュ 遊びの力 1 部：遊びは本能だ」
⑪ ＥＢＳ（2019）「ＥＢＳドキュ 遊びの力 2 部：ホントの遊び、ウソッコの遊び」
⑫ ＥＢＳ（2019）「ＥＢＳドキュ 遊びの力 3 部：遊びは競争力だ」
⑬ ＥＢＳ（2020）「ＥＢＳドキュ 遊びの喜び 1 部：自ら遊んでこそ育つ」
⑭ ＥＢＳ（2020）「ＥＢＳドキュ 遊びの喜び 2 部：外で遊んでこそ育つ」

必修教科目　⑪　**児童の科学指導**　対面必修

1 「児童の科学指導」の教科目の概要

「児童の科学指導」は、乳幼児が日常生活の中で好奇心を持って探求する過程を楽しみ、生活の中の問題を科学的に探求し、生命と自然を尊重する経験が可能になるよう支援できる予備保育教師としての力量を養うための教科目である。

乳幼児は周辺の世界と自然に関心と好奇心を持ち、多様な探索を楽しむ。また、乳幼児は物体と物質、道具と器械・機械、動植物、生命、自然現象の特性と変化を日常生活で経験しながら、生活の中で自然に探求する力量を養う。

「児童の科学指導」は、学習者が乳幼児の遊びと日常生活での科学的な経験について理解し、乳幼児の主導的な探求及び問題解決の過程を支援できる力量を養うことにある。そのために、乳幼児の科学的な経験の理解、乳幼児の科学的な探求経験の内容、乳幼児のための教授学習方法及び評価、乳幼児の科学的な探求経験の実際に関する全般的な内容を探索する。

2 「児童の科学指導」の教科目の目標

① 乳幼児期の科学的な探求の重要性を理解し、乳幼児の科学的な探求経験を説明する基礎理論の主要概念を理解する。
② 乳幼児が周辺の世界と自然から好奇心を感じ、探求しようとする本質を持つ存在であることを理解する。
③ 自然探求領域の「探求過程を楽しむこと」「生活の中で探求すること」「自然と共に生きること」の内容範疇と内容を知る。
④ 乳幼児の遊びと活動、日常生活で自然に経験する物体と物質、道具と器械・機械、生命体と自然環境、自然現象等の科学的な探求内容を知る。
⑤ 乳幼児が科学的な探求経験を統合的に経験できるように支援するための教授学習方法を知り、実行することができる。
⑥ 乳幼児の遊びを通した学びを支援するための評価をし、支援計画を立てることができる。
⑦ 学習者も周辺の世界と自然に対して好奇心を持って探求する楽しさを経験し、日常生活で問題解決を経験する科学的な探求の素養を培う。

3 「児童の科学指導」の教科目の内容

★：対面推奨

大主題	小主題	対面	核心概念	主要な内容
乳幼児期の科学的な探求の理解	乳幼児期の科学的な探求の重要性		・科学的な経験の価値 ・科学的な探求の目的	・乳幼児の科学的な経験の重要性の価値の理解 ・乳幼児の科学的な探求の目的
	乳幼児の科学的な探求の基礎理論		・科学的な探求を説明する多様な観点の基礎理論	・ピアジェの認知的構成主義理論 ・ヴィゴツキーの社会的構成主義理論 ・ブルーナーの発見学習理論 ・ガードナーの多重知能理論
	乳幼児期の科学的な理解の発達		・探求的な態度 ・科学的な概念 ・科学的な過程の技術	・探求的な態度：好奇心、主導性、継続性等探求過程を楽しむこと ・科学的な概念：対象概念、重力生物、自然現象に関連する概念の発達 ・科学的な過程の技術：観察、比較、予測、実験、推論等の科学的な過程の技術の発達
乳幼児の科学的な探求内容の理解	自然探求領域の理解		・自然探求領域 ・内容範疇 ・内容	・0〜1歳の乳児の自然探求領域 ・2歳の乳児の自然探求領域 ・3〜5歳の幼児の自然探求領域
	物体と物質		・物体と物質を探索すること ・物体と物質の性質 ・物体と物質の変化	・物体と物質を探索すること ・物体と物質の基本的な特性を調べること ・物体と物質の変化に関心を持つこと

	道具と器械・機械		・生活道具を探索すること ・生活の中の道具と器械・機械	・生活道具に関心を持つこと ・生活の中で簡単な道具と器械・機械を活用すること
	生命体と自然環境		・動植物 ・生命体と自然環境	・周辺の動植物に関心を持つこと ・関心のある動植物の特性と成長過程を調べること ・生命と自然環境を大切にすること
	自然現象		・昼と夜、季節の変化 ・天気と気候の変化	・天気と季節の変化を経験すること ・天気と気候変化等、自然現象を生活と関連づけること
科学的な探求を支援する教授学習方法及び評価	保育教師の役割	★	・科学的な探求の素養 ・保育教師の役割 ・教授学習方法 ・相互作用	・保育教師の科学的な探求の素養 ・科学的な探求を支援する保育教師の役割 ・科学的な探求を支援する多様な教授学習方法 ・科学的な探求を支援する相互作用の方法
	環境構成と運営		・科学的な探求を支援する室内外の遊び領域の構成と運営 ・科学的な探求を支援する遊びの資料 ・家庭及び地域社会との連携	・科学的な探求を支援する乳児クラスと幼児クラスの遊び領域の構成と運営 ・乳幼児の科学的な探求活動を支援する遊びの資料の類型及び活用方法 ・乳幼児の科学的な探求を支援する家庭及び地域社会の資源の類型及び活用
	評価及び支援計画		・科学的な探求経験の観察及び記録 ・科学的な探求経験の評価 ・科学的な探求の支援計画	・乳幼児の遊び、日常生活、活動と連係した科学的な探求の評価の理解 ・乳幼児の科学的な探求の多様な記録及び評価方法（観察、ポートフォリオ等）の理解 ・評価を、空間、日課、資料、相互作用、安全支援計画に連係させる
乳幼児の科学的な探求経験の実際	乳児の科学的な探求経験の実際	★	・0〜1歳の乳児の科学的な探求経験 ・2歳の乳児の科学的な探求経験 ・統合的アプローチ	・標準保育課程に基づいた0〜1歳の乳児の科学的な探求経験の実際 ・標準保育課程に基づいた2歳の乳児の科学的な探求経験の実際 ・日常生活、室内外の遊び、活動等の統合的アプローチを通した科学的な探求の実際
	幼児の科学的な探求経験の実際	★	・3〜5歳の幼児の科学的な探求経験 ・統合的アプローチ	・ヌリ課程に基づいた幼児の科学的な探求経験の実際 ・日常生活、室内外の遊び、文学、身体運動、美術、プロジェクト、歌、料理活動等、多様な統合的アプローチと通した科学的な探求の実際

4 「児童の科学指導」の教科目の教授学習方法及び授業資料

① 学期初めに理論講義を行いながら、実物と視聴覚資料等を提示し、学習者が日常生活でよく経験する科学的な現象と事実に対する背景知識を広げられるようにする。

② 乳幼児の科学的な探求経験を支援するためのオリニジップの室内外の環境を観察し、具体

的に記述し、分析して現場観察報告書を提出するか、または発表できるようにする。

③ 乳幼児が経験する科学と関連する媒体と環境及び教材教具を探索し、直接実習し、各媒体及び教材教具と乳幼児の科学的な探求経験を連係してみるようにする。

④ 学習者が保育室で行う実際の乳幼児の遊びと活動、日常生活の経験を撮影した動画や写真を見て、乳幼児の遊びと活動、日常生活において統合的で科学的な経験を理解し、遊びを通した学びの意味を考えるようにする。これを支援するための保育教師の相互作用、環境構成、資料支援等について分析し、発表できるようにする。

⑤ 学習者が本教科目で学習した内容を土台に、室内外の多様な遊び、日常生活、料理活動、畑づくり活動、散歩、美術、絵本の読み聞かせ等、多様な状況で乳幼児の科学的な探求経験を統合的に行うようにする。この過程で、学習者が遊びと日常生活の中で乳幼児の科学的な探求経験を統合的に支援する多様な教授方法及び相互作用を実践できるようにする。

授業資料

① 乳幼児が好奇心を持って探索できる自然物（多様な種類の石、木の枝や葉、木の実）
② 金魚、カタツムリ等の観察できる動物
③ 多様な植木鉢や、オリニジップで育てられるガーデンボックス、野菜（サンチュ、唐辛子、エゴマの葉等）
④ 多様な探索と操作及び変形可能な非構造化された資料（紙類、粘土、小麦粉、小麦粉生地、布類、水、砂）
⑤ 多様な生活道具や器械・機械、調理活動に必要な道具等
⑥ 簡単な科学の実験ができる実験道具（ただし、危険ではない道具のみ使用）
⑦ ＥＢＳ赤ちゃんの成長報告書２：赤ちゃんは科学者として生まれる（ＤＶＤ）
⑧ 自然現象に関連した多様な写真資料及び映像資料
⑨ 科学的な探索及び創意的な態度と関連した絵童話、植物図鑑、木図鑑、動物図鑑等の図書類

---

5 「児童の科学指導」の教科目の対面授業の運営方案*

① 乳幼児の科学的な探求経験に関連する多様な遊び資料、自然物、実物資料等、多様な資料を活用し、学習者が小主題と関連する内容を実際に経験できるようにする。これを通して探求する楽しさを感じ、予備保育教師として探求的な素養を培うようにする。

② 小主題の「科学的な探求活動の支援のための保育教師の役割」の対面授業は、乳幼児が楽しく遊びながら、自ら学ぶよう支援する保育教師の役割を明確に認識できるようにする。そのために関連した事例を提示し、学習者が適切な環境及び資料の支援、相互作用等を模索し、実行できるようにする。

③ 小主題の「乳児の科学的な探求経験の実際」と「幼児の科学的な探求経験の実際」の対面授業は、乳幼児の年齢、興味と関心、遊びの主題等を反映して、遊び、日常生活、活動等、多様な方式で科学的な探求活動を考案し、個別またはグループ別で模擬実習を行うようにする。可能であれば、グループ別の模擬活動を通じて、他者の考えを尊重し、一緒に問題を解決していく経験ができるようにする。

＊対面教科目は８時間以上の出席授業と１回以上の出席試験を実施しなければならない。

PART III　保育知識と技術の領域

1 週	乳幼児の科学的な探求を支援するための保育教師の役割
教科目標	・乳幼児の科学的な探求を支援するための保育教師の役割及び態度を理解する。 ・乳幼児の科学的な探求経験を支援する多様な教授方法を理解し、学ぶ。
教科内容	・乳幼児が科学的な探求を楽しめるように支援する保育教師の役割の原理を講義する。 ・乳幼児が主導する遊びと連係して科学的な探求を支援する多様な教授学習方法について講義する。 ・乳幼児の科学的な探求を支援するために活用できる相互作用の方法等を、例示を通して調べる。 ・乳幼児の科学的な探求を支援する多様な教授学習方法と相互作用を適用して実習する。
教授学習 方法	・乳幼児の探求的な態度を励まし、科学的な探求経験を支援するために保育教師が持つべき探求的な素養及び保育教師の役割について調べる。 ・乳幼児の科学的な探求を支援する教授学習の原理、相互作用の方法について説明はするが、乳幼児の遊び、日常生活と連係した例示（動画、写真、観察記録等）を紹介する。学習者が例示を土台に、乳幼児の科学的な探求を支援する教授学習方法及び相互作用を実習できるようにする。 ・学習者が模擬実習の過程で、乳幼児の科学的な探求を励ますための質問や反応、態度等を学ぶようにする。
2 週	乳児の科学的な探求経験の実際
教科目標	・乳児が探求する過程を楽しみ、生活の中で探求する経験と自然と共に生きる経験ができるよう、適切な支援を計画し、実行できる。 ・乳児が遊びと日常生活の中で科学的な探求を統合的に経験できるよう、適切な支援を計画し、実行できる。
教科内容	・乳児の遊びや日常生活を注意深く観察し、乳児の興味や好奇心を反映して、乳児が能動的に参与できるように支援を計画し、実習する。 ・乳児の科学的な探求経験と連係できる多様な統合的アプローチについて講義する。 ・学習者が個別またはグループ別に、遊びと日常生活と連係して乳児のための科学的な探求活動を計画して実行してから学生同士で分析してみる。
教授学習 方法	・学習者が標準保育課程に基づき、個別またはグループ別に乳児の日常生活や遊びと連係して乳児のための科学的な探求活動を計画し、実習した後、発表できるようにする。 ・学習者が室内外の遊び、絵本、美術、歌等、多様な統合的アプローチによって乳児のための科学的な探求を支援する方案を直接経験できるようにする。 ・発表した学習者と他の学習者が、標準保育課程の自然探求領域の目標及び乳児の科学的な探求活動の学習原理に沿って模擬実習の内容を分析できるようにする。 ・または、事前に学習者の模擬実習の内容を映像で撮影した後、授業時間にこの映像を活用することができる。映像を活用する場合、模擬実習を準備した学習者が自身の姿を客観的に分析できるため、効果的である。 ・学習者は模擬実習を行った後、報告書を作成して提出できるようにする。報告書には、乳児の観察を通して乳児の事前経験、興味・関心を反映した科学的な探求活動の実行及び活動資料及び空間構成、相互作用の支援計画及び学生同士の評価を含むようにする。
3 週	幼児の科学的な探求経験の実際
教科目標	・幼児が探求する過程を楽しみ、生活の中で探求し、自然と生命を大切にする経験ができるよう、適切な支援を計画し、実行できる。 ・幼児が遊びと日常生活の中で科学的な探求を統合的に経験できるよう、適切な支援を計画し、実行できる。

教科内容	・幼児の遊びや日常生活を注意深く観察し、幼児の興味や関心、遊びの主題等を反映して、幼児が主導的に参与できるよう支援を計画し、実習する。 ・幼児の日常生活、室内外の遊び、絵本、美術、プロジェクト、歌、料理活動等、多様な統合的アプローチを通じた科学的な探求の実際を調べる。 ・学習者が個別またはグループ別に遊びや日常生活と連係して幼児のための科学的な探求活動を計画して実行してから、学生同士で分析してみる。
教授学習方法	・学習者がヌリ課程に基づき、遊びと連係して幼児のための科学的な探求活動を計画し、模擬実習をしてみるようにする。 ・発表した学習者と他の学習者がヌリ課程の自然探求領域の目標及び幼児の科学的な探求の学習原理に沿って模擬実習の内容を分析できるようにする。 ・事前に学習者の模擬実習の内容を映像で撮影した後、授業時間にこの映像を活用することができる。映像を活用する場合、模擬実習を準備した学習者が自身の姿を客観的に分析することができるため、効果的である。 ・学習者は模擬実習の報告書を作成し、提出できるようにする。報告書には、幼児の観察を通して、幼児の事前経験、興味・関心を反映した科学的な探求活動の実行及び活動資料及び空間構成、相互作用の支援計画及び学生同士の評価を含むようにする。

6 「児童の科学指導」の教科目の適用時の留意点

① 乳幼児期の科学は、科学的な概念と知識を習得することではなく、周辺の科学的な現象に好奇心を持って探求することを楽しみ、創意的に問題を解決しようとする過程自体が目的になるべきであることを強調する。従って、養成校教員は、学習者が乳幼児の好奇心を尊重して、科学的な探求経験を刺激し、励まし、多様な支援方法を学ぶことに重点を置く。

② 乳幼児は周辺で起こる科学的な現象を経験するか、興味深いものを探索しながら創意的な能力を発現するため、乳幼児が興味を感じる資料や自然現象を案内し、乳幼児自らが十分に探索できるようにする。

③ 「第4次オリニジップ標準保育課程」では、乳幼児は遊びながら自ら学んでいくと捉えているため、教科目標や教科内容に予備保育教師が乳幼児の遊びと連係し、保育教師が支援する計画を立てて活動を実演するだけに留まらず、乳幼児の主導的な遊びの中で自然に行う科学的な経験を発見し、その意味を考えてみる機会を持つようにする。

④ 乳幼児が周辺の事物や現象について好奇心を持って探求する態度と能力を得るためには、保育教師がまず、周辺の科学的な現象や物事に好奇心を持って積極的に探求する見本を示さなければならない。

7 「児童の科学指導」の教科目の参考資料

① 教育部・保健福祉部（2019）『2019 改訂ヌリ課程 解説書』
② 教育部・保健福祉部（2019）『2019 改訂ヌリ課程 遊びの理解の資料』
③ 教育部・保健福祉部（2019）『2019 改訂ヌリ課程 遊びの実行資料』
④ 保健福祉部（2020）『第4次オリニジップ標準保育課程 解説書』
⑤ 教育部・保健福祉部（2019）『2019 改訂ヌリ課程 遊びの運営事例集：遊び！幼児が世界と出会い、生きる力』

PART III　保育知識と技術の領域

⑥ 教育部・保健福祉部（2019）『2019 改訂ヌリ課程 遊びの運営事例集：自然と子どもらしさを生かす生態遊び』
⑦ 教育部・保健福祉部（2019）『2019 改訂ヌリ課程 遊びの運営事例集：遊びを支援する教師の役割』
⑧ 教育部・保健福祉部（2019）『2019 改訂ヌリ課程 遊びの運営事例集：幼児の暮らし 遊びで染まる』
⑨ 教育部・保健福祉部（2019）『2019 改訂ヌリ課程 遊びの運営事例集：創っていく遊び中心の幼児教育』

必修教科目 ⑫ 児童の安全管理　　　対面必修

1　「児童の安全管理」の教科目の概要

「児童の安全管理」は、オリニジップで乳幼児の安全事故を予防し、安全事故時に効果的に対処するために必要な安全知識と技術、態度を養い、安全管理の実務能力を培うための教科目である。学習者は、乳幼児の安全の重要性とともに乳幼児の安全事故の実態及び特性を理解しなければならない。また、オリニジップの室内外の環境と乳幼児の生活周辺で安全事故を誘発する危険要素を点検・除去し、安全意識と安全な生活態度を養い、安全事故を予防できるよう乳幼児、父母、保育教職員を対象に安全教育を効果的に実施しなければならない。さらに、安全事故の発生時の対処能力が被害の程度を決定するため、学習者は応急状況の際、適時適切に対処する方法を学び、保育教職員の安全事故の責任範囲を把握しなければならない。従って、「児童の安全管理」は、オリニジップで乳幼児の安全事故を予防し、安全事故の発生時は効果的に対処することで、乳幼児を安全に保育し、事故によって発生する乳幼児の身体的、精神的な損傷を最小限に抑えることに目的がある。そのため、乳幼児の安全事故に対する理解、年齢別の発達特性と安全事故、オリニジップの安全管理、乳幼児・父母・保育教職員を対象とした安全教育の内容と実際、オリニジップの安全事故への対処等の内容を探索する。

2　「児童の安全管理」の教科目の目標

① 乳幼児の発達特性と安全事故との関係を調べ、乳幼児期の安全事故の特性について理解する。
② オリニジップで守らなければならない安全関連の法令と安全管理の方法を把握し、標準保育課程とオリニジップ評価制指標での安全に関する内容を熟知し、オリニジップの安全管理時に適用する。
③ オリニジップで発生する安全事故の特性と類型を把握し、オリニジップで実施すべき乳幼児、父母、保育教職員を対象にした安全教育の内容と教授方法を習得する。
④ 乳幼児の安全事故による身体的、精神的な損傷を最小限にするため、乳幼児期の安全事故の予防に努め、乳幼児の安全事故の発生時に効果的に対処する方法を学ぶ。
⑤ 安全事故の発生時は安全事故の処理手順を熟知し、保育教職員の安全事故の責任範囲を把握する。

3 「児童の安全管理」の教科目の内容

★：対面推奨

大主題	小主題	対面	核心概念	主要な内容
児童の安全事故に対する理解	児童の安全事故の実態と特徴		・児童の安全事故の実態 ・児童の安全事故の特徴	・乳幼児の安全事故の実態の把握 ・乳幼児の安全事故の特徴の理解
年齢別の発達特性と安全事故	乳児の発達特性と安全事故		・事故の類型 ・安全守則	・0～1歳児の発達と事故類型の理解 ・0～1歳児のための安全守則の把握 ・2歳児の発達特性と事故類型の理解 ・2歳児のための安全守則の把握
	幼児の事故類型と安全守則		・事故の類型 ・安全守則	・3～5歳児の発達特性と事故類型の理解 ・3～5歳児のための安全守則の把握
オリニジップの安全管理	オリニジップで守るべき安全法規と安全管理		・オリニジップで守るべき安全法規 ・安全共済会への加入と児童及び保育教職員の安全管理	・安全教育（児童福祉法）及び安全管理（空気の質管理、消防法関連等）に関連する法規の把握 ・安全共済会への加入と乳幼児及び保育教職員の安全管理指針の理解
	標準保育課程とオリニジップ評価における安全		・標準保育課程の安全関連の内容 ・オリニジップの評価指標の安全領域	・標準保育課程の安全関連の内容理解 ・オリニジップの評価指標の安全領域内容の把握
	オリニジップの室内外の安全管理		・室内の安全点検及び安全管理 ・室外の安全点検及び安全管理	・オリニジップの室内の施設設備の安全点検の内容及び領域別の安全管理方法の把握 ・オリニジップの室外の施設設備の安全点検の内容及び領域別の安全管理方法の把握
オリニジップの安全教育	オリニジップの安全事故		・オリニジップの安全事故の特徴と類型 ・オリニジップの安全教育の運営	・オリニジップの安全事故の特徴と類型の理解 ・オリニジップの安全教育の計画及び実行（年間安全教育計画、乳幼児の日常生活、遊び、活動と連係した安全教育の実行等）
	児童対象の安全教育		・児童の安全教育の内容	・保健衛生・感染症の安全 ・遊びの安全 ・交通への安全 ・失踪・誘拐への安全 ・性暴力への安全 ・火災への安全 ・災害への安全
		★	・安全教育の教授学習方法 ・児童の安全教育の実際	・乳幼児の安全教育の内容に応じた教授学習方法 ・乳幼児の安全教育の実際の実習
	父母対象の安全教育		・父母の安全教育の内容 ・父母の安全教育の実際	・父母に実施すべき安全教育の内容に対する理解 ・父母の安全教育の実際の把握

	保育教職員対象の安全教育		・保育教職員の安全教育の内容 ・保育教職員の安全教育の実際	・保育教職員に実施すべき安全教育の内容に対する理解 ・保育教職員の安全教育の実際の把握（乳幼児を対象にしたＣＰＲ〈心肺蘇生法〉習得）
オリニジップの安全事故の対処	応急状況時の対処	★	・応急状況時の救助の要請 ・応急処置の方法	・応急処置の概念と応急医療機関に助けを要請する方法の把握 ・緊急状況と緊急でない状況での応急処置方法の実習
	事故の処理及び責任	★	・事故の処理 ・事故の責任	・安全事故の処理手順に対する理解 ・保育教職員の安全事故に対する責任の範囲の把握

4 「児童の安全管理」の教科目の教授学習方法及び授業資料

① 理論講義と発表、実習を中心に授業を行う。

② 養成校教員は、学習者に乳幼児の安全事故の事例を絵の資料、写真の資料、動画の資料等、マルチメディア資料を通して提示し、安全事故を予防できる多様な方法を調べるようにする。

③ 養成校教員は、学習者が児童福祉法及び標準保育課程に基づいて、オリニジップでの年間安全教育（案）を計画し、乳幼児、父母、保育教職員を対象に実施できるよう模擬授業を通して実習する。また、乳幼児の日常生活、遊びと連係して日常的に安全教育を実行できる方案を学ぶようにする。

④ 養成校教員は、学習者が安全関連の機関を訪問し、体験できる機会を提供し、安全関連の専門家との面談を通して効果的な安全教育の教授学習方法を学ぶようにする。

授業資料

① オリニジップ安全共済会『オリニジップ安全管理百科』
② 安全と関連したオリニジップの室内外の施設設備の写真資料
③ オリニジップの評価制指標

---

5 「児童の安全管理」の教科目の対面授業の運営方案[*]

① 対面授業の目的は、オリニジップで実施すべき乳幼児を対象にした安全教育の内容と方法を学び、応急状況の際、適切に対処する方法を習得できるようにし、事故処理及び責任の範囲について把握できるようにする。

② 対面教育の方法は、模擬授業、試演、グループ別の発表及び討論を通して、学習者が積極的に学習に参与し、安全管理の実務能力を養うようにする。具体的には、オリニジップで実施すべき乳幼児を対象にした安全教育は、年間安全教育計画案及び活動計画案を作成してみるようにし、模擬授業を通して具体的な安全教育の指導方法を発表できるようにする。応急状況の際に、助けを要請する方法と応急処置、状況別の応急処置方法を試演し、保育

教職員の安全事故の責任について討論をした後、発表できるようにする。

＊対面科目は8時間以上の出席授業と1回以上の出席試験を実施しなければならない。

1週	児童を対象にした安全教育
教科目標	・オリニジップで乳幼児を対象に実施すべき安全教育の内容に沿った適切な教授学習方法を知る。 ・オリニジップの年間安全教育計画案を作成し、乳幼児を対象に安全教育を実施する。
教科内容	・乳幼児を対象に義務的に実施しなければならない安全教育の内容に沿って適切な教授学習方法を提示する。 ・保健衛生と感染、遊びの安全、交通安全、失踪・誘拐への安全、性暴力への安全、火災への安全、災害への安全教育を計画し、模擬実習を行う。
教授学習方法	・安全教育の年間計画案及び安全教育の活動計画案を土台に、模擬授業を通して乳幼児の安全教育を実習する。
2週	応急状況時の対処
教科目標	・応急状況の際に、応急医療機関に助けを要請する方法を把握し、緊急な状況と緊急ではない状況の応急処置の方法を学ぶ。
教科内容	・応急状況の際に助けを要請する方法を提示する。 ・緊急時と緊急時でない状況の応急処置の方法を紹介する。
教授学習方法	・応急状況の際、助けを要請する方法を試演できるようにする。 ・緊急時と緊急時ではない状況について絵・写真・動画の資料を通じて応急処置の方法を学ぶ。
3週	事故処理及び責任
教科目標	・安全事故の処理手順について理解する。 ・保育教職員の安全事故の責任範囲を把握する。
教科内容	・安全事故の状況について事例を提示し、事故処置の方法を調べる。 ・保育教職員の安全事故の責任範囲について、事例を通して紹介する。
教授学習方法	・安全事故の状況に対する事例を見て、グループ別に事故処理の手順について試演する。 ・保育教職員の安全事故の責任についてグループ別に討論し、発表できるようにする。

6 「児童の安全管理」の教科目の適用時の留意点

① 「児童の安全管理」は、オリニジップで保育サービスを提供される乳幼児の安全を増進する内容を扱う教科目であるため、対面教育時に実習を通して安全管理及び安全教育の力量を養うようにする。

② 学習者が乳幼児の日常生活及び遊び、活動と連係し、一日の日課運営の中で乳幼児が安全に生活できるよう支援する力量を養うようにする。

③ 養成校教員は、オリニジップでの応急状況の際の対処能力を培うために、安全事故の状況別のシミュレーションを通した応急処置の能力を養うようにし、ＣＰＲの習得等、安全教育及び応急処置の守則を最新の情報として提供できるようにする。

PART III　保育知識と技術の領域

④ オリニジップと保健所、消防署、病院等の地域社会機関間の連携と協力は安全事故を予防するのに非常に効果的であるため、保育教職員と地域社会機関の連携例示を提供し、地域社会の安全に関連する専門家を招いて安全の重要性を認識できるようにする。

⑤ 保育教職員の事故処理及び責任について学習する際、安全事故の予防の重要性を強調し、保育教職員の責任範囲が事故予防の努力と関連することを強調し、安全事故時の処理手順を、実習を通して学ぶようにする。

7　「児童の安全管理」の教科目の参考資料

① 教育部・保健福祉部（2019）『2019 改訂ヌリ課程 解説書』
② 教育部・保健福祉部（2019）『2019 改訂ヌリ課程 遊びの実行資料』
③ 保健福祉部（2020）『第 4 次オリニジップ標準保育課程 解説書』
④ 保健福祉部・中央育児総合支援センター（2020）『オリニジップにおける乳幼児の性の行動問題の管理・対応マニュアル』
⑤ 保健福祉部・疾病管理本部・大韓心肺蘇生協会（2015）『2015 心肺蘇生術のガイドライン』
⑥ ソウル特別市子育て総合支援センター（2015）『乳幼児の権利尊重のための自己チェックリスト』
⑦ 育児政策研究所（2014）『乳児の安全教育プログラムの開発研究』
⑧ 育児政策研究所（2015）『安全な乳幼児保育・教育の環境造成方案：幼稚園・オリニジップの環境を中心に』
⑨ 育児政策研究所（2016）『安全な乳幼児保育・教育の環境造成方案（Ⅱ）』
⑩ オリニジップ安全共済会（2016）『オリニジップの安全事故の対処行動のマニュアル』
⑪ オリニジップ安全共済会（2019）『オリニジップの安全管理百科：健康、環境、衛生、給食』
⑫ オリニジップ安全共済会（2019）『オリニジップの安全管理百科：室内外の保育環境』
⑬ オリニジップ安全共済会（2019）『オリニジップの安全管理百科：通学車両と登・降園』
⑭ オリニジップ安全共済会（2019）『オリニジップの安全管理百科：消防・災難』
⑮ オリニジップ安全共済会（2020）『2019 改訂ヌリ課程の適用による保育教師の安全意識』
⑯ オリニジップ安全共済会（2020）『絵本を活用した乳児の安全教育』
⑰ オリニジップ安全共済会（2020）『保育教職員の安全教育の深化課程の開発研究』
⑱ 中央育児総合支援センター（2020）『保育教職員の安全教育：児童虐待予防教育』

必修教科目　⑬　児童の生活指導　　　　　　　　　　対面必修

1　「児童の生活指導」の教科目の概要

「児童の生活指導」は、児童の基本生活習慣の形成を促し、不適応な行動を指導する概括的な知識と指導方法を習得する教科目である。「児童の生活指導」は、保育教師が児童の成長段階別に形成すべき基本生活習慣について理解し、発達の特性に適合した支援方法を学ぶようにする。また、児童が家庭及び機関で見せる不適応な行動の原因と行動特性を知り、具体的な方法を通して保育教師の支援の力量を養うことに目的がある。このため、児童の生活指導の基礎、児童の行動の理解、オリニジップでの生活指導の運営、乳幼児の不適応な生活指導の実際

に関する内容を探索する。

2 「児童の生活指導」の教科目の目標

① 児童の生活指導の概念と理論的な背景を調べ、児童の発達段階別の行動の特性について理解する。
② 児童の行動の影響要因を把握し、児童の行動を理解するために多様な児童の行動の評価方法を知り、適用する。
③「第４次オリニジップ標準保育課程」で乳幼児の生活指導と関連する内容を把握し、これを基にオリニジップでの乳幼児の生活指導の方法を学び、家庭と連携して指導する方法を習得する。
④ オリニジップと家庭で見られる乳幼児の不適応な行動の原因と行動特性を理解し、適切に支援する方法を学ぶ。

3 「児童の生活指導」の教科目の内容

★：対面推奨

大主題	小主題	対面	核心概念	主要な内容
児童の生活指導の基礎	児童の生活指導の概念		・児童の生活指導の定義 ・児童の生活指導の必要性 ・児童の生活指導の目標	・児童の生活指導の現代的概念の理解 ・児童の生活指導の社会的・個人的な必要性の認識 ・児童の生活指導の目標理解
	児童の生活指導の理論的な背景		・精神分析的アプローチ ・行動主義的アプローチ ・構成主義的アプローチ ・人本主義的アプローチ	・児童の欲求と性格発達に対する精神分析的アプローチの理解 ・良い習慣の形成と行動修正の原理に対する行動主義的アプローチの理解 ・認知発達と道徳性の発達に対する構成主義的アプローチの理解 ・自我尊重感の重要性と相談の基礎に対する人本主義的アプローチの理解
	児童の発達段階別の行動特性		・乳児期の行動特性 ・幼児期の行動特性 ・児童期の行動特性	・乳児期、幼児期、児童期の発達上の主要な行動特性の把握 ・時期別の行動発達の特性に沿った保育教師の支援方法の理解
児童の行動の理解	児童の行動の影響要因		・個人的な要因 ・環境的な要因	・性、年齢、気質、愛着等のような児童の行動に影響を及ぼす個人的な要因の分析 ・父母の養育態度、きょうだい、同年齢、メディア等のような児童の行動に影響を与える環境的な要因の分析
	児童の行動の評価	★	・非形式的な評価 ・形式的な評価	・児童の行動を評価するための観察、面接、ポートフォリオの非形式的な評価の理解 ・各種心理検査等の形式的な評価の理解

オリニジップでの生活指導の運営	標準保育課程と生活指導		・オリニジップの標準保育課程に基づいた乳幼児の生活指導	・乳児の生活指導のための 0〜2 歳の保育課程（標準保育課程）の内容の探索及び適用 ・幼児の生活指導のための 3〜5 歳の保育課程（ヌリ課程）の内容の探索及び適用
	オリニジップでの児童の生活指導	★	・生活指導のための環境構成 ・児童の生活指導のための保育教師の役割	・望ましい生活指導のための物理的・心理的な環境の構成原理及び運営方案の模索 ・乳幼児の基本生活習慣（睡眠、給・間食、昼寝等の健康習慣、安全習慣、衛生習慣、栄養習慣等）の形成のための保育教師の支援方法の理解 ・新入園児の適応指導
	家庭との連携方法	★	・父母相談 ・家庭との連携方案	・父母との協力の重要性の理解 ・父母相談のための基本原理及び方法の習得 ・児童の生活指導のための家庭との連携方案の模索
児童の不適応な生活指導の実際	社会的な不適応の生活指導		・攻撃性 ・孤立 ・嘘	・攻撃行動の原因と行動特性の分析及び支援方案の模索 ・孤立行動の原因と行動特性の分析及び支援方案の模索 ・嘘の原因と行動特性の分析及び支援方案の模索
	情緒的な不適応の生活指導		・分離不安 ・感情調節 ・メディア中毒	・分離不安の原因と行動特性の分析及び支援方案の模索 ・衝動性、感情爆発のような感情調節の問題に対する分析と支援方案の模索 ・メディア中毒の原因と行動特性の分析及び支援方案の模索
	身体的な不適応の生活指導		・食習慣の問題 ・清潔の問題 ・性的な行動	・偏食や過食の原因と行動特性の分析及び支援方案の模索 ・強迫的な清潔行動の原因と行動特性の分析及び支援方案の模索 ・自慰行為のような性的な行動の原因と特性の分析及び支援方案の模索
	言語・認知の不適応な生活指導		・選択的緘黙症 ・叫喚 ・注意力の欠如	・意思を表現しない乳幼児の原因と行動特性の分析及び支援方案の模索 ・怒鳴る行動の原因と行動特性の分析及び支援方案の模索 ・集中できず、散漫な行動の原因と行動特性の分析及び支援方案の模索
	特別なニーズを持つ児童の指導		・身体及び言語障碍 ・虐待及びネグレクト ・特別な家庭	・障碍の類型による情報を習得し、個別的な日常生活の支援方案の模索 ・虐待やネグレクトによる児童の行動特性と個別的な日常生活の支援方案の模索 ・特別な家庭状況による児童の行動特性と個別児童の日常生活の支援方案の模索

4 「児童の生活指導」の教科目の教授学習方法及び授業資料

① 理論的な講義と発表、討論、模擬実習等、多様な方法を適用して授業を行う。
② 養成校教員は、学習者が児童の行動を評価する方法を理解できるよう、絵の資料や写真資料を通じて提示し、具体的な評価方法を適用できるようにする。
③ 養成校教員は、学習者がオリニジップでの生活指導の運営のために、標準保育課程における生活指導に関する内容を把握し、生活指導のための環境構成と具体的な生活指導の方法を学ぶようにする。
④ 養成校教員は、乳幼児の不適応な行動の具体的な事例を提供し、学習者がその原因と行動特性を把握し、効果的な支援方法を学ぶようにする。

授業資料

① 児童の行動の評価方法に関する多様な資料：観察、面接、ポートフォリオの例示
② オリニジップの評価制指標
③ 問題行動への指導の事例動画または写真
④ 基本生活習慣の形成と維持を促す実際の資料：童謡、絵本等
⑤ オリニジップにおける乳幼児の性の行動問題への管理・対応マニュアル

5 「児童の生活指導」の教科目の対面授業の運営方案*

① 対面授業を通して児童の行動を評価する方法を学び、オリニジップで乳幼児の生活指導のための物理的な環境構成の方法と基本生活習慣の形成を促すことができる具体的な支援方法を習得し、乳幼児の不適応な行動を家庭と連携して効果的に指導できるようにする。
② 対面授業の方向は、シミュレーションによる試演、模擬実習を通した発表やグループ別討論及び発表をし、学習者が積極的に学習に参与する。これらの体験を通して児童の行動を評価し、生活指導の方法を学び、家庭との連携に役立つようにする。

　＊対面教科は8時間以上の出席授業と1回以上の出席試験を実施しなければならない。

1週	児童の行動の評価
教科目標	・児童の行動を評価する方法を理解する。 ・児童を対象に行動を評価する方法を適用する。
教科内容	・児童の行動を非形式的に評価する観察、面接、ポートフォリオ等の方法について把握する。 ・児童の行動を形式的に評価する各種心理検査の方法を調べる。
教授学習方法	・児童の行動を評価する方法を絵の資料や写真資料を通して具体的な方法を提示する。 ・児童を対象とした行動を評価する方法を、シミュレーションを通して試演してみるようにする。

2週	オリニジップでの児童の生活指導
教科目標	・オリニジップでの生活指導のための環境構成について理解する。 ・乳幼児の基本生活習慣の指導方法について把握する。
教科内容	・オリニジップでの生活指導のための環境構成の原理及び運営方法を理解する。 ・乳幼児の基本生活習慣の形成のための指導方法を知り、適用する。
教授学習 方法	・オリニジップでの生活指導のための環境構成の原理及び運営方法をグループ別の発表と討論を通して調べるようにする。 ・乳幼児の基本生活習慣の形成のための指導方法を、模擬実習を通して学ぶようにする。
3週	家庭との連携方法
教科目標	・乳幼児の生活指導における父母相談の重要性と方法について理解する。 ・オリニジップでの生活指導と家庭との連携方案を把握する。
教科内容	・父母との協力の重要性を理解する。 ・父母相談の基本原理と方法を調べる。 ・オリニジップでの生活指導と家庭との連携方法について調べる。
教授学習 方法	・父母との協力の重要性について討論できるようにする。 ・事例を通して、父母相談の基本原理と方法を調べるようにする。 ・オリニジップでの生活指導と家庭との連携方法をグループ別に発表し、それに対するフィードバックを行うようにする。

6 「児童の生活指導」の教科目の適用時の留意点

① 「児童の生活指導」は、オリニジップで乳幼児の生活指導のために学習者が習得すべき基本的な知識と実際を学び、乳幼児の不適応な行動について効果的に指導する内容を扱う教科目であり、対面教育時の実習を通じて乳幼児の生活指導の力量を養うことができるようにする。

② 養成校教員は、児童の不適応な行動に対する実際の事例を提示し、学習者が効果的に指導できる能力を養うようにする。

③ 養成校教員は、オリニジップでの乳幼児の生活指導の模擬授業を通して、学習者がオリニジップの一日の日課の中で乳幼児の基本生活と関連する活動を計画し、指導する能力を養うようにする。

④ オリニジップと家庭間の連携と協力が児童の不適応な行動を指導する上で非常に効果的であるため、児童の行動を客観的に理解し、評価する多様な方法を適用し、父母相談の際に児童の行動の評価内容を活用して相談する効果的な方法を学ぶようにする。

⑤ 不適応な行動の具体的な指導方法をやさしく理解し、学ぶことができるよう、児童の不適応な行動への指導の事例を扱った動画を提示する。

7 「児童の生活指導」の教科目の参考資料

① 保健福祉部・韓国保育振興院（2020）『2020 オリニジップの評価マニュアル』
② 保健福祉部（2020）『第 4 次オリニジップの標準保育課程 解説書』
③ 保健福祉部（2020）『2020 保育事業案内』
④ 保健福祉部・育児政策研究所（2013）『乳幼児の問題行動の指導プログラムの開発：乳幼児の問題行動指導のためのオリニジップの保育教師の指針書』
⑤ 保健福祉部・育児政策研究所（2014）『特別なニーズを持つ乳幼児の保育活動及び教師の教育プログラムの開発研究』

PART III　保育知識と技術の領域

選択教科目　14　児童の健康教育

1　「児童の健康教育」の教科目の概要

　「児童の健康教育」は、乳幼児の健康を増進し、健康に関連する問題が発生しないよう、オリニジップでの乳幼児の健康管理と教育方法に関連する全般的かつ概括的な知識を習得する教科目である。具体的には、保育教師がオリニジップで乳幼児の健康状態を点検し、疾病及び感染症を予防する方法、そして乳幼児に健康教育を運営し、応急状況の際に正しく応急処置する方法を扱う。従って、「児童の健康教育」は、学習者が乳幼児の健康の重要性を知り、健康点検を通して乳幼児に発生しやすい健康上の問題を把握し、疾病と感染症から乳幼児を保護する健康管理の側面と健康教育を通して乳幼児が健康な生活習慣を形成することに目的がある。このため、児童の健康の理解、乳幼児の発達段階別の健康増進、乳幼児の健康問題及び対応、オリニジップの健康教育、オリニジップの健康点検及び疾病管理等の健康全般にわたる内容を探索する。

2　「児童の健康教育」の教科目の目標

① 乳幼児の健康の重要性、乳幼児の発達段階別の健康増進方法を学習し、乳幼児の健康に関する基礎知識を知る。
② 乳幼児の健康状態を点検する方法を学び、乳幼児の健康問題に適切に対応する方法を習得する。
③ 乳幼児のための健康教育年間計画案を作成し、具体的な運営方法を習得する。
④ 乳幼児に発生しやすい疾病及び感染症を理解し、疾病及び感染症の発生時に、適切に対処する方法を学ぶ。
⑤ 応急状況の際、乳幼児に適切な応急処置方法を熟知し、実施することができる。
⑥ 乳幼児対象の健康教育を通して、乳幼児が健康の重要性を理解し、健康な習慣と態度を形成できるようにする。

3　「児童の健康教育」の教科目の内容

大主題	小主題	核心概念	主要な内容
児童の健康の理解	児童の健康の重要性と健康の決定要素	・健康の概念と児童の健康の重要性 ・児童の健康の決定要素	・健康の概念と乳幼児の健康の重要性の理解 ・乳幼児の健康の決定要素の把握

児童の発達段階別の健康増進	0～1歳の健康増進	・0～1歳の発達特性 ・0～1歳の健康増進の要因	・0～1歳児の発達特性の理解 ・0～1歳児の健康増進のために考慮すべき要因（栄養及び摂生、活動と休息、衛生管理、予防接種、歯の管理等）の把握
	2歳の健康増進	・2歳の発達特性 ・2歳の健康増進の要因	・2歳児の発達特性の理解 ・2歳児の健康増進のために考慮すべき要因（栄養及び摂生、活動と休息、衛生管理、予防接種、歯の管理等）の把握
	3～5歳の健康増進	・3～5歳の発達特性 ・3～5歳の健康増進の要因	・3～5歳児の発達特性の理解 ・3～5歳児の健康増進のために考慮すべき要因（栄養及び摂生、活動と休息、衛生管理、予防接種、歯の管理等）の把握
	6～12歳の健康増進	・6～12歳の発達特性 ・6～12歳の健康増進の要因	・6～12歳児の発達特性の理解 ・6～12歳児の健康増進のために考慮すべき要因（栄養及び摂生、活動と休息、衛生管理、予防接種、歯の管理等）の把握
児童の健康問題及び対応	身体の健康問題	・児童の身体健康の問題及び対応	・乳幼児の身体（視力、聴力、皮膚等）健康の問題に対する理解 ・乳幼児の身体（視力、聴力、皮膚等）健康の問題の対応方法の把握
	栄養の健康問題	・肥満と栄養の不均衡の理解及び対応	・肥満と栄養の不均衡に対する理解 ・肥満と栄養の不均衡の対応方法の把握
	精神の健康問題	・児童の精神健康の問題及び対応	・乳幼児の精神健康の問題理解 ・乳幼児の精神健康の問題への対応方法の把握
オリニジップの健康教育	標準保育課程と評価制指標の健康関連領域	・標準保育課程の健康関連領域 ・オリニジップ評価制指標の健康と栄養の領域	・オリニジップ標準保育課程の健康関連内容の理解 ・オリニジップ評価制指標の健康と栄養の領域の内容把握
	健康教育の運営及び保育教師の役割	・健康教育の運営 ・健康教育における保育教師の役割	・健康教育の計画、実施、評価方法の把握 ・健康教育における保育教師の役割の理解
オリニジップの健康点検及び疾病管理	オリニジップの健康点検	・登・降園時の健康点検 ・一日の日課での健康点検	・登・降園時の健康点検についての理解 ・一日の日課での健康点検についての理解
	オリニジップの疾病管理	・児童と保育教職員の疾病管理 ・感染症の管理	・乳幼児と保育教職員の疾病管理方法の把握 ・感染症の管理方法の把握
	オリニジップの応急処置	・応急処置の概念と重要性 ・状況に応じた応急処置	・応急処置の概念と重要性の理解 ・状況に応じた応急処置方法の把握（乳幼児対象のＣＰＲ等）

4 「児童の健康教育」の教科目の教授学習方法及び授業資料

① 理論講義、試演、討論、事例発表、専門家の招聘（心肺蘇生術の教育等）等、多様な教授方法を適用して授業を行う。
② 養成校教員は、乳幼児の健康に関連記事をスクラップし、学習者個人の意見を記述し、作成した報告書を課題物として提出できるようにする。
③ オリニジップで発生する感染症の事例を発表した後、感染症の予防方法と感染症の発生時の適切な対応態度を中心に討論を行う。
④ 養成校教員は、学習者が乳幼児の疾病により発生する応急状況の際に適切に対処する応急処置の方法を学んだ後、試演し、応急処置に自信を持てるように指導する。
⑤ 養成校教員は、特に学習者が乳幼児の心肺蘇生術を学び、練習を通して身につけ実行できるように外部専門家を招き実習することができる。応急状況の際、効果的に対処する方法を熟知できるようにする。

授業資料

① オリニジップ評価制指標
② 歯の模型、電子体温計等
③ 救急箱と救急用品、ＣＰＲ訓練用の人体模型（乳児及び幼児の模型）
④ 感染症関連の動画資料
⑤ オリニジップでの健康管理のための保育教師の役割の写真または動画資料
⑥ 児童の健康な生活習慣の形成と維持を助ける実際の資料：童謡、絵本、ゲーム資料等

---

5 「児童の健康教育」の教科目の適用時の留意点

①「児童の健康教育」は、乳幼児の健康に関連する知識を基に、疾病によって発生した応急状況で適切に対処できる能力を養うことに重点を置く。
② 養成校教員は、学習者が乳幼児の健康と関連する論文や報告書、記事等を探し、要約して発表できるようにし、乳幼児期の健康管理の意味と重要性について論議できるようにする。
③ 養成校教員は、学習者が乳幼児のための健康教育の年間計画案を作成し、模擬実習を通して健康教育を試演し、具体的な支援方法を習得できるようにする。
④ 乳幼児期に発生しやすい疾病や感染症に対する写真、絵、または動画資料を利用し、学習者の理解を深める。これらを通して疾病や感染症の症状に、より敏感に反応し、適切な管理と予防ができるようにする。
⑤ 応急状況の際、適切に対処できずに発生した問題点を強調するより、適切に対処する必要性に注視させることで、学習者が自信を持って応急状況の際の対処行動を積極的に身につけられるよう留意する。
⑥ オリニジップでの健康診断を扱う際には、保育教師が登・降園時の乳幼児の状態を把握す

ることはもちろん、乳幼児の健康状態について父母と意思疎通をしなければならない点を
強調する。
⑦ 保育教師自身の個人衛生と健康を敏感に扱い、自ら健康な生活習慣と態度を持たなければ
ならないことを認識できるようにする。

6 「児童の健康教育」の教科目の参考資料

① 保健福祉部（2009）『出生から学齢前までの児童健康ニーズ診断及び仲裁プログラムの開発』
② 保健福祉部（2011）『児童健康管理サービスマニュアルの開発』
③ 保健福祉部（2020）『第４次オリニジップ標準保育課程 解説書』
④ 保健福祉部・韓国保育振興院（2020）『2020 オリニジップ評価マニュアル』
⑤ 保健福祉部（2020）『2020 保育事業案内』

選択教科目 15 乳幼児の社会情緒指導

1 「乳幼児の社会情緒指導」の教科目の概要

「乳幼児の社会情緒指導」は、乳幼児の社会情緒の発達を促すために、保育教師が乳幼児期
の発達理論に基づき、オリニジップの生活全般において乳幼児の肯定的な自我概念と社会的相
互作用を増進させることができる支援方法を習得する教科目である。従って、「乳幼児の社会
情緒指導」の教科目は、保育教師が乳幼児期の社会情緒の発達に関する諸理論と実際、そして
支援方法を検討し、これを基に乳幼児が機関と家庭で社会情緒の発達課業を成功的に達成する
ように支援する力量を養うことを目的とする。そのために、乳幼児の社会化と乳幼児の社会情
緒の発達を理解し、乳幼児の社会情緒の発達の指導方法と、乳幼児の社会情緒の発達のための
環境構成を検討し、乳幼児の社会情緒の発達を支援する実際を扱う。

2 「乳幼児の社会情緒指導」の教科目の目標

① 社会的存在としての乳幼児を認識する。
② 乳幼児期の社会情緒の発達の重要性を把握し、社会情緒の発達の諸理論について理解する。
③ 乳幼児期の社会情緒の発達を促進できる指導方案と環境構成の方法を探求する。
④ 乳幼児期に経験する社会情緒的な困難を理解し、これに適切な支援方案の実際を模索する。
⑤ 保育教師の倫理的判断に関連する原則を知り、遂行する。

PART III　保育知識と技術の領域

3　「乳幼児の社会情緒指導」の教科目の内容

大主題	小主題	核心概念	主要な内容
乳幼児の社会化	社会的存在としての乳幼児	・社会的な有能性 ・社会的な関係	・乳幼児の社会化、乳幼児の社会的な有能性と社会的な関係
	乳幼児期の社会化理論	・乳幼児期の社会化の発達理論	・成熟主義、社会学習理論、精神分析理論、認知発達理論、人本主義、愛着理論
乳幼児の社会情緒の発達	乳児の愛着発達	・愛着の概念と重要性	・愛着の発達 ・愛着の重要性 ・愛着の形成
	乳幼児の社会性の発達	・社会性の発達関連要素 1	・自我概念、性の役割
		・社会性の発達関連要素 2	・友だち関係、社会的な良い行動
	乳幼児の情緒の発達	・情緒概念 ・情緒の発達理論	・情緒の概念、情緒の発達 ・情緒知能
	乳幼児の道徳性の発達	・道徳性関連の概念 ・道徳性の発達理論	・ピアジェ、コールバーグの道徳性の発達段階 ・道徳的な行動の発達
乳幼児の社会情緒の発達の指導方法	乳幼児の社会情緒の行動指導	・乳幼児の社会・情緒的な困難	・乳幼児の社会・情緒的ストレスの測定と管理 ・乳幼児の外顕化行動（攻撃性、ＡＤＨＤ等） ・乳幼児の内面化行動（うつ病、萎縮等）
		・外顕化行動支援	・外顕化行動支援の方法
		・内面化行動支援	・内面化行動支援の方法
乳幼児の社会情緒のための環境構成	家庭内的環境	・家庭環境、家族構造、父母	・家庭環境、家族構造、父母の影響と望ましい環境
	家庭外的環境	・友だち、機関、地域社会、マスメディア	・友だち、機関、地域社会、マスメディアの影響と望ましい環境
乳幼児の社会情緒の発達指導の実際	遊びと乳幼児の社会化	・遊びを通した乳幼児の社会化	・乳児の社会的な遊び ・幼児の社会的な遊び ・社会的な劇遊びの構成
	保育教師の役割	・社会・情緒の発達指導のための保育教師の役割	・一貫性、規則、意思疎通、友だち関係の支援、効果的な活動計画

4　「乳幼児の社会情緒指導」の教科目の教授学習方法及び授業資料

① 乳幼児の社会情緒に関する理論をもとに、乳幼児が経験している社会情緒的な困難を学習者が十分に理解できるよう、テレビをはじめとする多様なメディアで取り上げられた実際

の事例を提供する。

② 提供された実際の事例を学習者が社会情緒の発達理論に基づいて分析し、報告書を提出できるようにする。これを通して、乳幼児の社会情緒的な実態を把握し、問題点を分析する力量を身につけることができる。

③ 乳幼児の教授学習の実際は、標準保育課程に基づいた領域の内容で編成して行う。

④ 養成校教員の関心と地域社会の状況に応じて多様な教授学習方法を適用する方法で進めることができる。

⑤ 養成校教員は、多文化家庭、祖孫家庭、ひとり親家庭等、脆弱家庭の乳幼児の社会情緒の困難に対する内容を言及し、学習者がこれらの家庭の乳幼児の社会性及び情緒の発達支援に対する関心を持てるようにする。

授業資料

① オリニジップの園長及び保育教師の倫理綱領
② 乳幼児の社会・情緒的な困難に関する多様な映像資料（ＥＢＳ「父母」、「ドキュプライム、ママも知らない我が子の情緒知能3部作」、ＳＢＳ「我が子が変わりましたよ」）
③ 新聞や雑誌等のメディアに紹介された乳幼児の社会・情緒的な困難に対する事例及び支援方法
④ 乳幼児の社会化と社会的な規則の習得に役立つ童謡、絵本、遊び場面の写真

---

5 「乳幼児の社会情緒指導」の教科目の適用時の留意点

① 乳幼児の社会情緒理論を基礎に、乳幼児の社会情緒発達支援を保育現場の状況に応じて適切に適用できる能力を養うことに重点を置く。

② 社会情緒的に困難を抱える乳幼児を早期に把握し、適切な指導方案をつくる能力を養うようにする。

③ 乳幼児の社会情緒の実際は、オリニジップ標準保育課程に基づいて編成し、進めることができる。

④ 養成校教員の関心と力量に応じ、乳幼児の年齢に応じた多文化教育、平和教育、環境教育を乳幼児の社会情緒指導に含めて進めることができる。

6 「乳幼児の社会情緒指導」の教科目の参考資料

① 教育部・保健福祉部（2019）『2019改訂ヌリ課程 遊びの実行資料』
② 教育部・保健福祉部（2019）『2019改訂ヌリ課程 遊びの運営事例集：遊びを支援する教師の役割』
③ 教育部・保健福祉部（2019）『2019改訂ヌリ課程 遊びの運営事例集：遊び！幼児が世界に出会い、生きる力』
④ 教育部・保健福祉部（2019）『2019改訂ヌリ課程 遊びの運営事例集：創っていく遊び中心の幼児教育』
⑤ 教育部・保健福祉部（2019）『2019改訂ヌリ課程 遊びの運営事例集：幼児の暮らし 遊びで染まる』

PART III　保育知識と技術の領域

⑥ 教育部・保健福祉部（2019）『2019 改訂ヌリ課程 遊びの理解の資料』
⑦ 教育部・保健福祉部（2019）『2019 改訂ヌリ課程 解説書』
⑧ 教育部・育児政策研究所（2012）『幼児の人性教育のための教師用の父母相談ガイドブック』
⑨ 保健福祉部（2020）『第４次オリニジップ標準保育課程 解説書』
⑩ 韓国保育振興院（2015）『多文化保育の理解と適用』
⑪ 韓国保育振興院（2015）『優秀な人性保育プログラムの受賞事例』

選択教科目　16　児童の文学教育

1　「児童の文学教育」の教科目の概要

　「児童の文学教育」は、想像力の豊富な乳幼児が多様な文学経験を通し、本と物語を楽しみ、全人的に成長できるよう支援する教科目である。絵本を含む児童文学の本質を理解し、乳幼児が児童文学を豊かに享受できるよう、保育教師としての力量を養うことに目的がある。そのために児童文学の理解、児童文学と乳幼児の発達、ジャンル別の児童文学、乳幼児の文学経験の理解、教授学習方法及び評価に対する内容を調べる。

2　「児童の文学教育」の教科目の目標

① 「児童の文学教育」の概念と構成要素、価値と意義、歴史についての考察を通じて児童文学の本質を理解し、基礎知識を養う。
② 児童の文学教育と乳幼児の発達との間の関係を調べ、乳幼児期が生涯の読者になるための基礎を築く重要な時期であることを理解する。
③ 多様なジャンルの児童文学作品を経験し、文学性、芸術性、教育性及び乳幼児の発達特性を考慮し、良い文学作品を選定する目を養う。
④ 乳幼児が日常生活で文学を楽しむ経験をオリニジップ標準保育課程の領域と結びつけて理解し、支援する力量を養う。

3　「児童の文学教育」の教科目の内容

大主題	小主題	核心概念	主要な内容
児童文学の理解	児童文学の基礎	・文学の基礎 ・児童文学の概念 ・児童文学の価値	・文学の概念と構成要素 ・児童文学の概念及び重要性の理解 ・児童文学の価値と意義
	児童文学の歴史	・国内の児童文学の変遷過程、児童文学の作家、児童文学賞 ・国外の児童文学の変遷過程、児童文学の作家、児童文学賞	・国内の児童文学の発達過程及び児童文学の作家と作品の考察 ・国外の児童文学の発達過程及び児童文学の作家と作品の考察

乳幼児文学と乳幼児の発達	児童文学と乳幼児の発達	・児童文学と乳幼児発達の関係 ・児童文学に反映された乳幼児発達の特性 ・児童文学の理論的アプローチ	・児童文学が乳幼児の言語、認知、社会、情緒発達領域に及ぼす影響の理解 ・乳幼児の発達と児童文学との関係の理解 ・読者反応理論、精神分析理論、原型理論、構造理論の理解
ジャンル別児童文学	伝承童話	・伝承童話の特性と教育的価値の理解 ・伝承童話の文学的、芸術的、教育的価値の分析	・伝承童話の類型、特性及び教育的価値の理解 ・伝承童話を選定し、文学的、芸術的、教育的特性及び価値を分析する
	創作童話	・幻想童話（ファンタジー）、生活童話の特性と教育的価値の理解 ・幻想童話、生活童話の文学的、芸術的、教育的価値の分析	・幻想童話、生活童話の概念、類型、文学的特性及び教育的価値の理解 ・幻想童話、生活童話を選定し、文学的、芸術的、教育的特性及び価値を分析する
	情報童話	・情報童話の特性と教育的価値の理解 ・情報童話の特性と教育的価値の分析	・情報童話の概念、類型、文学的特性及び教育的価値の理解 ・情報童話を選定し、文学的、芸術的、教育的特性及び価値を分析する
	童詩、童謡	・童詩、童謡の特性と教育的価値の理解 ・童詩、童謡の特性と教育的価値の分析	・童詩、童謡の概念、類型、文学的特性及び教育的価値の理解 ・童詩、童謡を選定し、文学的特性と教育的価値を分析する
乳幼児の文学経験の理解	乳幼児のための文学	・乳児のための文学（童話、童詩、童謡） ・幼児のための文学（童話、童詩、童謡）	・乳児のための文学の特性と教育的価値の理解 ・幼児のための文学の特性と教育的価値の理解
	オリニジップ標準保育課程と児童文学	・0〜1歳の意思疎通領域 ・2歳の意思疎通領域 ・3〜5歳の意思疎通領域	・0〜1歳の意思疎通領域の目標と内容の理解 ・2歳の意思疎通領域の目標と内容の理解 ・3〜5歳の意思疎通領域の目標と内容の理解
教授学習方法及び評価	支援のための保育教師の役割	・文学を楽しむ経験を支援する保育教師の役割 ・文学経験を支援する乳児クラス及び幼児クラスの室内外の環境構成	・乳幼児が本や物語を通して想像を楽しむことができるよう支援する保育教師の役割の理解 ・乳幼児が文学を楽しむ経験ができるよう支援する乳児クラス及び幼児クラスの室内外の環境構成の理解 ・集団の大きさ、媒体、年齢別文学環境の特性及び図書と空間の審美的活用の理解
	乳児の文学経験の実際	・0〜1歳児の文学経験の実際 ・2歳児の文学経験の実際 ・乳児の経験と統合的に結びつける	・オリニジップ標準保育課程に基づく0〜1歳児の文学経験の実際 ・オリニジップ標準保育課程に基づく2歳児の文学経験の実際 ・乳児が本と物語を楽しみ、6つの領域の内容を統合的に経験することの理解 ・乳児の興味と関心に応じた主題と絵本等を中心にし、統合的に結びつける

PART III　保育知識と技術の領域

幼児の文学経験の実際	・3〜5歳児の文学経験の実際 ・幼児の経験と統合的に結びつける	・ヌリ課程に基づいた幼児文学経験の実際 ・幼児が本と物語を楽しみ、5つの領域の内容を統合的に経験することの理解 ・幼児の興味と関心に応じた主題と絵本等を中心にし、統合的に結びつける
評価及び支援計画	・乳幼児の文学経験の評価 ・文学を楽しむ経験の支援	・評価する目的への理解 ・観察、記録、ポートフォリオ等の評価方法の理解及び活用 ・乳幼児が文学を楽しむ経験ができるような、空間、日課、資料、相互作用、安全等に対する支援計画の記録

4 「児童の文学教育」の教科目の教授学習方法及び授業資料

① 養成校教員は多様なジャンルの児童文学作品を探索し、比較し、鑑賞した所感等の主題で互いに討論できるよう運営し、学習者が多様で真剣な討論文化に参与する機会を持てるようにする。
② 多様な乳幼児の経験事例を提供し、本に関心を持ち、想像することを楽しみ、童話、童詩から言葉の面白さを感じながら言葉遊びと物語をつくることを楽しむ乳幼児の有能さを理解できるようにする。
③ オリニジップ標準保育課程を基に、本と物語を楽しむ乳幼児の経験を理解し、支援できる方案を模索し、模擬実習を実行するか、オリニジップで実習する。
④ 家庭及び地域社会との有機的関係を模索し、子ども図書館のような関連機関を訪問し、専門家と面談するか、現場観察を実施する。
⑤ 文学性、芸術性、教育性が優秀で、乳幼児の基本欲求と発達特性を反映している良い文学作品を選択する視点を養い、児童文学作品を直接紹介して鑑賞する機会を持つ。

授業資料

① 文学関連の動画
② 多様な文学作品
③ 童詩鑑賞サイト

5 「児童の文学教育」の教科目の適用時の留意点

① 養成校教員は絵本を含む童話、童詩、童謡等多様なジャンルの文学作品を準備し、学習者が直接作品を読み、本と物語を楽しめるようにする。
② 乳幼児期の文学経験は本を自由に探索し、言葉と文の面白さと美しさを感じ、想像することが重要である。従って、養成校教員は学習者が本を探索し、面白さを感じ、想像する乳幼児の経験を尊重し、支援する方法を学べることに重点を置く。

6 「児童の文学教育」の教科目の参考資料

① 教育部・保健福祉部（2019）『2019 改訂ヌリ課程 解説書』
② 教育部・保健福祉部（2019）『2019 改訂ヌリ課程 遊びの理解の資料』
③ 教育部・保健福祉部（2019）『2019 改訂ヌリ課程 遊びの実行資料』
④ 教育部・保健福祉部（2019）『2019 改訂ヌリ課程 遊びの運営事例集：遊び！幼児が世界と出会い、生きる力』
⑤ 教育部・保健福祉部（2019）『2019 改訂ヌリ課程 遊びの運営事例集：自然と子どもらしさを生かす生態遊び』
⑥ 教育部・保健福祉部（2019）『2019 改訂ヌリ課程 遊びの運営事例集：遊びを支援する教師の役割』
⑦ 教育部・保健福祉部（2019）『2019 改訂ヌリ課程 遊びの運営事例集：幼児の暮らし 遊びで染まる』
⑧ 教育部・保健福祉部（2019）『2019 改訂ヌリ課程 遊びの運営事例集：創っていく遊び中心の幼児教育』
⑨ 保健福祉部（2020）『第 4 次オリニジップ標準保育課程 解説書』
⑩ ＥＢＳ（2011）「世界の教育現場：本を読んでくれるパパの力 イギリスの読書教育 1〜2(映像資料)」
⑪ ＥＢＳ（2011）「ドキュプライム. 物語の力：第 1 部 物語オデッセイ History=story（映像資料）」
⑫ ＥＢＳ（2011）「ドキュプライム. 物語の力：第 2 部 物語の作動原理（映像資料）」
⑬ ＥＢＳ（2011）「ドキュプライム. 物語の力：第 3 部 ストーリーテイリングの時代（映像資料）」
⑭ ＥＢＳ（2020）「知識チャンネル e. 誰でも詩人（映像資料）」
⑮ ＥＢＳ（2019）「知識チャンネル e. おとなのための絵本はある（映像資料）」
⑯ ＥＢＳ（2013）「知識チャンネル e. 教育シリーズ：作文しないでください（映像資料）」

17 児童相談論

1 「児童相談論」の教科目の概要

　「児童相談論」は、保育教師が乳幼児の不適応問題を理解し、支援するために必要な相談の理論と実践的なアプローチ方法を学び、乳幼児と父母のための相談に適用し、必要に応じて地域社会の相談専門機関と連携・協力することを扱う。従って、「児童相談論」の教科目では、予備保育教師が乳幼児の不適応の要因と様相を多角的に理解し、オリニジップでの相談者としての役割遂行に必要な理論と実際を学習し、児童と児童の家庭を効果的に支援する力量を養うことを目的とする。そのため、児童相談の基礎と理論について検討し、児童相談過程の理解に基づき、オリニジップでの児童相談の適用の実際について検討する。

2 「児童相談論」の教科目の目標

① 児童相談の概念と定義、範囲、類型、主訴の問題及び相談の倫理を扱い、児童相談の基礎を理解する。

② 児童相談の理論的概念の多様な観点、児童相談の進行過程、主要な相談技法の特性と違いを理解する。

③ 児童相談の初期、中期、末期の過程と手順で行われる相談者の役割及び態度を習得する。

④ 乳幼児期によく発生する問題にアプローチする児童相談の主要媒体と技法を活用する実際的な仲裁を把握する。

⑤ 乳幼児の特性と問題を分析し、それに適合した相談の媒体と技法を活用する。

3 「児童相談論」の教科目の内容

大主題	小主題	核心概念	主要な内容
児童相談の基礎	児童相談の理解	・児童相談の概念と必要性 ・児童相談の範囲 ・児童相談の類型	・児童相談の定義、概念に基づいた必要性の認識 ・児童相談が生活指導と心理療法で扱う問題の把握 ・児童相談の基準による種類と類型の理解
	児童問題の理解	・児童の発達課題と主な問題 ・児童問題の特性及び原因 ・来談者としての児童	・児童の正常発達過程における課題と危機による主な問題の探索 ・現代の社会問題、家族問題、児童問題等を有機的に理解する ・児童来談者と成人来談者の違いの理解
	児童相談者の資質と役割	・児童相談者の資質 ・児童相談者の専門性 ・児童相談者の倫理	・児童相談者に要求される資質と専門性の理解 ・児童相談者が守るべき倫理と態度の把握
児童相談の理論	精神分析学的相談	・主要概念 ・発達及び病理的観点 ・相談技法	・精神分析学的観点からの児童の問題理解及び相談の目標と技法の考察
	行動主義相談	・主要概念 ・発達及び病理的観点 ・相談技法	・行動主義的観点からの児童の問題理解及び相談の目標と技法の考察
	人本主義相談	・主要概念 ・発達及び病理的観点 ・相談技法	・人本主義的観点からの児童の問題理解及び相談の目標と技法の考察
	個人心理学相談	・主要概念 ・発達及び病理的観点 ・相談技法	・アドラーの個人心理学的観点からの児童の問題理解及び相談の目標と技法の考察
	認知行動主義相談	・主要概念 ・発達及び病理的観点 ・相談技法	・認知行動主義の観点からの児童の問題理解及び相談の目標と技法の考察
児童相談の過程	相談の計画	・受付相談と事例の概念化 ・心理検査と親子関係検査	・相談の手続き、受付と基礎相談、来談児童との初期面接、事例の概念化方法の活用 ・多様な心理検査道具の目的と方法、親子関係検査の必要性及び類型の把握 ・検査結果の解釈及び検査報告書作成時の留意事項の認識及び活用

	相談の進行	・相談環境と主要な技法 ・制限とラポールの形成 ・保護者（父母）相談 ・スーパービジョン	・相談進行時に適合した相談環境、主要な技法、制限とラポール形成の相談戦略の理解 ・保護者（父母）相談との並行の必要性と価値の認識 ・スーパービジョンの必要性と価値の認識
	相談の終結	・相談の評価 ・来談者と終結の挨拶 ・フォローアップ相談	・相談終結までの要因、終結時点での初期目標達成度の評価、来談者との安全な分離及びフォローアップ相談の計画の考察
児童相談の現場適用	乳幼児のための多様な相談の実際	・遊戯療法（砂、ゲーム） ・美術療法と音楽療法 ・読書療法 ・治療的遊び	・乳幼児期に適合した相談媒体を活用する心理療法の理解 ・それぞれの媒体が持つ治療的効果、過程、実際の理解と試演
	オリニジップへの相談的アプローチ	・保育教師の相談者としての役割 ・特別なニーズを持つ児童のための相談的アプローチ ・父母相談 ・専門カウンセラーとの協力	・特別なニーズを持つ児童のための相談的アプローチの探索 ・児童を理解し、支援するための父母相談の戦略及び効果の理解 ・児童相談専門機関との協力のための保育教師の役割の試演

4 「児童相談論」の教科目の教授学習方法及び授業資料

① 養成校教員は、学習者が乳幼児期によく発生する問題の要因と様相に対して受容的な態度を持てるように、周辺で起こりやすい事例を活用して講義する。

② 児童相談の事例を示す映像資料を活用し、相談の最初から終結までの過程を考察できるようにする。

③ 児童相談の現場事例を児童相談関連学会の学会誌、事例研究の発表誌等から抜粋し、事例から学習した内容を探して整理できるようにする。

④ オリニジップでの相談的アプローチとして、特別なニーズを持つ乳幼児のための介入計画を立て、保護者との相談を試演する。

⑤ 近隣の児童相談専門機関と連携して、治療室の物理的環境を参観するか、遊戯療法の専門家に直接会って質疑応答する機会を持つ。

⑥ 遊戯療法、読書療法、美術療法、音楽療法、箱庭療法、治療的遊び等で活用される媒体と簡単な技法を利用した表象活動をし、治療的属性について討論する。

授業資料

① 児童相談の事例動画
② 相談の効果が検証された事例研究論文
③ 読書治療の効果がある児童文学作品
④ 家族画と木、人、家の絵の検査事例
⑤ 父母相談資料

5 「児童相談論」の教科目の適用時の留意点

① 養成校教員は、保育教師の相談者役割の重要性について調べ、保育教師として乳幼児の回復の弾力性に及ぼす影響力を強調し、使命感を高揚させる。

② それぞれの相談理論が持つ概念、病理、技法等の強調点を比較し、共通点と相違点を区分し、その特徴を把握できるようにする。

③ 基礎知識を伝える講義とともに、授業への理解及び参与を誘導するために、教材の内容と関連した視聴覚資料及びモデルを活用することが望ましい。

④ 養成校教員は、地域の主要な児童相談機関、育児総合支援センター、大学の相談室等を案内し、より分かりやすく児童相談について理解できるよう促す。

6 「児童相談論」の教科目の参考資料

① 韓国相談心理学会（2005）「相談専門家 倫理綱領」（http://www.krcpa.or.kr）

② American Psychiatric Association（2015）、クォン・ジュンス、キム・ジェジン、ナム・グンギ訳『Diagnostic and statistical manual of mental disorders-Ⅴ（DSM-5 精神疾患の診断及び統計編覧）』ハクジサ

③ Ude-Pestel, A.（2005）『遊戯療法で幸せを見つけた子ども ベティ』

選択教科目 （18） 障碍児の指導

---

1 「障碍児の指導」の教科目の概要

「障碍児の指導」は障碍児保育の重要性を理解し、関連する障碍児保育の実行要素に対する理解を促すための教科である。従って保育教師がオリニジップの環境で障碍児の指導に必要な基礎知識と内容を学習し、障碍児のための具体的な教授方法と、一般の保育教師と障碍担当教師との協力、保育教師と父母の協力を基盤にする障碍児の指導に対する実行力を身につけ、障碍児支援の力量を養うことに目的がある。これらのために障碍乳幼児への早期介入の必要性とその目的、協力的アプローチの重要性、障碍児保育の運営と実行要素に対する内容を探索する。

2 「障碍児の指導」の教科目の目標

① 障碍乳幼児を対象とする早期介入の必要性と目的を調べる。

② 障碍児の指導のための協力的なアプローチの重要性と関連する内容を習得する。

③ 障碍児保育の運営の方向性と運営要素を調べる。

④ オリニジップの日課と活動に障碍児の参与を高める方法を調べる。

⑤ オリニジップと家庭が連携された障碍児の指導方案を調べる。

⑥ 障碍児保育の現場（統合・専門）で行われている障碍児の指導の具体的な事例を調べる。

3 「障碍児の指導」の教科目の内容

大主題	小主題	核心概念	主要な内容
早期の特殊教育	早期介入	・早期介入の定義 ・乳児期の早期介入 ・関連サービス	・障碍の発見 ・早期介入の定義と目的 ・関連サービスの範疇
	幼児の特殊教育	・幼児の特殊教育の目的 ・父母と家族の支援 ・全人発達と社会性の発達	・幼児の特殊教育の目的理解 ・全人発達と幼児期における社会性の発達の重要性の理解 ・独立性と参与の増進方案 ・父母の力量の強化
	個別化教育プログラム（IEP）	・IEPの定義と必要性 ・IEPの実行段階	・IEPの定義と必要性の理解 ・IEPの実行段階：診断評価－目標設定－日課・活動の挿入－評価 ・IEPの事例
	統合教育	・統合の定義、背景、当為性 ・統合教育の実行方案	・統合教育の歴史的変遷 ・21世紀の統合哲学 ・反偏見教育課程 ・協力的なアプローチを通した統合教育の実行
	関連サービス	・関連サービスの範疇 ・関連サービスの機能	・関連サービスの範疇（治療支援、家族支援、補助機器支援等） ・関連サービスの実際 ・協力的なアプローチ（チームアプローチ）
障碍児保育	障碍児保育の運営	・障碍児保育の運営指針 ・障碍児保育の運営要素	・質的な障碍児保育の運営要素 ・障碍児保育課程のモデル（発達に適合した実際基盤）
		・障碍児保育課程 ・障碍児保育のプログラム	・保育課程：目標－内容－教授学習－評価 ・障碍児保育のプログラム：適応プログラム、初等転移支援、地域社会連携等
	協力的なアプローチ	・協力的な関係の重要性 ・保育教師－父母の協力	・協力的な関係形成の重要性 ・効果的な意思疎通の方案 ・保育教師－父母の協力の実際：父母相談と家庭連携の指導 ・家族支援の重要性と方案
		・保育教師－保育教師の協力 ・関係機関との協力	・保育教師（園長）－保育教師（治療師）の協力の実際：協力した教員 ・関連する地域社会の機関資源（福祉館、特殊教育支援センター、育児総合支援センター等）との協力

日課への参与指導	・質的な日課の構成 ・日課に個別目標の挿入	・アプローチ性が保障された環境構成 ・質的な日課の構成の実際 ・日課別、障碍児の参与戦略：自由選択活動、話し合い、食事、トイレ使用等
主題中心の活動参与指導	・大小集団活動の参与 ・修正（調整）方案	・集団活動での障碍児の参与支援 ・修正を通した活動への参与支援 ・ヌリ課程との連係方案
障碍児保育事例	・障碍専門オリニジップ ・障碍統合オリニジップ	・障碍専門オリニジップの障碍児保育の事例 ・障碍統合オリニジップの障碍児保育の事例 ・機関訪問 ・多様な障碍児保育プログラムの事例
現場見学	・オリニジップ（専門・統合）機関の訪問 ・関連機関の訪問	・障碍児保育の実際の経験 ・関連専門家との出会い（地域障碍者総合福祉館、特殊教師が在職する育児総合支援センター等）

4 「障碍児の指導」の教科目の教授学習方法及び授業資料

① 理論講義と事例を中心に授業を行う。

② 障碍児に対する事例と情報は公式的に共有される国内外のオンライン上の情報を活用する。

③ 養成校教員は、学習者が21世紀の保育対象者である全ての子ども（All Children）の概念の視点から、特別なニーズを持つ子ども（A Child with special needs）を理解できるよう、偏見のない態度を強調する。

④ 個別化教育プログラムの段階もワークショップを通して一般保育教師の実行方法を直接構想してみることが必要であり、次の内容を中心に個別化教育プログラムに対する教授の実行力を高めることができる。観察記録を通した長所と短所（指導点）を把握すること、日課別の参与行動目録の作成を通した生態学的な診断道具を作成すること、遊びの観察を通した目標を設定すること、一般活動に個別目標を挿入すること、一般活動の参与のための修正方案を計画すること、家庭と連携した指導目標を探すこと（身辺処理の目標行動を中心に）、目標行動の指導段階を分けてみること（課題分析）等。

⑤ 遊び支援の計画案や乳幼児の興味と経験に基づいた活動計画案は、直接、作成してみるワークショップの形態で行い、養成校教員と学習者の相互間のフィードバックのやり取りができるようにする。

⑥ 養成校教員はテレビのニュース、ドキュメンタリー等の各種の視聴覚媒体を通して紹介される障碍者に対するサービスと福祉関連の課題や問題等を紹介し、韓国社会の障碍者福祉と障碍乳幼児に対する関心を誘導し、論議する。

授業資料

① 特殊教育関連法令（「障碍者等に対する特殊教育法」「障碍児童福祉支援法」）
② 特殊教育対象者の写真資料
③ 補助道具と装備等に対する実物や写真資料
④ 個別化教育プログラム（ＩＥＰ）の事例
⑤ 障碍児の活動の参与計画案
⑥ 障碍児保育の運営計画案
⑦ 関連映像物（障碍関連の映画、ドキュメンタリー、ニュース等）

5 「障碍児の指導」の教科目の適用時の留意点

① 「特殊児童の理解」の教科を受講しない学習者のために、特殊教育対象者と障碍範疇（類型）に対する説明が必要である。
② 障碍児の指導は一般の保育の質が確保された環境基盤でなければならないため、これに対する強調と点検が必須である。
③ 障碍乳幼児のための個別化された支援、関係者との協力によるアプローチ、日課中心のアプローチが実際、保育施設でどのように適用されているのかを模索する必要がある。適応プログラムと同様に具体的なプログラムの構成方案を紹介し、これらを各保育施設で柔軟性をもって適用できるような指導が必要である。年－月－週へと連続性を持つ保育課程が個別の障碍乳幼児にどのように修正されているのか、行事や現場学習のような特別な日への参与を高めるための方案も含まれねばならない。
④ 保育教師の範疇にはオリニジップ内の障碍児担当教師と園長、主任教師や治療師等の関係者が含まれており、外部の専門家もチームの協力者として構成することもできる。保育教師は互いの役割を明確に認識し、主なサービス提供者と協力者としての責務を負うことになるため、それぞれの役割認識について十分理解する必要がある。
⑤ 現場訪問が難しい場合、オンライン上の資料を調査するか、専門家を招き、授業を行うこともできる。障碍のある子どもを養育している父母や障碍児の指導経験のある保育教師、機関長等をはじめ、多様な領域の関係者が経験を直接伝達することができる。
⑥ 現場を訪問する時期は、教科目履修の中間時点以降に設けることがより効果的である。現場を訪問した後の理解に基づいて障碍児の指導の知識を習得することが必要である。また、一つの機関だけを訪問するよりグループ別に多様な機関を訪問し、発表し討議することも多様な現場を理解することに効果的である。

6 「障碍児の指導」の教科目の参考資料

① 教育人的資源部（2007）『障碍者等に対する特殊教育法』
② 保健福祉部（2012）『障碍児童福祉支援法施行令及び施行規則』
③ 保健福祉部（2014）『脆弱保育プログラムの開発の研究報告書：障碍児保育プログラムのマニュアル１、２巻』

PART III　保育知識と技術の領域

④ 保健福祉部・韓国保育振興院（2010）『障碍児保育 教師の実務』
⑤ 保健福祉部・韓国保育振興院（2010）『障碍児保育 運営の実際』

選択教科目 19　特殊児童の理解

1 「特殊児童の理解」の教科目の概要

「特殊児童の理解」は乳幼児期の発達の遅れを見せる多様な特殊児童に対する発達の特性を理解し、関連する指導方法を習得する教科目である。従って特殊児童の理解に必要な基礎知識と内容を学習し、特殊児童に対する正しい理解と態度を形成し、望ましい保育教師の役割を遂行できるよう、力量を養うことに目的がある。これらのために障碍の原因と予防、発達遅滞の概念、障碍の危険群の児童等、特殊児童に対する理解と正常な発達の特性に対比する運動、認知、社会情緒と意思疎通、社会性等の発達の領域別の遅滞と保育教師の支援に対する内容を探索する。

2 「特殊児童の理解」の教科目の目標

① 妊娠前、胎内期、出生時、出生後の障碍の原因と予防に関する基礎知識を習得する。
② 発達遅滞と障碍の危険群に対する定義と関連した内容を習得する。
③ 発達の領域別の遅滞の特性と領域別の指導方法を理解する。
④ 障碍類型の特性と適切な支援方法の内容を習得する。
⑤ 障碍保育サービスを受けるため、適格性の手続きを熟知する。

3 「特殊児童の理解」の教科目の内容

大主題	小主題	核心概念	主要な内容
特殊児童の理解	障碍の原因と予防	・出生前の原因 ・出生時の原因 ・出生後の原因	・遺伝的な要因（染色体異常等） ・妊娠前、胎内期と出産時の障碍予防の方案 ・障碍予防（1次、2次、3次）
	特殊教育対象者の類型と特性	・感覚障碍の類型の理解 ・定義と特性	・特殊教育対象者の範疇：視覚障碍、聴覚障碍 ・盲・低視力（ロービジョン） ・ろう・難聴
		・身体的障碍の類型の理解 ・定義と特性	・特殊教育対象者の範疇：遅滞障碍、健康障碍 ・補助道具と装備 ・病院学校 ・重複障碍 ・リハビリサービス：作業療法、理学療法

		・知的障碍、情緒・行動障碍、自閉性障碍、意思疎通障碍の定義と特性	・特殊教育対象者の範疇：知的障碍、情緒・行動障碍、自閉性障碍、意思疎通障碍 ・肯定的な行動支援 ・言語療法
	特殊教育対象者の判定	・適格性の判定 ・特殊教育の手続き	・適格性の判定過程 ・教育法（「障碍者等に対する特殊教育法」）と福祉法（「障碍者福祉法」）で明示された範疇の比較
正常発達と発達遅滞	正常発達	・発達領域 ・発達行動目録（里程標）	・全人発達のための発達領域 ・領域別の正常的な発達行動目録（milestones）
	発達遅滞	・障碍の表札（ラベリング） ・発達遅滞の定義	・発達遅滞の定義 ・発達遅滞の特性 ・障碍乳幼児の障碍名の表札（ラベリング）の否定的な側面
	障碍の危険群の児童	・生物学的な危険 ・環境的な危険 ・形成された危険要因	・環境的な要因（貧困家庭、児童虐待等）と支援方案 ・非典型的な発達と遅滞
発達領域別の遅滞と指導（関連する障碍範疇）	認知発達の遅滞と指導	・乳児期の認知発達の遅滞 ・幼児期の認知発達の遅滞 ・知的障碍	・乳幼児期の認知発達遅滞の特性の理解 ・乳幼児期の脳の発達 ・機能的な認知発達の指導方案 ・優秀児（英才）の特性と対比
	身辺処理能力の遅滞と指導	・着脱に関連する行動 ・洗うことに関連する行動 ・食べることに関連する行動 ・排泄に関連する行動	・身辺処理能力（着脱、洗う、食べる行動）の遅滞の特性の理解及び指導 ・指導の実際の理解（課題分析指導等） ・家庭との連携指導の方案の実際の理解 ・具体的な領域での指導方法の紹介（大・小便の自立、偏食指導等）
	社会性・情緒発達の遅滞と指導	・社会性発達の遅滞 ・情緒発達の遅滞 ・情緒・行動障碍 ・自閉性障碍	・社会性、情緒発達遅滞の類型と特性の理解 ・社会性の指導方法の実際（友だち同士の教え合い、小集団活動の指導） ・遊び指導を通した社会情緒発達の促進 ・自閉性障碍に対する効果的な教授方法
	意思疎通発達の遅滞と指導	・受容言語発達の遅滞 ・表現言語発達の遅滞 ・意思疎通の障碍	・受容言語発達遅滞の理解と指導 ・表現言語発達遅滞の理解と指導 ・意思疎通障碍の類型理解 ・環境的な言語指導
	運動発達の遅滞と指導	・小筋肉発達の遅滞 ・大筋肉発達の遅滞 ・遅滞障碍	・大・小筋肉の発達の遅滞の特性の理解 ・基本的な姿勢の指導及び移動補助道具の理解 ・大・小筋肉の発達の遅滞に対する指導 ・理学・作業療法の内容と日常生活のなかでの指導の理解（摂食指導等）

PART III　保育知識と技術の領域

4　「特殊児童の理解」の教科目の教授学習方法及び授業資料

① 理論的な講義と事例を中心とした授業を行う。
② 特殊児童に対する事例と情報は公式的に共有できる国内外のオンライン上の情報を活用する。
③ 養成校教員は学習者が正常な発達に対する理解に基づき、発達遅滞に対する特性を比較できるよう、一般的な乳幼児期の発達に対する知識を確認し、発達領域別の遅滞を確認できるようにする。
④ 発達の遅滞の状態を知るためには正常な発達と成長の特性及び月・年齢別の発達課業行動（developmental milestones behaviors）に対する理解が先行されなければならないため、発達領域別の発達行動を月・年齢別に整理してみるワークショップ等を含めることも効果的である。
⑤ 発達領域別指導の部分では運動、認知、社会性及び情緒、意思疎通の領域での正常な発達と対比できる遅滞の特性を把握しなければならず、身辺処理行動、発達と指導に必要な3つの領域（衣服の着脱、洗うこと、食べる行動）に対する指導の重要性と方法を含む必要がある。発達行動指導は実生活で要求される技術指導に重点を置き、技能的な発達行動指導の重要性に強調点を置かねばならない。
⑥ 養成校教員はテレビのニュース、ドキュメンタリー等、各種の視聴覚媒体を通して紹介される障碍者に対するサービスと福祉関連の課題や問題等を紹介し、韓国社会の障碍者福祉と特殊児童に対する関心を持てるように誘導し、論議する。

授業資料

① 特殊教育関連法令（「障碍者等に関する特殊教育法」「障碍児童福祉支援法」）
② 特殊教育対象者の写真資料（症候群関連等）
③ 補助道具と装備等に対する実物や写真資料
④ 年齢別の発達評価の目録票（発達指標）
⑤ 関連映像物（障碍関連の映画、ドキュメンタリー、ニュース等）

5　「特殊児童の理解」の教科目の適用時の留意点

① 発達が完成されていない乳幼児期の特殊教育対象者である発達遅滞と障碍危険群の児童に対する概念を正確に認識しなければならない。発達期にある特殊児童の現在の遂行水準は固定的・恒久的というより、適切な支援体系を通して改善できることが強調されなければならない。
② アメリカでは発達期の障碍児を障碍名で呼ばず、発達遅滞（Developmental Delay）の名称を使用している。これは障碍名に対する否定的な表札（ラベリング）とも関係することを留意し、学習者に伝える。

③ 障碍の原因と予防は、現在、障碍として診断を受けた特殊児童に適用するよりは、予備父母として学習者の障碍の予防と早期発見の認識を増進されることに重点を置き、進める。

④ 特殊教育と障碍者福祉の関連法は重要であるため、関連法と施行令の内容を調べ、制度と政策に対する望ましい志向点を討論し、案内する。

⑤ 韓国の特殊教育関連機関（例：地域障碍者総合福祉館、特殊学校、障碍専門オリニジップ等）を直接訪問し、専門家の案内を受ける現場教育も特殊児童に対する理解を高めるために効果的である。

6 「特殊児童の理解」の教科目の参考資料

① 教育人的資源部（2007）『障碍者等に対する特殊教育法』
② 保健福祉部（2012）『障碍児童福祉支援法 施行令及び施行規則』
③ 保健福祉部（2014）『脆弱保育プログラムの開発研究報告書：障碍児保育プログラムのマニュアル1、2巻』
④ 保健福祉部・韓国保育振興院（2010）『障碍児保育 教師の実務』
⑤ 保健福祉部・韓国保育振興院（2010）『障碍児保育 運営の実際』

選択教科目 20 オリニジップの運営管理

1 「オリニジップの運営管理」の教科目の概要

「オリニジップの運営管理」は、オリニジップを運営・管理するために必要な基礎知識を基に、オリニジップ運営の計画と実践戦略を探索する教科目である。従って、オリニジップ運営管理の特性を運営管理領域別に区分して学習することで、オリニジップの運営管理に関する知識と実践戦略を養うことに目的がある。そのため、オリニジップの運営管理の理解、オリニジップの設置及び保育環境管理、人事及び組織管理、保育課程管理、行財政管理、オリニジップ評価制の管理等、オリニジップの運営管理全般にわたる内容を探索する。

2 「オリニジップの運営管理」の教科目の目標

① オリニジップの運営管理の概念及び領域を把握する。
② 施設設備管理、保育環境管理に必要な知識と実践戦略を理解する。
③ 乳幼児の管理、保育教職員の管理、父母及び地域社会との連携に必要な知識と実践戦略を理解する。
④ 保育課程管理、健康・安全・栄養管理、行財政管理に必要な知識と実践戦略を理解する。
⑤ 保育評価の管理とオリニジップ評価制に備え、質的に優秀なオリニジップを運営することができる力量を養う。

PART III 保育知識と技術の領域

3 「オリニジップの運営管理」の教科目の内容

大主題	小主題	核心概念	主要な内容
オリニジップの運営管理の理解	オリニジップの運営管理の基礎	・運営管理の概念 ・運営管理の領域 ・運営管理の関連理論	・運営管理の必要性と原理の理解 ・運営管理の領域区分と領域別の主要な内容の把握 ・人間関係論、エンパワーメント理論の探索
	オリニジップの運営管理と保育政策	・韓国の保育政策の歴史 ・保育政策の現状と関連法 ・保育行政の伝達体系	・韓国の保育政策の歴史及び背景に対する理解 ・保育政策の現状把握及び関連法の探索 ・政府と地方自治体の保育支援制度の現状把握
オリニジップの設置及び保育環境管理	オリニジップの設置	・オリニジップの設置基準 ・オリニジップの認可手続き	・オリニジップの類型別設置基準の理解 ・オリニジップの認可手続きと留意事項、関連法規に対する理解
	施設設備管理	・室内外の施設設備の管理 ・施設設備の安全管理	・オリニジップの室内外の施設設備の基準及び維持管理方案の把握 ・施設設備で発生可能な安全事故の事前準備及び対策の把握
	保育環境管理	・室内外の環境構成と管理 ・備品及び教材教具の管理	・室内外の環境構成の原理、興味領域の配置に対する理解 ・備品及び教材教具の選定と維持・管理方案の模索
人事及び組織管理	児童管理	・園児募集とクラス編成 ・児童情報管理	・園児募集手続き、年齢別クラス編成、クラス別定員基準に対する理解 ・入退所記録簿、生活記録簿等乳幼児情報管理方法に対する理解
	保育教職員管理	・保育教職員の資格、任免管理 ・保育教職員の服務管理	・保育教職員の資格、配置基準、採用及び任免手続きの把握 ・保育教職員の勤務時間、兼任制限、資格停止及び取り消しについての理解
	父母及び地域社会との連携	・父母との連携 ・地域社会との連携	・父母参与、父母面談、父母教育プログラムの運営に関する理解 ・地域社会機関との協力、ボランティアの参与方案に関する理解
保育課程管理	保育課程管理	・保育課程の計画 ・保育課程の運営 ・保育課程の評価	・オリニジップ標準保育課程に基づいた保育計画作成に関する理解 ・オリニジップ標準保育課程の実行に対する理解 ・オリニジップ標準保育課程の運営に対する評価の理解
	健康・栄養・安全管理	・健康管理 ・栄養・給食・衛生管理 ・安全管理	・乳幼児、保育教職員の健康管理及び応急処置についての理解 ・給・間食の栄養管理、給食衛生管理、調理室の清潔管理についての理解 ・安全事故予防、安全事故発生時の処理手続きについての理解

112

行財政管理	事務・行政管理	・事務管理 ・行政管理	・保育統合情報システムの活用、文書作成及び管理方法に対する理解 ・保育教職員の業務分掌、保育教師会議、運営委員会の構成及び運営の理解
	財政管理	・財政管理 ・会計管理	・財務会計規則に基づく予算編成、決算書作成方法の理解 ・保育料の受納、補助金の申請、運営費の支出、会計帳簿の作成方法の理解
評価制の管理	評価制の管理	・オリニジップ評価制の準備 ・オリニジップ評価の事後管理	・オリニジップ評価制指標、自己点検報告書等関連文書の把握 ・オリニジップの評価結果、等級別結果の活用及び事後管理

4 「オリニジップの運営管理」の教科目の教授学習方法及び授業資料

① 「オリニジップの運営管理」の主要な内容についての理論的な講義と発表を中心に授業を行う。
② 養成校教員は、学習者がオリニジップ運営のための年間保育計画を直接作成する機会を提供し、課題物として提出できるようにする。
③ 養成校教員は、学習者がオリニジップと家庭及び地域社会との連携の多様な方案に対し、自分の意見を提示し討論を進行できるようにする。
④ 養成校教員は、学習者がオリニジップを訪問し、現場見学に参与することにより、保育環境と保育教職員の業務、オリニジップ運営の全般について観察できるようにする。また、保育教師やオリニジップ園長と面談し、オリニジップ運営に関する疑問を解決する機会を提供する。
⑤ 養成校教員は、新聞記事、テレビニュース、ドキュメンタリー等を通して紹介される国内外の優秀なオリニジップに関する写真と映像を学習者に提供し、良質なオリニジップ運営管理に対する関心を誘導し、論議する。

授業資料

① オリニジップ園長及び保育教師の倫理綱領
② 保健福祉部（2020）『第4次オリニジップ標準保育課程 解説書』
③ 教育部・保健福祉部（2019）『2019 改訂ヌリ課程 解説書』、『2019 改訂ヌリ課程 遊びの理解の資料』、『2019 改訂ヌリ課程 遊びの実行資料』
④ オリニジップの室内外環境構成の写真資料
⑤ オリニジップ運営関連事務文書の様式
⑥ オリニジップ評価制指標

PART III　保育知識と技術の領域

5　「オリニジップの運営管理」の教科目の適用時の留意点

① 「オリニジップの運営管理」は、オリニジップの人的及び物的資源の効率的な運営管理を扱う教科目であるため、保育の知識と技術領域の必修教科目を履修した後に受講するよう指導する。
② 養成校教員は、オリニジップの現場で活用しているオリニジップ運営関連資料等、実際の事例を中心に講義を行う際、多様なオリニジップ類型の事例を豊富に提供し、学習者がオリニジップ運営の実務能力を備えるよう指導する。
③ 養成校教員は、「オリニジップの運営管理」教科目の全体的な講義の進行において、類似の小主題は連続して扱うようにする。例えば、オリニジップの物的資源管理に該当する施設設備管理と保育環境管理を連続して扱い、人的資源管理に該当する乳幼児の管理、保育教職員の管理、父母及び地域社会との連携の内容を連続して扱う。

6　「オリニジップの運営管理」の教科目の参考資料

① 保健福祉部（2020）『2020 保育事業案内』
② 育児政策研究所（2015）『国公立オリニジップの設置及び運営モデル事業』
③ 育児政策研究所（2015）『幼稚園・保育教師の養成・資格整備及び改編方案研究』
④ 保健福祉部（http://www.mohw.go.kr）
⑤ 保育統合情報システム（http://cpms.childcare.go.kr）
⑥ ソウル市女性家族財団保育サービス支援センター（http://child.seoulwomen.or.kr）
⑦ 育児政策研究所（http://www.kicce.re.kr）
⑧ 中央育児総合支援センター（http://central.childcare.go.kr）
⑨ 韓国保育振興院（https://www.kcpi.or.kr）

選択教科目 **21**　乳幼児保育プログラムの開発と評価

1　「乳幼児保育プログラムの開発と評価」の教科目の概要

　「乳幼児保育プログラムの開発と評価」は、保育教師が乳幼児を対象とするプログラムの開発及び評価時に必要な原理と過程を学ぶための教科目である。従って、多様な国内外の乳幼児プログラムに対する理解を基に、オリニジップで適用できるプログラムを開発し、評価できる能力を養うことを目的とする。そのために、乳幼児プログラムの定義及び理論的基礎とともに、多様な国内外のプログラムを検討する。それとともに乳幼児プログラムの設計モデルと開発手続きに対する理解を基に、乳幼児の発達の特性に適合したプログラムの開発、適用、評価について調べ、保育教師が現場で運営する乳幼児プログラムの開発及び評価の実際について調

べる。

2 「乳幼児保育プログラム開発と評価」の教科目の目標

① 乳幼児保育プログラム開発の定義と理論的基礎を理解する。
② 多様な国内外のプログラムのアプローチについて調べる。
③ 乳幼児を対象としたプログラムの開発モデルと開発原理及び過程に関する知識と機能を身につける。
④ 乳幼児保育プログラム評価の必要性と目的、そして方法について理解する。
⑤ 保育課程に基づいた保育プログラムの開発、運営、評価に対する適用能力を養う。

3 「乳幼児保育プログラムの開発と評価」の教科目の内容

大主題	小主題	核心概念	主要な内容
乳幼児保育プログラムの理解	乳幼児保育プログラムの概念	・乳幼児保育プログラムの概念 ・乳幼児保育プログラムと保育課程	・乳幼児保育プログラムの定義と特性に対する理解 ・乳幼児保育プログラムと保育課程の違い及び関係に対する理解
	乳幼児保育プログラムの理論的基礎	・哲学的、社会学的、心理学的基礎 ・乳幼児保育プログラムの最近の動向	・乳幼児保育プログラムに影響を与えた理論的基礎に対する理解 ・乳幼児保育プログラムの最近の動向の把握
国内外の乳幼児保育プログラム	国外（北米）保育プログラムⅠ	・保育プログラムの開発の背景及び内容	・北米で開発された保育プログラムの特徴と内容の理解（ヘッドスタート、バンクストリート、ハイスコープ、プロジェクトアプローチ等）
	国外（ヨーロッパ）保育プログラムⅡ	・保育プログラムの開発の背景及び内容	・ヨーロッパで開発された保育プログラムの特徴と内容の理解（モンテッソーリ、レッジョ・エミリアアプローチ、シュタイナープログラム等）
	国内保育プログラムⅠ	・保育プログラムの開発の背景及び内容	・国内で開発されたプログラムの特徴と内容の理解（各大学付属幼児教育機関のプログラム、生態教育プログラム等）
	国内保育プログラムⅡ	・保育プログラムの開発の背景及び内容	・特殊な目的を持つ保育プログラムの特徴と内容の理解 ・乳幼児：安全教育プログラム、健康教育プログラム、人性教育プログラム、地域社会連携プログラム ・父母：家庭連携プログラム、父母参与プログラム

乳幼児保育プログラム開発と評価の原理	保育プログラムの開発モデル	・保育プログラム開発設計モデル	・保育プログラム開発の概念と開発モデルに対する理解
	保育プログラム開発の手続き	・保育プログラム開発の手続きと構成要素 ・保育プログラム開発の段階	・開発の手続き、構成要素及び開発段階別留意事項の理解 ・ニーズ分析、対象理解、目標及び内容選定、教授方法、運営及び評価に至る開発過程の理解
	保育プログラムの評価	・評価目的 ・評価内容 ・評価方法 ・評価結果の活用	・評価目的による評価の方向性の理解 ・保育プログラムの評価内容（乳幼児評価、保育教師評価、プログラム評価、機関評価の理解） ・多様な評価方法の探索 ・評価結果の解釈と反映
乳幼児保育プログラムの開発と評価の実際	乳児保育プログラムの開発と評価の実際	・乳児の発達とニーズ ・乳児保育プログラムの開発の実際	・乳児の発達及び状況的ニーズの分析 ・ニーズ分析と保育課程に基づいたプログラム開発の実際（例：適応プログラム、排便訓練プログラム等）及び評価
	幼児保育プログラムの開発と評価の実際	・幼児の発達及びニーズ ・幼児保育プログラムの開発の実際	・幼児の発達及び状況的ニーズの分析 ・ニーズ分析と保育課程に基づいたプログラム開発の実際（例：統合的アプローチプログラム、人性教育プログラム、安全教育プログラム、地域社会連携プログラム等）及び評価
	乳幼児の発達を支援する父母プログラムの開発と評価の実際	・父母のニーズ ・父母支援プログラムの開発の実際	・父母のニーズ分析 ・ニーズ分析に基づいたプログラム開発の実際（例：父母参与プログラム、家庭連携プログラム等）及び評価

4 「乳幼児保育プログラムの開発と評価」の教科目の教授学習方法及び授業資料

① 講義の前半は、養成校教員の理論的な講義と学習者の国内外の保育プログラムの実際についての発表を中心に授業を行う。養成校教員は、国内外で実行されている多様なアプローチの乳幼児保育プログラムを提示し、学習者にこれらのプログラムの長所と短所について記述した報告書を提出させることができる。この時、養成校教員は学習者が正しく理解したかどうかを検討した後、フィードバックを提供する。

② これに基づいて、学習者がグループ別に保育現場に適用可能なプログラムを保育プログラム開発手続きに従って開発し、発表できるようにする。

③ 養成校教員は、学習者に授業で紹介した特定の保育プログラムを運営しているオリニジップを訪問し、観察させることで、理論だけでなく、実際的な理解を促すようにする。

④ 養成校教員は、テレビ、ドキュメンタリー等の多様な視聴覚媒体を通して保育プログラムと評価を紹介することで、これに対する学習者の関心を誘導し、さらに質の高い乳幼児保

育プログラムの開発に対する動機を誘導する。
⑤ 養成校教員は、乳幼児保育プログラムを紹介する際、国外の適用事例だけではなく、国内オリニジップに適用された事例を現場の声（園長または保育教師）を通して提供することができる。

授業資料

① ＥＢＳ世界の教育現場「レッジョ・エミリア幼児学校」
② ＥＢＳ教育特集「イギリスの代案学校：ルドルフ・シュタイナー学校」
③ 「ハイスコーププログラム」（http://www.highscope.org/Content.asp?ContentId=584）
④ 「バンクストリート 100 年の歴史」（http://100.bankstreet.edu/#introduction1）
⑤ 「モンテッソーリプログラム」（http://ami-global.org）
⑥ 「プロジェクトアプローチ」（http://projectapproach.org）
⑦ 生態教育、森の幼稚園、シュタイナープログラム

---

5 「乳幼児保育プログラムの開発と評価」の教科目の適用時の留意点

① 「乳幼児保育プログラムの開発と評価」教科目は、「乳幼児の発達」をはじめ、「保育学概論」及び「保育課程」、「父母教育論」、「乳幼児の教授学習方法論」等に対する知識を基に理解することが望ましい。従って、これらの教科目を事前に学習することを基本に、本教科目を受講することが学習者の理解増進に役立つ。

② 「乳幼児保育プログラムの開発と評価」教科目の内容を選定する際、「保育学概論」、「保育課程」の教科目の内容との連係が行われるが、重複しないよう留意する。例えば、「保育課程」教科目で構成要素に関する知識を強調した場合、「乳幼児保育プログラムの開発と評価」教科目では、構成要素に関する内容を概括的には言及するが、構成要素が適用された実際をより具体的に提供し、「保育課程」教科目の内容と重複せず、相互連係が行われるよう調整する。

③ 乳幼児保育プログラムの主題を扱う際、可能な限り多様な国内外の保育プログラムを紹介し、学習者が保育現場の状況に応じて適用できるようにする。

④ 保育プログラムの開発及び評価に対する既存のアプローチを探索する際、学習者がオリニジップで観察を行い、プログラムの実際に対する理解を深めるよう促す。

⑤ 「乳幼児保育プログラムの開発と評価」教科目を終える段階でヌリ課程と標準保育課程を言及し、これを基に学習者がプログラムを開発及び評価できるようにする。

6 「乳幼児保育プログラムの開発と評価」の教科目の参考資料

① 教育部・保健福祉部（2019）『2019 改訂ヌリ課程 解説書』
② 教育部・保健福祉部（2019）『2019 改訂ヌリ課程 遊びの理解の資料』
③ 教育部・保健福祉部（2019）『2019 改訂ヌリ課程 遊びの実行資料』
④ 保健福祉部（2020）『第 4 次オリニジップ標準保育課程 解説書』

PART III 保育知識と技術の領域

⑤ 教育部・保健福祉部（2019）『2019 改訂ヌリ課程 遊び運営事例集：遊び！幼児が世界に出会い、生きる力』
⑥ 教育部・保健福祉部（2019）『2019 改訂ヌリ課程 遊び運営事例集：自然と子どもらしさを生かす生態遊び』
⑦ 教育部・保健福祉部（2019）『2019 改訂ヌリ課程 遊び運営事例集：遊びを支援する教師の役割』
⑧ 教育部・保健福祉部（2019）『2019 改訂ヌリ課程 遊び運営事例集：幼児の暮らし 遊びで染まる』
⑨ 教育部・保健福祉部（2019）『2019 改訂ヌリ課程 遊び運営事例集：創っていく遊び中心の幼児教育』

選択教科目 **22** 保育政策論

1 「保育政策論」の教科目の概要

「保育政策論」は、保育政策に対する基本知識と制度的体系を理解し、保育政策の発展方案を模索する教科目である。従って、「保育政策論」は、学習者が国内外の保育政策の現状と行政体系について学習することで、変化する保育政策を理解し、柔軟に対処する能力と実践戦略を養うことに目的がある。このため、保育政策の理解、保育関連法、保育行政、保育政策の現状、保育政策の発展方向等、保育政策の全般に渡る内容を探索する。

2 「保育政策論」の教科目の目標

① 保育政策の概念、機能、要素及び歴史について理解する。
② 保育政策の理論的モデルとアプローチ方法について把握する。
③ 保育関連法、保育行政、保育政策の決定過程について把握する。
④ 他の国（イギリス、フランス、スウェーデン、アメリカ、日本、オーストラリア）の保育政策を分析し、韓国の保育政策の発展方案を模索する。
⑤ 現行の韓国の保育政策を理解し、乳幼児の保育現場に適用する能力を養う。

3 「保育政策論」の教科目の内容

大主題	小主題	核心概念	主要な内容
保育政策の理解	保育政策の基礎	・保育政策の概念、機能 ・保育政策の要素、領域 ・保育と保育政策	・保育政策の概念、機能の理解 ・保育政策の要素、領域の把握 ・保育と保育政策の関係の把握
	韓国の保育政策の歴史	・韓国の時期別保育政策	・1960 年代以前、1960〜70 年代、1980 年代、1990 年代、2000 年代以降の保育政策の主要な動向の把握

118

	外国の保育政策Ⅰ	・イギリスの保育政策 ・フランスの保育政策 ・スウェーデンの保育政策	・イギリスの歴史、関連法、行政体系、現状の把握 ・フランスの歴史、関連法、行政体系、現状の把握 ・スウェーデンの歴史、関連法、行政体系、現状の把握
	外国の保育政策Ⅱ	・アメリカの保育政策 ・日本の保育政策 ・オーストラリアの保育政策	・アメリカの歴史、関連法、行政体系、現状の把握 ・日本の歴史、関連法、行政体系、現状の把握 ・オーストラリアの歴史、関連法、行政体系、現状の把握
	保育政策の観点モデル	・保育政策の基本方向 ・保育政策の理論的観点 ・保育政策の理論的モデル	・保育政策の基本方向の把握 ・保育政策の理論的観点の考察 ・保育政策の理論的モデルの考察
	保育政策の分析と決定	・保育政策の分析 ・保育政策の決定	・保育政策分析の要素、方向、評価基準についての理解 ・保育政策決定の理論的枠組み、過程についての探索
保育関連法	保育関連法	・嬰幼児保育法 ・児童福祉法	・嬰幼児保育法改定の主要な内容についての理解 ・児童福祉法改定の主要な内容についての理解
保育行政	保育行政	・保育行政体系 ・育児支援機関	・中央政府、地方自治体の行政体系の構造、役割、機能の理解 ・育児総合支援センター等育児支援機関の役割、機能の理解
保育政策の現状	オリニジップの設置及び運営	・オリニジップの設置 ・オリニジップの運営	・オリニジップの類型別設置基準、認可手続きに対する理解 ・オリニジップの運営の一般原則、情報公示、評価制等に対する理解
保育政策の現状	保育教職員の資格及び管理	・保育教職員の資格 ・保育教職員の管理	・保育教職員の類型別資格基準の理解 ・保育教職員の採用及び任免手続き、配置基準、号俸認定基準の理解
保育政策の現状	保育課程	・オリニジップ標準保育課程 ・3～5歳 ヌリ課程	・オリニジップ標準保育課程の開発、普及に対する理解 ・3～5歳ヌリ課程の開発、普及に対する理解
保育政策の現状	保育予算の支援	・保育料、家庭養育手当 ・人件費、運営費	・保育料、家庭養育手当の支援現状の把握 ・人件費、運営費の支援現状の把握
保育政策の発展方向	保育政策の発展方向	・ＯＥＣＤ諸国の保育政策の方向 ・国内保育政策の発展方案	・ＯＥＣＤ諸国の保育政策の方向の比較分析 ・国内保育政策の当面課題、今後の展望、発展方案の模索

4 「保育政策論」の教科目の教授学習方法及び授業資料

① 「保育政策論」の教科目の主要な内容についての理論的な講義と発表を中心に授業を行う。
② 養成校教員は、学習者が保育政策についてより現実的に理解し、認識できるよう、保育政策の懸案事項に関する記事をスクラップし、記事の保育政策に対する自分の意見を記述して報告書を作成できるようにする。
③ 養成校教員は、学習者が現在施行している韓国の保育政策を分析し、保育政策が保育需要者である乳幼児と父母に与える影響について討論し、保育政策の改善案について意見を提案し、発表するよう指導する。
④ 養成校教員は、学習者が現場見学を通して保育政策の実態を把握できるよう、中央または地域の育児総合支援センターを訪問するように案内し、育児総合支援センターの役割と機能を把握できるよう指導する。

授業資料

① 保健福祉部（2020）『第4次オリニジップ標準保育課程 解説書』
② 教育部・保健福祉部（2019）『2019 改訂ヌリ課程 解説書』
③ オリニジップ評価制指標
④ 年度別保育予算支援の現状資料
⑤ 全国育児総合支援センターの現状資料

---

5 「保育政策論」の教科目の適用時の留意点

① 「保育政策論」は、国内外の保育政策に対する全般的な理解と保育政策の発展方向について検討する教科目であるため、保育知識と技術領域の必修教科目を履修した後に受講するよう指導する。
② 養成校教員は、現行の韓国の保育関連法に関する内容を講義する際、最新の改定内容だけでなく、歴史的な変化過程を一緒に取り上げ、時期別の変化内容を学習者が熟知できるようにし、今後の保育関連法改定時に反映されるべき示唆点を模索し、発展方向を論議できるようにする。
③ 養成校教員は、学習者が現行の保育政策に対する自身の意見を提示し、討論を進める際、政策に対する否定的な見解だけを強調するのではなく、肯定的な側面と否定的な側面に対する意見をバランスよく論議できるよう指導する。
④ 養成校教員は、学習者が現行の保育政策の主要な課題や問題等だけに関心を集中するのではなく、保育政策の分析と決定過程、保育行政体系等、保育政策の全般的な現状に多角的にアプローチするよう指導する。

6 「保育政策論」の教科目の参考資料

① 保健福祉部（2020）『2020 保育事業案内』
② 保健福祉部（http://www.mohw.go.kr）
③ 育児政策研究所（http://www.kicce.re.kr）
④ 中央育児総合支援センター（http://central.childcare.go.kr）
⑤ 韓国保健社会研究院（https://www.kihasa.re.kr）
⑥ 韓国保育振興院（https://www.kcpi.or.kr）

教科目 **23** 精神健康論

1 「精神健康論」の教科目の概要

　「精神健康論」は乳幼児の精神健康の増進のために乳幼児の精神健康上の問題を理解し、適切に支援する方案を模索する教科目である。乳幼児期の健康は身体健康だけではなく、精神健康をはじめ、周辺のおとなの関心と支持によって乳幼児期の健康が増進される。精神健康はストレスに適切に対応できなかった場合、精神健康上の問題が発生するため、乳幼児期に現れる精神障碍の症状を知り、適切に対応できるよう発達段階別の精神健康の問題を理解し、支援方法を学ぶ必要がある。従って「精神健康論」は学習者が乳幼児期の発達課題を理解し、オリニジップで乳幼児期に発生する精神障碍の原因と行動特性を把握し、これに対する支援能力を身につけることに目的がある。これらのために、精神健康の理解、人間発達と精神健康、精神健康と適応及びストレスへの対処、精神健康問題の理解、精神健康の支援方案等の内容を探索する。

2 「精神健康論」の教科目の目標

① 精神健康の概念と重要性、精神健康の基準と分類、精神健康に影響を及ぼす要因を理解する。
② 乳幼児期、児童・青少年期、成人・老人期の発達課題を理解し、精神健康の問題点を把握して精神健康と関連する家族問題及び家族生活周期別の家族要因と主要課業を把握する。
③ 適応と適応機制を理解し、ストレスの予防と対処方法を学ぶ。
④ 乳幼児期の主要な精神健康問題（発達障碍、行動障碍、気分障碍、排泄障碍、摂食障碍、その他の障碍）の種類、原因、特性と診断基準を理解して指導方法を学ぶ。
⑤ 精神障碍の意味と診断基準を理解し、精神健康の問題点を把握し、精神障碍に対する家族の理解を高める支持方案を模索する。

3 「精神健康論」の教科目の内容

大主題	小主題	核心概念	主要な内容
精神健康の理解	精神健康の理解	・精神健康の概念と重要性 ・精神健康の基準と分類 ・精神健康に影響を及ぼす要因	・精神健康の概念と重要性の理解 ・精神健康の基準と分類の考察 ・遺伝・生物学的、心理的、社会的な要因の分析
人間発達と精神健康	乳幼児期の精神健康	・乳児期の精神健康 ・幼児期の精神健康	・乳児期の発達課題の理解と精神健康問題の把握 ・幼児期の発達課題の理解と精神健康問題の把握
	児童・青少年期の精神健康	・児童期の精神健康 ・青少年期の精神健康	・児童期の発達課題の理解と精神健康問題の把握 ・青少年期の発達課題の理解と精神健康問題の把握
	成人・老人期の精神健康	・成人期の精神健康 ・老人期の精神健康	・成人期の発達課題の理解と精神健康問題の把握 ・老人期の発達課題の理解と精神健康問題の把握
	家族と精神健康	・家族の理解 ・家族問題の観点と家族生活周期の理解 ・家族生活周期別の精神健康と関連する家族の要因	・家族の定義と機能の理解 ・精神健康と関連する家族問題及び家族生活周期の理解 ・家族生活周期別の精神健康と関連する家族要因及び主要課業の把握
精神健康と適応及びストレスの対処	適応と適応機制	・適応の概念 ・適応機制	・発達障碍の種類、原因、特性及び診断基準の理解 ・発達障碍による問題行動の指導方法の提示
	ストレス予防と対処	・ストレスの概念と原因 ・ストレスの影響 ・ストレスの予防と対処方法	・ストレスの概念と原因の理解 ・ストレスの影響に対する把握 ・ストレスの予防と対処方法の提示
精神健康問題の理解	発達障碍	・精神遅滞 ・自閉症 ・学習障碍 ・意思疎通障碍	・発達障碍の種類、原因、特性及び診断基準の理解 ・発達障碍による問題行動の指導方法の提示
	行動障碍	・注意力欠陥過剰行動障碍（ADHD） ・品行障碍 ・反抗性障碍	・行動障碍の種類、原因、特性と診断基準の理解 ・行動障碍による問題行動の指導方法の提示
	気分障碍	・不安障碍 ・うつ症	・気分障碍の種類、原因、特性と診断基準の理解 ・気分障碍による問題行動の指導方法の提示

	排泄障碍	・夜尿症 ・遺糞症	・排泄障碍の種類、原因、特性と診断基準の理解 ・排泄障碍による問題行動の指導方法の提示
	摂食障碍	・異食症 ・反芻症候群 ・拒食症 ・暴食症 ・肥満	・摂食障碍の種類、原因、特性と診断基準の理解 ・摂食障碍による問題行動の指導方法の提示
	他の障碍	・チック障碍 ・反応性愛着障碍 ・選択的緘黙症 ・物質使用障碍	・他の障碍の種類、原因、特性と診断基準の理解 ・他の障碍による問題行動の指導方法の提示
精神健康の支援方案	精神障碍に対する支援	・精神障碍の意味と診断 ・精神健康の問題性 ・精神健康の家族及び社会環境的な影響	・精神障碍の意味と診断内容の理解 ・精神健康の問題性の把握 ・精神健康の家族及び社会環境的な影響の把握
	精神障碍に対する家族の理解	・精神障碍に対する家族の反応 ・精神障碍者の家族に対する観点の変化 ・精神障碍者の家族に対する寄与と支持	・精神障碍に対する家族の反応についての理解 ・精神障碍者の家族に対する観点の変化の把握 ・精神障碍者の家族に対する寄与と支持の模索

4 「精神健康論」の教科目の教授学習方法及び授業資料

① 理論の講義、討論、事例発表を中心に授業を進行する。

② 人間の発達段階別の発達課題を提示し、精神健康問題を予防する方法について論議する。

③ 養成校教員は、発達段階別の精神健康の問題点を理解できるよう実際の事例を扱う動画を見せ、精神障碍の症状、原因、支援方法を論議する。

④ 養成校教員は、精神健康関連の新聞記事をスクラップし、学習者個人の意見を記述し、作成した報告書を課題物として提出できるようにする。また、現在、乳幼児期に発生可能な精神障碍の事例を発表してオリニジップで乳幼児を効果的に指導する方法について討論を行う。

⑤ 乳幼児期に現れる精神健康の問題に対して地域社会で支援が受けられる機関やインターネットのサイトを調べ、精神障碍の類型別に利用可能なインターネットのサイトや機関を整理し、課題物として提出する。

授業資料

① 『第4次オリニジップ標準保育課程 解説書』
② 『2019改訂ヌリ課程 解説書』
③ オリニジップ評価制指標
④ 精神健康の理解関連の動画

5 「精神健康論」の教科目の適用時の留意点

① 養成校教員は学習者が小児精神科や児童相談所等を訪問し、児童期の精神障碍に関する疑問点を直接解決できるようにする。また、精神障碍者を家族構成員として持っている家族に対する政策支援の方案を模索する。
② 養成校教員はテレビのニュース、ドキュメンタリー等の各種の視聴覚媒体を通して精神健康上の問題による課題や問題等を示し、社会安全に及ぼす精神健康に関する関心を誘導し、論議する。
③ 精神障碍者の家族について学習する際、精神障碍者に対する偏見が形成されないよう留意し、精神障碍者の家族を支援する方案について論議することができる。
④ 発達上の境界線にいる乳幼児が増加していることから、オリニジップの保育教師が乳幼児の精神健康の問題を早期に発見し、家庭と連携することの重要性を理解できるようにする。

6 「精神健康論」の教科目の参考資料

① 育児政策開発センター（2006）『地域社会の乳幼児の健康栄養安全支援のモデル事業──保育施設を中心に』
② 育児政策研究所（2014）『幼児期の身体健康の増進方案──小児肥満の予防を中心に』
③ 韓国保健社会研究院（2007）『韓国児童精神健康の現状と政策課題』
④ 育児政策研究所（2020）『災難克服のための乳幼児の精神健康支援マニュアルの開発』
⑤ 保健福祉部（2013）『児童青少年の精神健康増進サービスのガイドラインの開発』
⑥ 韓国青少年政策研究院（2012）『児童青少年の精神健康増進のための支援方案の研究Ⅱ：総括報告書』
⑦ 大韓小児青少年精神医学会（http://www.kacap.or.kr/index.asp）
⑧ 児童青少年精神健康（http://childyouth.blutouch.net:6003/contents/body.asp）
⑨ 韓国児童相談センター（http://www.adongclinic.co.kr/index.php）
⑩ 韓国乳幼児精神健康学会（http://www.imentalhealth.org/index.php）

選択教科目 24 人間の行動と社会環境

1 「人間の行動と社会環境」の教科目の概要

「人間の行動と社会環境」は、人間の行動理論の主要な特徴と概念、社会体系理論及び生態体系理論の観点を通した環境分析、各体系と人間の相互作用が人間の行動に及ぼす影響について調べる教科目である。従って、保育福祉の実践に必要な人間発達と行動に対する知識の習得と理解を目的とする。そのため、人間の行動と社会環境関連の理論の特性を知り、人間の行動を理解するための理論、社会と体系を理解するための理論及び影響、胎児期から老年期に至る

人間発達を探求する。

2 「人間の行動と社会環境」の教科目の目標

① 社会福祉実践の主要な観点である「環境の中の個人（person-in-environment）」の視角から
多様な形態の人間の行動を理解する。
② 人間の行動を説明する代表的な理論である精神分析・行動主義・認知発達・人本主義の理
論の特徴と主要概念を理解する。
③ 人間の成長と発達を胎児期から老年期までの生涯周期の観点から理解し、各発達段階の身
体・認知・社会情緒発達の特徴と与えられた発達課業を理解する。また、保育が各発達段
階の発達課業達成に及ぼす影響力を理解する。
④ 社会体系理論と生態体系理論の観点から、人間を取り巻く環境を家族、集団、組織、地域
社会、文化に分けて分析する。
⑤ 人間と環境の相互作用を理解し、相互作用が人間の行動に及ぼす影響力を把握する。生態
体系的な観点が社会福祉実践に持つ意味を把握する。特に、児童を取り巻く主要環境であ
る保育機関、学校、友だち、地域社会、文化、メディア等が児童の行動に及ぼす影響力を
把握する。

3 「人間の行動と社会環境」の教科目の内容

大主題	小主題	核心概念	主要な内容
人間の行動と社会環境の基礎	人間の行動及び社会環境と社会福祉実践との関連性	・人間の行動の理解 ・社会環境の理解 ・社会福祉実践における人間の行動と社会環境	・人間の行動及び理解のためのアプローチの理解 ・環境の中の人間の観点の理解 ・社会環境の類型と人間行動に影響力を及ぼす仕組みの把握 ・人間の発達課業及び社会環境と保育福祉実践との関係把握
人間の行動の理解	精神力動理論 （精神分析理論）	・フロイトの精神分析理論 ・エリクソンの心理社会的発達理論 ・ユングの分析心理理論 ・アドラーの個人心理理論	・精神分析理論の特徴、心理性的発達段階、他の精神力動理論との違い、保育福祉実践の理解 ・心理社会的発達理論の特徴と心理社会的発達段階、保育福祉実践の理解 ・分析心理理論の特徴と主要な概念に対する理解、保育福祉実践の理解 ・個人心理理論の特徴と主要な概念に対する理解、保育福祉実践の理解
	行動主義理論	・パブロフ、ワトソンの行動主義理論 ・スキナーの行動主義理論 ・バンデューラの社会的学習理論	・行動主義理論の特徴と保育福祉実践の理解 ・社会的学習理論の特徴と保育福祉実践の理解

125

PART III　保育知識と技術の領域

	認知理論	・ピアジェの認知発達理論 ・エリスとベックの認知的性格理論 ・コールバーグの道徳発達理論	・認知発達段階及び認知理論の主要な概念と保育福祉実践の理解 ・認知的性格理論の主要な概念と保育福祉実践の理解 ・道徳発達理論の比較、道徳発達段階及び主要な概念と保育福祉実践の理解
	人本主義理論	・マズローの自己実現理論（欲求理論） ・ロジャースの現象学的自己理論	・欲求理論の特徴及び欲求体系の理解と保育福祉実践の理解 ・人本主義理論の特徴、性格発達及び相談理論と保育福祉実践の理解
社会と体系の理解	社会体系理論	・一般体系理論とパーソンズの社会体系理論 ・ブロンフェンブレンナーの生態学的システム理論	・一般体系理論の特徴及び主要な概念と社会体系理論の適用を調べる ・生態系理論の特徴及び主要概念、人間の行動に及ぼす影響と保育福祉実践との関連性の理解
	家族、集団、組織	・家族体系 ・集団体系と組織体系	・家族体系の力動性及び人間の行動に及ぼす影響 ・集団と組織に対する理解及び各体系が人間の行動に及ぼす影響 ・家族、集団、組織体系のための保育福祉実践の理解
	地域社会と文化、仮想空間	・地域社会体系 ・文化体系 ・仮想空間 ・保育環境	・地域社会の概念、類型、関連理論とモデル、人間と行動に及ぼす影響 ・文化体系の主要な概念と人間の行動に及ぼす影響 ・仮想空間の概念、特性と人間の行動に及ぼす影響 ・保育環境が人間の行動に及ぼす影響 ・地域社会体系、文化体系、仮想空間、保育環境のための保育福祉実践の理解
人間発達の理解	胎児期、乳幼児期、児童期	・胎児期、乳幼児期、児童期の発達 ・胎児期、乳幼児期、児童期のための児童福祉及び保育福祉の実践	・胎児期、乳幼児期、児童期の認知、身体、社会情緒の特徴と発達理論及び体系理論の適用理解 ・胎児期、乳幼児期、児童期の特徴に適合した児童福祉及び保育福祉実践の理解
	青少年期	・青少年期の発達 ・青少年期のための青少年福祉及び保育福祉の実践	・青少年期の認知、身体、社会情緒の特徴と発達理論及び体系理論の適用 ・青少年期の特徴に適合した青少年福祉及び保育福祉実践の理解
	青年期、成人期	・青年期、成人期の発達 ・青年期、成人期のための福祉及び保育福祉の実践	・青年期、成人期の認知、身体、社会情緒の特徴と発達理論及び体系理論の適用 ・青年期、成人期の特徴に適合した保育福祉の実践、保育サービスの利用及び選択、保育機関との連係の理解

中・高年期	・中・高年期の発達 ・中・高年期のための福祉及び保育福祉の実践	・中・高年期の認知、身体、社会情緒の特徴と発達理論及び体系理論の適用 ・中・高年期の特徴に適合した保育福祉の実践、我が子の保護と養育に適した社会環境の調整
老年期	・老年期の発達 ・老年期のための福祉及び保育福祉の実践	・老年期の認知、身体、社会情緒の特徴と発達理論及び体系理論の適用 ・老年期の特徴に適合した保育福祉の実践、祖孫家庭の保育サービス利用及び選択、保育機関との連係

4 「人間の行動と社会環境」の教科目の教授学習方法及び授業資料

① 理論と課題発表を中心に講義する。

② 養成校教員は、理論的な内容を扱う際、関連内容が含まれているテレビやインターネットの動画等を適切に含めることで、学習者の理解を促すことができる。

③ 養成校教員は、理論を適用し人間の行動を分析する課題を報告書として提出できるようにする。

④ 養成校教員は、本科目が保育教師のための科目であるため、可能な限り多くのケースで乳幼児を含む事例を提供することができる。

⑤ 養成校教員は、「人間発達の理解」の内容を扱う際に、学習者の生涯の経験を含めることで、学習者がより直接的に当該科目を理解できるよう促す。

⑥ 養成校教員は、講義を進める中で、実際に国内外で発生している人間の行動と社会環境に関する記事を取り上げ、学習者が日常生活の中で本講義の内容を理解できるよう促す。

授業資料

① ＥＢＳ「赤ちゃんの成長報告書」
② ＥＢＳ「子どもの私生活２：思春期」
③ ＥＢＳ「幸福の条件、福祉国家を行く４部－保育」
④ ＥＢＳ「黄昏の反乱」等をはじめ、人間の全生涯に関連する動画及び新聞記事

5 「人間の行動と社会環境」の教科目の適用時の留意点

① 講義を進行する際、理論的な内容に偏ることを防ぐため、可能な限り多様な媒体を活用して学習者に理解を促す。

② 人間の行動を説明する多様な理論の特徴と主要な概念を理解するためには、学習者自身やサービス対象者の行動を理解する際に理論を適用する過程が必要である。このため、学習者自身や架空の人物（例えば、映画やドラマの登場人物）の行動を理論に基づき、分析活動をすることができる。

PART III　保育知識と技術の領域

③ 生態体系的な観点から、学習者自身や架空の人物を取り巻く環境及び環境との相互作用を分析し、理論と実際を結びつける必要がある。ミクロ体系からマクロ体系に至るまで、学習者や仮想人物の環境を分析し、環境の中心に置かれた人間と各環境体系あるいは環境体系間の相互作用を分析する活動を考慮することができる。

④ 授業で学習した発達段階別の福祉実践は普遍的な内容であるため、個別の学習者が置かれている環境と時代に適合した発達段階別の保育福祉実践を探索する必要がある。

⑤ 本教科目は、乳幼児を指導する保育教師を対象とするため、乳幼児に関連する課題や問題等とそれに関連する生涯周期別の福祉及び保育実践の提案が可能な限り、多く含まれるように構成する。

6　「人間の行動と社会環境」の教科目の参考資料

① 育児政策研究所（2018）『都農（都市と農村）複合地域の育児支援の実態及び改善方案』
② 育児政策研究所（2019）『超低出産社会を克服するための育児に優しい街づくりの方案研究（Ⅰ）：ＫＩＣＣＥ育児進化村の造成１段階基礎研究』
③ 韓国保健社会研究院（2019）『初等児童対象の公的ドルボムサービス供給体系の分析と政策課題』[18]
④ 韓国保健社会研究院（2019）『生涯周期別の虐待及び暴力研究—生涯周期別の虐待及び暴力予防のための社会的保護体系の統合と連携』
⑤ 韓国青少年文化研究所（2017）『児童期の健康不平等に関する研究：児童の生活水準と健康問題間の社会的支持の調節効果の検証』
⑥ 韓国青少年政策研究院（2019）『青少年が幸福な地域社会の指標調査及び造成事業研究Ⅶ：青少年が幸福な地域社会の指標調査分析及び自治体青少年政策推進基盤強化方案』

選択教科目　**25**　児童の看護学

1　「児童の看護学」の教科目の概要

　「児童の看護学」は、乳幼児の発達段階別の健康管理方法を知り、疾病と感染症を理解し、乳幼児の身体的・精神的な健康状態を点検し、健康問題を把握する能力を養う教科目である。また、「児童の看護学」は、乳幼児の健康問題に適切に対処し、緊急時に必要な応急処置能力を養う教科目である。従って、「児童の看護学」は、学習者が乳幼児の発達段階別の健康管理方法を習得し、健康アセスメントを通して乳幼児の身体的、精神的な健康状態を点検し、乳幼児に発生した健康上の問題を把握し、オリニジップで疾病と感染症の発生による緊急事態が発生した際、効果的に対処する能力を養うことに目的がある。このため、児童看護の理解、乳幼児の健康アセスメントと発達段階別の健康管理、乳幼児の発達段階別の健康問題と対処、乳幼児の疾病管理、乳幼児の精神健康、オリニジップでの応急処置等の児童看護全般にわたる内容を探索する。

2 「児童の看護学」の教科目の目標

① 乳幼児は発達段階別に求められる健康管理方法が異なるため、発達段階別に適切な健康管理方法を熟知し、乳幼児の健康を増進させる。

② 乳幼児の健康状態を点検する健康アセスメント方法を習得し、乳幼児の健康問題を早期に把握する。

③ オリニジップでの集団生活を通して発症しやすい疾患の特徴を把握し、感染症の管理方法を習得する。

④ 乳幼児期に現れる精神衛生の問題点を理解し、精神健康問題を予防する方法を習得する。

⑤ オリニジップで起こりうる状況別の応急処置技法を習得し、緊急時に適切に対処する。

⑥ オリニジップは、著しい発達を遂げ、免疫力が弱い乳幼児が集団で生活する場所でもあるため、保育教師として乳幼児の健康な成長発達と楽しい生活を支援する態度を養う。

3 「児童の看護学」の教科目の内容

大主題	小主題	核心概念	主要な内容
児童看護の理解	児童看護の概念と健康の影響要因	・児童看護の概念 ・児童健康指標と児童健康の影響要因	・児童看護の概念の理解 ・児童健康指標と児童健康の影響要因の把握
乳幼児の健康アセスメントと発達段階別の健康管理	日常健康点検と定期健康検診	・日常健康点検 ・定期健康検診	・登・降園時の日常健康点検方法の理解 ・体力検査及び体質検査の項目と測定方法の把握 ・乳幼児健康検診事業の理解
	乳幼児の発達段階別健康管理	・乳児期の健康要因と健康管理 ・幼児期の健康要因と健康管理 ・児童期の健康要因と健康管理	・乳児期の健康要因の理解及び健康管理方法の把握 ・幼児期の健康要因の理解及び健康管理方法の把握 ・児童期の健康要因の理解及び健康管理方法の把握
乳幼児の発達段階別健康問題と対処	乳児期の健康問題と対処	・乳児期の健康問題 ・乳児期の健康問題への対処	・乳児期の健康問題（授乳障碍、乳児疝痛、皮膚障碍、貧血、下痢、脱水、乳児突然死症候群等）の理解 ・乳児期の健康問題の対処方法の把握
	よちよち歩きの乳児期の健康問題と対処	・よちよち歩きの乳児期の健康問題 ・よちよち歩きの乳児期の健康問題への対処	・よちよち歩きの乳児期の健康問題（発熱、鼻咽頭炎、咽頭炎、肺炎、中耳炎、尿路感染等）の理解 ・よちよち歩きの乳児期の健康問題の対処方法の把握

	幼児期の 健康問題と対処	・幼児期の健康問題 ・幼児期の健康問題への対処	・幼児期の健康問題（扁桃炎、ネフローゼ症候群、急性糸球体腎炎、肥満、小児関節炎、免疫反応障碍等）の理解 ・幼児期の健康問題の対処方法の把握
	児童期の 健康問題と対処	・児童期の健康問題 ・児童期の健康問題への対処	・児童期の健康問題（糖尿、筋肉病等）の理解 ・児童期の健康問題への対処方法の把握
オリニジップの疾病管理	特殊疾患の 管理	・特殊疾患の特徴 ・特殊疾患を持つ乳幼児の 管理	・特殊疾患（痙攣、先天性代謝異常、アレルギー、喘息、癌、後天性免疫不全症等）の特徴理解 ・特殊疾患の対処方法の把握
	感染症の管理	・感染症の特徴 ・感染症の管理 ・予防接種	・感染症の発生過程と感染源の理解 ・オリニジップで注意すべき感染症発生時の管理と申告方法の把握 ・予防接種の重要性と接種時期及び注意事項の把握
乳幼児の精神健康	発達段階別の 精神健康と問題	・正常な情緒発達過程 ・情緒発達課題と理想的な 養育環境	・乳幼児期の正常な情緒発達過程と情緒発達課題に対する理解 ・発達段階別の理想的な養育環境に対する理解
	乳幼児期の 精神障碍	・精神障碍の特徴と早期発見 ・精神障碍への対処	・乳幼児期に発生する可能性のある精神障碍（精神遅滞、反応性愛着障碍、ＡＤＨＤ、隔離不安障碍、行動障碍、睡眠障碍等）の特徴の理解と早期発見 ・乳幼児期に発生する可能性のある精神障碍に対する対処方法の把握
オリニジップでの応急処置	応急処置の準備	・応急処置の概念と重要性 ・救急箱の管理	・応急処置の概念と重要性及び優先順位の理解 ・常備用及び現場学習用の救急箱の管理方法の把握
	応急処置	・状況別応急処置 ・心肺蘇生術 ・事故の事後対応	・事故及び疾病に対する状況別応急処置方法の習得 ・心肺蘇生術（0歳児、1〜8歳児、8歳以上）の理解と方法の習得 ・事故報告及び補償体系に対する理解

4 「児童の看護学」の教科目の教授学習方法及び授業資料

① 理論の講義、試演、討論、事例発表、体験活動、マルチメディア活用等、多様な教授方法を適用して授業を行う。

② 養成校教員は、乳幼児の健康に関連する知識を基に、状況別の緊急時に適切に対処できるよう、理論の講義のほか、実際の状況のシナリオを提供できるようにする。

③ 養成校教員は、乳幼児の健康関連問題に対する事例を提示し、討論を通して適切な対処方法を論議する。

④ 養成校教員は、乳幼児の健康問題に関心を持ち、普段から乳幼児の健康状態を点検する健康アセスメント方法を学べるよう試演する。

⑤ 乳幼児に発生しやすい疾病及び感染症の特徴を写真資料、絵資料、またはマルチメディア資料を活用し、適切な対処方法について試演を通して習得できるようにする。

⑥ 養成校教員は、学習者が乳児及び幼児の模型を持ち、乳幼児の心肺蘇生術を直接体験し、習得するよう学習者に状況別の緊急時のシナリオを提示し、緊急時に効果的に対処する態度と方法を学べるようにする。

授業資料

① 教育部・保健福祉部（2019）『2019 改訂ヌリ課程 解説書』
② 保健福祉部（2020）『第 4 次オリニジップ標準保育課程 解説書』
③ オリニジップ評価制指標
④ 乳児及び幼児の模型、体重測定器、身長測定器

5 「児童の看護学」の教科目の適用時の留意点

① 「児童の看護学」は、乳幼児の健康と関連する知識を基に乳幼児の健康管理を支援しなければならないため、乳幼児の健康管理に関連した最新の資料を提供し、適切な健康管理方法に関心を持つよう促す。

② 養成校教員は、「児童の看護学」が乳幼児の生命と健やかな生活と関連した教科目であるため、最新の情報だけでなく、正確な情報を提供し、学習者が十分に熟知することに主眼を置く。

③ 乳幼児期の健康問題を把握できずに発生した疾病の種類及び特徴を考えさせ、乳幼児期の健康問題を早期に発見し、被害を最小限にする方法を論議する。

④ 緊急時、適切に対処できずに発生した問題点を強調するのではなく、適切に対処する態度を見せることで、学習者が自信を持ち、緊急時の対処行動を学べるよう留意する。

⑤ 事故後、正確かつ迅速に報告することが保育教職員の事故処理時の正しい姿勢であることを強調し、不適切な事故処理によって発生する可能性のある問題点について論議する。

6 「児童の看護学」の教科目の参考資料

① 保健福祉部（2020）「2020 保育事業案内」
② 保健福祉部・韓国保育振興院（2020）『2020 オリニジップ評価マニュアル』
③ 育児政策研究所（2020）『COVID-19 関連保育政策対応白書』
④ 国家健康情報ポータル（http://health.mw.go.kr）
⑤ 大韓心肺蘇生協会（http://www.kacpr.org）
⑥ 中央応急医療センター（http://www.nemc.or.kr）

PART III　保育知識と技術の領域

選択教科目　26　児童の栄養学

1　「児童の栄養学」の教科目の概要

　「児童の栄養学」は、乳幼児の健康に関連する栄養について、全般的かつ概括的な知識を習得する教科目である。乳幼児期の栄養状態は、身体的健康と発達の基礎を形成し、生涯にわたる健康を左右するという点で非常に重要である。乳幼児期の発達段階に応じた適切な栄養供給のためには、各種栄養素含有食品と栄養評価等に対する理解が先行されねばならない。また、オリニジップでの衛生的で安全な給・間食を提供するためには、食品購入、調理、管理過程における食品衛生と乳幼児の健康に不適切な影響を及ぼす危害要因を理解する必要がある。従って、「児童の栄養学」は、乳幼児の健康な身体発達のために、乳幼児の栄養の意義、乳幼児の発達段階に応じた栄養管理、食品安全及び衛生管理について理解し、オリニジップで乳幼児の発達水準に適合した食生活の指導と栄養教育を効果的に実施することに目的がある。そのため、乳幼児と栄養、発達段階に応じた栄養管理、乳幼児の食品安全と衛生管理、オリニジップでの給・間食の運営、オリニジップでの栄養教育及び食生活指導について調べる。

2　「児童の栄養学」の教科目の目標

① 乳幼児の栄養の重要性を理解し、乳幼児の発達段階別の栄養素の必要量と身体発達を理解し、具体的な栄養管理方法を学ぶ。
② 乳幼児の食品安全と衛生管理のために、食品安全の重要性を理解し、食品安全関連法と規定を熟知し、食品安全の危害要因と正しい食品購買管理方法を習得する。
③ オリニジップでの給・間食計画作成の原則と献立の作成方法を理解し、給・間食運営方法を習得する。
④ オリニジップでの栄養教育の重要性と栄養管理方法を把握し、乳幼児のための食生活指導能力を養う。

3　「児童の栄養学」の教科目の内容

大主題	小主題	核心概念	主要な内容
乳幼児の栄養の理解	乳幼児の栄養の理解と栄養素	・乳幼児の栄養の重要性 ・乳幼児の栄養管理 ・栄養素含有食品	・乳幼児の栄養の重要性及び必要性の理解 ・乳幼児の身体の変化による栄養管理の理解 ・乳幼児の成長に必要な栄養素と機能及び含有食品の理解

132

	栄養指針と栄養評価	・乳幼児の1日の栄養素摂取推奨量 ・食事療法 ・栄養評価の区分	・発達に応じた乳幼児の1日栄養素摂取推奨量 ・食事療法の指針、食品構成の自転車（図）、栄養表示方法等の理解 ・栄養評価の区分及び項目別評価の理解
発達段階に適切な栄養管理	妊産婦の栄養と胎児の発達	・妊娠期の栄養 ・胎児の発達に応じた栄養管理 ・特殊妊産婦の栄養管理	・妊娠期の母体の変化（生理的変化、栄養素要求量、体重増加）と栄養の理解 ・胎児の発達に有害な食事要因の把握 ・特殊条件妊産婦の栄養管理方法の理解
	乳児期の栄養と健康管理	・栄養管理 ・母乳と人工乳 ・離乳食の種類と調理	・乳児期の成長と栄養素要求量の理解（消化器官の発達及び分泌の理解、未熟児及び低体重児の栄養管理の理解） ・母乳と人工乳の違い及び食習慣の発達に応じた離乳時期の把握 ・離乳期の食生活と調理方法の理解
	幼児期の栄養と健康管理	・栄養管理 ・食生活の特性	・幼児の栄養素必要量と身体発達の理解 ・特殊障碍児の栄養管理方法の把握 ・幼児の食生活行動、食事と間食の特徴の理解
乳幼児の食品安全と衛生管理	食品安全と衛生管理	・食品安全の概念 ・食品安全の重要性 ・食品安全関連法と規定	・食品安全の概念及び重要性の理解 ・食品の種類に応じた多様な食品安全関連法令と規定の把握及び遵守規則の把握 ・ＨＡＣＣＰ（衛生管理計画書）、食品医薬品安全處、農水産物品質管理院等の理解
	食品安全の危害と食品の購買管理	・食品安全の危害要因と危害現象 ・食品購入の取り扱いと保管 ・食品管理の設備	・自然毒、微生物原因の食中毒と化学物質（遺伝子組換え食品、食品添加物）による危害及び食品安全の理解 ・正しい食品購入と取り扱い方法の把握 ・食品安全のためのオリニジップ内の環境及び設備管理の把握
オリニジップでの給・間食運営	給・間食の意義と効果	・給・間食の意義 ・給・間食の効果	・給・間食の意義及び必要性の理解 ・オリニジップにおける給・間食の効果の理解
	オリニジップでの給食運営	・給食計画 ・給食管理	・オリニジップでの給食の基本計画作成の原則（低塩食等）及び方法の理解 ・献立作成及び栄養管理、給食管理業務、給食現状及び衛生管理の原則（保存食管理）及び方法の理解
	オリニジップでの間食運営	・間食計画 ・間食管理	・オリニジップでの間食の基本計画と栄養管理の原則及び方法の理解 ・間食管理、間食の現状及び衛生管理の原則及び方法の理解
オリニジップでの栄養教育及び食生活指導	オリニジップでの栄養教育	・栄養教育の意義と基本原則 ・栄養教育の目的と方法	・栄養教育の意義と基本原則（バランスのとれた食品群選択活動）の理解 ・栄養教育の目的と方法の把握

乳幼児の 特殊栄養 健康管理	・特殊栄養が必要な疾患と栄養管理 ・乳幼児の特異的体質及びアレルギー反応の発見及び対処	・各種疾患（下痢、食品アレルギー、遺伝的代謝疾患、小児肥満、栄養不均衡等）に応じた栄養管理方法の把握 ・乳幼児の特異体質及びアレルギー反応に対する迅速な発見及び対処方法の理解
乳幼児の 食習慣指導	・乳幼児の食習慣衛生指導 ・乳幼児の食習慣及び食事の礼儀作法の指導	・乳幼児の食習慣衛生指導（手洗い、歯磨き）方法の理解 ・乳幼児の食習慣及び食事の礼儀作法（正しい食事態度、偏食指導、食事道具の正しい使用）と指導方法の把握

4 「児童の栄養学」の教科目の教授学習方法及び授業資料

① 理論の講義、討論、発表、模擬実習等、多様な教授方法を適用して授業を行う。
② 「児童の栄養学」は、学習者が食品と栄養に関する基本的な知識が不足している状態で受講する科目であるため、映像媒体を通して食品の選択、購入、調理及び給食の過程で現れる危害要因について紹介し、危害要因を減らすことができる方法について発表できるようにする。
③ 養成校教員は、学習者がオリニジップの献立表を見て、栄養素推奨量が適切なのかを確認し、献立表に現れた給・間食計画及び運営において補完すべき部分が何であるかを討論できるようにする。
④ 養成校教員は、学習者に乳幼児に適合した料理活動を提示し、乳幼児に栄養教育を指導する具体的な方法を学ぶようにする。
⑤ 乳幼児が正しい食習慣と食事の礼儀作法を身につけるよう、模擬実習を通して食習慣指導と食事礼儀の指導活動を発表できるようにする。

授業資料

① 教育部・保健福祉部（2019）『2019 改訂ヌリ課程 解説書』
② 保健福祉部（2020）『第 4 次オリニジップ標準保育課程 解説書』
③ オリニジップ評価制指標
④ オリニジップの献立表
⑤ 食品構成の自転車（図）

5 「児童の栄養学」の教科目の適用時の留意点

① 養成校教員は、オリニジップで保育教師が活用できる児童の栄養に関する内容の伝達に主眼を置く。
② 養成校教員は、オリニジップでの給・間食計画及び管理のために、育児総合支援センター

または子ども給食管理支援センターが提示するオリニジップの献立表を見て、食品群がバランスよく構成されているか、評価指標で栄養と関連して要求される内容が適切に反映されているかを、学習者個人の意見を記述して作成した報告書を課題物として提出できるようにする。

③ 養成校教員は、学習者が子ども給食管理支援センターを訪問し、オリニジップ給・間食に関する支援業務を観察し、職員と面談して乳幼児の栄養管理及びオリニジップ給・間食指導に関する疑問点を直接解決できるようにする。

④ 養成校教員は、テレビニュース、ドキュメンタリー等の各種視聴覚媒体を通して紹介されるオリニジップの給・間食の課題や問題等を紹介し、オリニジップでの給・間食運営及び乳幼児の栄養管理の重要性に対する関心を促し、論議する。

6 「児童の栄養学」の教科目の参考資料

① 保健福祉部（2020）『2020 保育事業案内』
② 保健福祉部・韓国保育振興院（2020）『2020 オリニジップ評価マニュアル』
③ 保健福祉部・韓国栄養学会（2020）『2020 韓国人の栄養素摂取基準』
④ 食品医薬品安全處（2020）『オリニジップ給食管理支援センターガイドライン』
⑤ 大韓地域社会栄養学会食生活情報センター（http://www.dietnet.or.kr）
⑥ 食品医薬品安全處（http://www.mfds.go.kr）
⑦ 子ども給食管理支援センター（http://ccfsm.foodnara.go.kr）

選択教科目 **27** 父母教育論

1 「父母教育論」の教科目の概要

「父母教育論」は父母教育のプログラムを計画し、実行するために必要な関連理論と具体的な運営方法及び実際を学習する教科目である。従って「父母教育論」は学習者が父母になる意味を理解し、子どもの発達段階別に父母の役割の特性を学習することにより、良い父母になるための知識と資質を養うことに目的がある。そのために父母教育の理解、発達段階別の父母の役割、家族類型と父母の役割、父母教育の理論とプログラム、父母教育の現状の適用等、父母教育の全般にわたる内容を探索する。

2 「父母教育論」の教科目の目標

① 父母になる意味と父母の役割の概念に基づき変化する社会に適合した父母の役割を理解する。
② 子どもの発達段階別の父母の役割の変化、適合した父母の役割について理解する。

③ 効果的な父母教育のプログラムの目的、内容、方法を把握する。
④ 父母教育プログラムの開発と運営について把握し、父母教育の実際に適用する。
⑤ 多様な家族類型で要求される父母の役割を理解し、適合した父母教育プログラムを計画する。

3 「父母教育論」の教科目の内容

大主題	小主題	核心概念	主要な内容
父母教育の理解	父母教育の概念と歴史	・父母教育の概念 ・父母教育の目的 ・父母教育の歴史	・父母教育の定儀と関連用語の把握 ・父母教育の目的と必要性の理解 ・韓国と諸外国の父母教育の歴史の理解
	父母になることと父母の役割	・父母になる選択 ・父母になる準備 ・父母になる過程と適応	・父母になることへの認識と動機の理解 ・父母になる時期と準備への理解 ・父母になることによる変化と適応の把握
	父母の役割と親子関係	・社会環境の変化と親子関係 ・親子関係の多様性の観点 ・父母の役割と行動の要因	・社会環境の変化による父母の役割、親子関係の変化の把握 ・家族体系理論等、親子関係に関する多様な理論的アプローチの理解 ・生態学的要因と文化的要因の把握
発達段階別の父母の役割	胎内期、乳児期の父母の役割	・胎内期、乳児期の発達の特性 ・胎内期、乳児期の子どもへの父母の役割	・胎内期、乳児期の発達特性の把握 ・胎内期、乳児期の子どもへの父母の役割理解
	幼児期、学齢期の父母の役割	・幼児期、学齢期の発達の特性 ・幼児期、学齢期の子どもへの父母の役割	・幼児期、学齢期の発達特性の把握 ・幼児期、学齢期の子どもへの父母の役割理解
	青少年期、成人期の父母の役割	・青少年期、成人期の発達の特性 ・青少年期、成人期の子どもへの父母の役割	・青少年期、成人期の発達特性の把握 ・青少年期、成人期の子どもへの父母の役割理解
家族類型と父母の役割	多様な家族と父母の役割	・ひとり親家族、再婚家族 ・共働き家族、祖孫家族 ・入養家族、多文化家族	・ひとり親家族、再婚家族の特性と父母の役割理解 ・共働き家族、祖孫家族の特性と父母の役割理解 ・入養家族、多文化家族の特性と父母の役割理解
父母教育の理論とプログラム	父母教育理論 I	・民主的父母教育の理論 ・人本主義の父母教育理論	・民主的父母教育の目的、内容、適用及び評価に対する理解 ・人本主義の父母教育の目的、内容、適用及び評価に対する理解
	父母教育理論 II	・相互交流分析理論 ・行動修正理論	・相互交流分析理論の目的、内容、適用及び評価に対する理解 ・行動修正理論の目的、内容、適用及び評価に対する理解

	父母教育プログラム	・父母効率性訓練（ＰＥＴ） ・体系的父母効率性訓練（ＳＴＥＰ） ・積極的な父母役割訓練（ＡＰＴ）	・父母効率性訓練の目的、内容、適用及び評価に対する理解 ・体系的父母効率性訓練の目的、内容、適用及び評価に対する理解 ・積極的な父母役割訓練の目的、内容、適用及び評価に対する理解
父母教育の現場適用	父母教育の計画	・父母面談の計画 ・父母参与の計画 ・学父母会の計画	・父母面談の計画作成に対する理解 ・父母参与の計画作成に対する理解 ・学父母会の計画作成に対する理解
	父母教育の運営	・父母参与の運営 ・父母面談の運営 ・学父母会の運営	・父母参与の類型別（授業参観、補助教師）運営方法の把握 ・父母面談の類型別（書面、個別、集団面談）運営方法の把握 ・学父母会の類型別（講演、ワークショップ）運営方法の把握
	父母教育の評価及び効果	・父母教育の評価 ・父母教育の効果	・父母面談、父母参与、学父母会の運営結果に対する評価 ・父母面談、父母参与、学父母会運営の効果の分析

4 「父母教育論」の教科目の教授学習方法及び授業資料

① 「父母教育論」の主要な内容に関する理論的な講義と発表を中心に授業を行う。

② 養成校教員は、学習者が子どもの発達段階別に最も重要な父母の役割の特性を考えられるようにし、望ましい父母の役割に必要な特性を増進させ、父母教育の運営方法について討論する機会を提供する。

③ 養成校教員は、学習者が乳幼児の発達領域の中で一つの領域を選択し、子どもの発達の増進に必要な父母の役割の訓練を行う父母教育プログラムを構成し、報告書として作成する課題を遂行できるようにする。

④ 養成校教員は、学習者がオリニジップの現場見学を通してオリニジップで適用している父母教育プログラムの実際を把握し、プログラムの進行過程を参観することで父母教育の適用事例を直接的に体験する機会を提供する。

授業資料

① 育児総合支援センターの父母教育プログラムの現状資料
② 父母教育の年間計画案の事例
③ 家庭通信文の事例及び父母面談の日誌様式
④ 父母教育関連の推薦図書及び推薦映像の目録

PART III 保育知識と技術の領域

5 「父母教育論」の教科目の適用時の留意点

① 「父母教育論」は、父母の役割とともに父母教育の現場に適用できるよう扱う教科目であるため、学習者が保育知識と技術領域の必修教科目を先に履修できるよう指導する。
② 養成校教員は、家族の類型の多様化により父母以外に祖父母等、異なる成人が父母教育プログラムに参与できることを留意し、今後学習者が父母教育プログラムを運営する場合、プログラムの内容に多様な家族類型のニーズを反映する必要があることを強調する。
③ 養成校教員は、学習者が予備保育教師であると同時に予備父母であると認識できるようにし、オリニジップの現場で父母教育プログラムを実行する役割だけではなく、父母教育プログラムに参与する役割についても一緒に強調する。
④ 養成校教員は、学習者が父母教育関連の理論を熟知し、これに基づき実際父母教育プログラムを計画し、運営できるよう全体の父母教育講義の中で、前半部に理論的側面を用いて、後半部には実際的な側面を扱い、理論と実際が連係できるよう講義計画を構成する。

6 「父母教育論」の教科目の参考資料

① 女性家族部（2013）『スマートフォン中毒の青少年 父母教育プログラムの開発研究』
② 女性家族部（2018）『父母教育マニュアル』
③ ＥＢＳ（2014）「ドキュプライム－古き未来、伝統育児の秘密」
④ ＥＢＳ（2014）「ドキュプライム－家族ショック：第1部 私は父母です」
⑤ ＥＢＳ（2014）「ドキュプライム－家族ショック：第5部 幸福な訓育、フランスの育児の秘密」
⑥ ＥＢＳ（2014）「ドキュプライム－家族ショック：第6部 父母として生きること」
⑦ ＥＢＳ（2014）「ドキュプライム－お父さんの性：第2部 パパの逆襲」
⑧ ＥＢＳ（2014）「ドキュプライム－お父さんの性：第3部 良いパパのシンドローム」
⑨ ＥＢＳ（2014）「ドキュプライム－パーフェクトベイビー：第5部 幸福な子どもプロジェクト」

選択教科目　28　家族福祉論

1 「家族福祉論」の教科目の概要

「家族福祉論」は多様な家族の類型に関連した現状の把握と認識を通して家族福祉の実践方案を探索する教科目である。従って「家族福祉論」は学習者が変化する家族福祉の対象と内容を把握し、家族福祉の実践分野別のサービス内容を学習することで、家族福祉の実践専門家としての資質を養うことに目的がある。そのために家族の役割と機能、家族福祉の概念と歴史、家族福祉政策とサービスの現状、家族福祉の実践分野別サービス内容、家族福祉の課題と展望等、家族福祉の全般にわたる内容を探索する。

2 「家族福祉論」の教科目の目標

① 家族に対する概念の変化、家族類型の多様化による家族の役割と機能を把握する。
② 変化する家族福祉の対象と内容を把握し、家族福祉の意義、原則、機能を理解する。
③ 国内外の家族福祉の政策とサービスの現状を把握し、分析する能力を養う。
④ 家族福祉の実践分野別サービス内容を把握し、実際に対する適用能力を養う。
⑤ 家族福祉の方向と展望を予測し、政策的及び実践的な課題について提言する能力を養う。

3 「家族福祉論」の教科目の内容

大主題	小主題	核心概念	主要な内容
家族と家族福祉	家族の理解	・家族の概念と機能 ・社会変化と家族の類型	・家族の概念と機能の理解 ・社会変化による家族類型の理解
	家族福祉の理解	・家族福祉の概念と対象 ・家族福祉の歴史 ・家族福祉のアプローチ方法	・家族福祉の概念と対象への理解 ・家族福祉の歴史の考察 ・家族福祉のアプローチ方法の把握
家族福祉政策	家族福祉政策の理解	・家族福祉政策の概念、必要性 ・家族福祉政策の範疇、内容 ・国内外の家族福祉政策	・家族福祉政策の概念と必要性に対する理解 ・家族福祉政策の範疇と内容に対する理解 ・国内外の家族福祉政策に対する考察
	家族福祉関連法	・健康家庭基本法 ・ひとり親家族支援法 ・その他関連法	・健康家庭基本法の目的、内容の理解 ・ひとり親家族支援法の目的、内容の理解 ・その他関連法（民法、嬰幼児保育法、男女雇用平等と仕事・家庭両立支援に関する法律）の目的、内容の理解
	家族福祉の伝達体系	・家族福祉担当の行政組織 ・家族福祉の伝達体系 ・家族福祉の担当機関	・家族福祉担当の行政組織の構成に対する理解 ・家族福祉の伝達体系の特徴の把握 ・家族福祉の担当機関の類型の把握
家族福祉の実践	家族福祉実践の内容	・家族福祉実践の概念 ・家族福祉実践の観点 ・家族福祉実践の原則	・家族福祉実践の概念理解 ・家族福祉実践の観点把握 ・家族福祉実践の原則理解
	家族福祉実践の方法	・初期面接 ・家族アセスメントの内容と方法 ・家族相談及び治療	・初期面接の目標と実践技術に対する理解 ・家族アセスメントの内容と方法の把握 ・家族相談及び治療の類型別内容の理解
	貧困家族と共働き家族	・貧困家族の現状、問題点、サービス ・共働き家族の現状、問題点、サービス	・貧困家族の現状、問題点、サービス等の考察 ・共働き家族の現状、問題点、サービス等の考察
	ひとり親家族と再婚家族	・ひとり親家族の現状、問題点、サービス ・再婚家族の現状、問題点、サービス	・ひとり親家族の現状、問題点、サービス等の考察 ・再婚家族の現状、問題点、サービス等の考察

	祖孫家族と 多文化家族	・祖孫家族の現状、問題点、サービス ・多文化家族の現状、問題点、サービス	・祖孫家族の現状、問題点、サービス等の考察 ・多文化家族の現状、問題点、サービス等の考察
	入養家族と 障碍家族[19]	・入養家族の現状、問題点、サービス ・障碍家族の現状、問題点、サービス	・入養家族の現状、問題点、サービス等の考察 ・障碍家族の現状、問題点、サービス等の考察
	暴力家族[20]と 中毒家族[21]	・暴力家族の現状、問題点、サービス ・中毒家族の現状、問題点、サービス	・暴力家族の現状、問題点、サービス等の考察 ・中毒家族の現状、問題点、サービス等の考察
家族福祉の未来	家族福祉の 課題と展望	・家族福祉の課題 ・家族福祉の展望	・家族福祉の政策的、実践的課題 ・家族福祉の方向及び展望

4 「家族福祉論」の教科目の教授学習方法及び授業資料

① 「家族福祉論」の主要な内容に対する理論の講義と発表を中心に授業を行う。

② 養成校教員は、学習者が多様な家族の類型の中で一つの類型（例：ひとり親家族、再婚家族）を選択し、現行の福祉政策の現状を把握し、それに基づき今後の福祉政策を提案する討論を進行できるよう指導する。

③ 養成校教員は、学習者が家族内の力動について理解するため、自身の家系図と生態図（ジェノグラム）を描いてみて、それに対する自分の見解を作成し、課題を遂行できるよう指導する。

④ 養成校教員は、学習者が現場学習を通して中央または地域の健康家庭支援センターを訪問し、健康家庭士[22]の業務を観察し、健康家庭士と面談し、健康家庭支援センターの役割と機能に関する疑問点を解決できるようにする。

⑤ 養成校教員は、家族相談及び治療の適用に対する学習者の理解を助ける映画、ドキュメンタリー等の映像資料を活用することで家族問題の解決へと学習者の関心を促す。

授業資料

① 健康家庭基本法、ひとり親家族支援法等の法令
② 家系図及び生態図の事例
③ 年度別家庭内暴力の発生現状、離婚の発生現状、障碍の発生現状の資料

5 「家族福祉論」の教科目の適用時の留意点

① 「家族福祉論」は、家族と家族福祉に対する理解を土台に家族の多様な問題とニーズに対処する内容を扱う教科目であるため、父母教育、家族関係等の教科目を履修した後に受講できるよう指導する。

② 養成校教員は、家族福祉政策と関連法の講義をする際、国内だけではなく主要な先進国の家族福祉政策と関連法を一緒に扱い、韓国の家族福祉政策と制度の発展のための示唆点を模索する機会を提供する。

③ 養成校教員は、学習者が家族類型別の福祉政策の現状を分析し、それに対する今後の福祉政策を提案する討論を進める際、特定の家族類型に集中して討論が進むよりは多様な家族類型を主題として討論ができるように考慮する。

6 「家族福祉論」の教科目の参考資料

① 保健福祉部（2020）『2020 年児童分野事業案内』
② 保健福祉部（2020）『2020 年障碍者福祉事業案内』
③ 女性家族部（2014）『家族暴力防止及び被害者保護の効率化方案の研究』
④ 女性家族部（2015）『多文化家族政策の成果点検及び中長期推進方案の研究』
⑤ 女性家族部（2015）『ひとり親家族支援の改善方案の研究』
⑥ 女性家族部（2020）『2020 年青少年事業案内』
⑦ 健康家庭支援センター（http://www.familynet.or.kr）
⑧ 多文化家族支援ポータル（http://www.liveinkorea.kr/intro.asp）
⑨ 保健福祉部（http://www.mohw.go.kr）
⑩ 女性家族部（http://www.mogef.go.kr）
⑪ 韓国健康家庭振興院（http://www.kihf.or.kr）
⑫ 韓国女性政策研究院（http://www.kwdi.re.kr）

教科目 29 家族関係論

1 「家族関係論」の教科目の概要

「家族関係論」は、家族の本質と特性を理解し、健康な家族としての力量を強化できるよう促す教科目である。従って、「家族関係論」は学習者が家族及び親族関係の特性と家族関係の力動性を家族の発達過程別に区分し学習することにより、家族健康性[23]の増進と力量強化のための知識と資質を養うことに目的がある。そのために、家族及び家族関係、家族の形成と家族関係、多様な家族の類型、家族問題と家族健康性の増進等、家族関係の全般にわたる内容を探索する。

2 「家族関係論」の教科目の目標

① 家族関係の基本概念を理解し、家族関係の力動性を理解する。
② 家族の発達過程による家族関係の変化を把握する。
③ 多様な家族類型の現状と家族関係の特性を探索する。

PART III　保育知識と技術の領域

④ 現代社会の多様な家族問題を理解し、解決方案を模索する。
⑤ 家族健康性を増進し、力量を強化できる方案を把握し、実践する。

3 「家族関係論」の教科目の内容

大主題	小主題	核心概念	主要な内容
家族及び家族関係	家族の理解	・家族の概念、特性 ・家族関連用語 ・家族構造、機能、価値観	・家族の概念、特性に対する理解 ・家族関連用語の理解 ・家族構造、機能、価値観の変化の把握
家族及び家族関係	家族関連の理論	・構造機能論、女性権利論 ・家族発達論、交換論 ・家族体系論、葛藤論	・構造機能論、女性権利論の内容の把握 ・家族発達論、交換論の内容の把握 ・家族体系論、葛藤論の内容の把握
家族の形成と家族関係	家族の形成と夫婦関係	・家族の形成 ・夫婦の役割と権力 ・夫婦の葛藤と意思疎通 ・生涯周期別の夫婦関係	・配偶者の選択、結婚過程に対する理解 ・夫婦の役割と権力の特徴の把握 ・夫婦の葛藤と意思疎通の特徴の把握 ・生涯周期別夫婦関係の変化の把握
家族の形成と家族関係	親子関係Ⅰ	・親子関係の重要性 ・親子関係の関連理論 ・父母の養育態度	・親子関係の意味、重要性、役割についての理解 ・親子関係の関連理論の内容の把握 ・父母の養育態度が子どもに及ぼす影響の考察
家族の形成と家族関係	親子関係Ⅱ	・親子関係の発達 ・親子関係における父親の役割	・発達段階別の親子関係の特徴の把握 ・父親の役割の重要性に対する理解
家族の形成と家族関係	きょうだい関係	・きょうだい関係の機能 ・きょうだい関係の構成 ・きょうだい関係の発達	・きょうだい関係の意味、機能に対する理解 ・性別、出生順位、間隔、きょうだい数によるきょうだい関係の構成の把握 ・発達段階別のきょうだい関係の特性の把握
家族の形成と家族関係	親族関係	・親族関係 ・祖父母と孫の関係 ・嫁姑関係	・親族関係の範囲、変化に対する理解 ・祖父母・孫関係の特性の把握 ・嫁姑関係の特性、変化に対する理解
多様な家族類型	共働き家族 ひとり親家族 再婚家族	・共働き家族の特性 ・ひとり親家族の特性 ・再婚家族の特性	・共働き家族の現状、家族関係、適応に対する考察 ・ひとり親家族の現状、家族関係、適応に対する考察 ・再婚家族の現状、家族関係、適応に対する考察
多様な家族類型	多文化家族 祖孫家族 ひとり世帯	・多文化家族の特性 ・祖孫家族の特性 ・ひとり世帯の特性	・多文化家族の現状、家族関係、適応に対する考察 ・祖孫家族の現状、家族関係、適応に対する考察 ・ひとり世帯の現状、家族関係、適応に対する考察

	入養家族 障碍児家族 子どもの いない家族	・入養家族の特性 ・障碍児家族の特性 ・子どものいない家族の特性	・入養家族の現状、家族関係、適応に対する考察 ・障碍児家族の現状、家族関係、適応に対する考察 ・子どものいない家族の現状、家族関係、適応に対する考察
家族問題と家族健康性の増進	家族問題Ⅰ	・家族のストレス ・家庭内暴力 ・家族解体	・家族のストレスの理解、原因、対処方案に対する考察 ・家庭内暴力の理解、原因、対処方案に対する考察 ・家族解体の理解、原因、対処方案に対する考察
	家族問題Ⅱ	・児童虐待 ・青少年問題 ・老人問題	・児童虐待の理解、原因、対処方案に対する考察 ・青少年問題の理解、原因、対処方案に対する考察 ・老人問題の理解、原因、対処方案に対する考察
	家族健康性 の増進	・家族関係向上の教育プログラム ・健康な家族関連の法律 ・健康な家族関連の政策	・夫婦関係、親子関係の増進プログラムに対する理解 ・健康家庭基本法等、健康な家族関連法律に対する理解 ・健康な家族関連政策の現状の把握

4 「家族関係論」の教科目の教授学習方法及び授業資料

① 「家族関係論」の主要な内容に関する理論の講義と発表を中心に授業を行う。

② 養成校教員は、学習者が多様な類型の家族に関する新聞記事をスクラップし、その記事の内容に対する自身の意見を記述し、報告書を作成するようにする。

③ 養成校教員は、学習者が望ましい親子関係に対する自身の意見を他の学習者と討論するよう指導し、家族関係の主軸である親子関係に対する自身の見解を明確に持ち、他者の意見を受け入れる機会を提供する。

④ 養成校教員は、ドラマ、映画、ドキュメンタリー等の各種視聴覚媒体を通して紹介される多様な類型の家族と家族問題を学習者に提供し、韓国社会の家族関連の懸案について関心を誘導し、論議する。

授業資料

① 健康家庭支援センターの家族生活教育プログラムの資料

② 児童虐待の現状、国内及び海外入養の現状、健康家庭支援センターの現状の資料

5 「家族関係論」の教科目の適用時の留意点

① 「家族関係論」は、多様な家族の現状と特性に関する基本的な内容を扱う教科目であるため、家族と関連した他の教科目より先に履修するよう指導する。

② 養成校教員は、多様な家族の類型について紹介する際、その家族が抱えている問題点等の否定的な側面を浮き彫りにするよりは肯定的な要素をともに取り上げ、多様な類型の家族に対する社会的な統合方案を模索できるように指導する。

③ 「家族関係論」の教科目の講義は、多様な家族の類型、家族問題等の内容から、家族福祉論の教科目の講義内容と重複される部分があるため、家族関係の関連内容を重点的に講義する。

6 「家族関係論」の教科目の参考資料

① 女性家族部（2014）『多文化家族の社会統合方案の研究』
② 女性家族部（2015）『2015年家族実態調査の分析研究』
③ 育児政策研究所（2015）『乳幼児の孫がいる祖父母の養育実態と支援方案の研究』
④ 韓国女性政策研究院（2014）『障碍児を育てる父母のためのドルボム支援方案の研究』
⑤ 健康家庭支援センター（http://www.familynet.or.kr）
⑥ 多文化家族支援ポータル（http://www.liveinkorea.kr/intro.asp）
⑦ 女性家族部（http://www.mogef.go.kr）
⑧ 韓国健康家庭振興院（http://www.kihf.or.kr）
⑨ 韓国保健社会研究院（https://www.kihasa.re.kr）
⑩ 韓国女性政策研究院（http://www.kwdi.re.kr）

選択教科目 **30** 地域社会福祉論

1 「地域社会福祉論」の教科目の概要

「地域社会福祉論」は、地域社会福祉の実践のために保育教師とオリニジップの園長が備えるべき基本的な知識と情報を提供する教科目である。従って学習者が地域社会福祉の実践過程と技術を実践分野別に学習することで、地域社会福祉の実際の事例を適用するための知識と力量を養うことが目的である。そのために、地域社会と地域社会福祉の基礎、地域社会福祉の理論と実践モデル、地域社会福祉の実践過程と技術、地域社会福祉の実践分野、地域社会福祉の展望と課題等の地域社会福祉全般にわたる内容を探索する。

2 「地域社会福祉論」の教科目の目標

① 地域社会と地域社会福祉の概念及び理論的な観点を理解する。

② 国内外の地域社会福祉の歴史を時期別に区分し、把握する。

③ 地域社会福祉の理論、実践モデル、実践過程を把握し、実践技術を学ぶ。

④ 地域社会福祉の実践分野別の推進体系の特徴と役割を理解し、改善方向を探索する。

⑤ 地域社会の問題を解決するために実際の事例適用能力を養い、地域社会福祉を実践する。

3 「地域社会福祉論」の教科目の内容

大主題	小主題	核心概念	主要な内容
地域社会と地域社会福祉の基礎	地域社会に対する理解	・地域社会の概念 ・地域社会の類型 ・地域社会の機能	・地域社会の機能的、地理的概念の把握 ・地域社会の多様な類型の理解 ・地域社会の多様な機能の理解
	地域社会福祉の概念と理念	・地域社会福祉関連の概念 ・地域社会福祉の理念 ・地域社会福祉の実践の価値	・地域社会福祉、地域社会組織、地域社会福祉実践等の概念の理解 ・地域社会福祉の理念の把握 ・地域社会福祉実践の目的、価値、原則に対する理解
	地域社会福祉の歴史	・韓国の地域社会福祉の歴史 ・外国の地域社会福祉の歴史	・韓国の地域社会福祉の歴史の理解 ・イギリス、アメリカ、日本の地域社会福祉の歴史の理解
地域社会福祉の理論と実践モデル	地域社会福祉の理論	・社会体系理論、生態理論 ・構造機能論、葛藤理論 ・資源動員理論、交換理論	・社会体系理論、生態理論の理解 ・構造機能論、葛藤理論の理解 ・資源動員理論、交換理論の理解
	地域社会福祉の実践モデル	・地域社会福祉の実践モデルの目標 ・地域社会福祉の実践モデルの類型	・地域社会福祉の実践モデルの概念、目的、役割に対する理解 ・地域社会福祉の実践モデルの類型別の特徴の把握
地域社会福祉の実践過程と実践技術	地域社会福祉の実践過程	・問題及び原因分析 ・実践計画の作成及び実行 ・介入評価及び終結	・問題集団と地域社会の強みの分析 ・介入戦略の開発に対する理解 ・多様な評価方法と終結に対する理解
	地域社会福祉の実践技術	・地域社会アセスメント ・ニーズアセスメント ・プログラムの企画と評価	・地域社会アセスメントの意味、類型の把握 ・地域社会福祉実践へのニーズアセスメントのための資料収集方法の理解 ・プログラムの企画と評価
地域社会福祉の実践分野	直接的地域社会福祉の実践	・地域社会福祉館 ・在宅福祉ボランティアセンター ・地域自活センター ・資源ボランティアセンター	・地域社会福祉館の事業内容の把握 ・在宅福祉ボランティアセンターの事業内容の把握 ・地域自活センターの事業内容の把握 ・資源ボランティアセンターの事業内容の把握

	地域社会の公共福祉実践	・公共福祉実践の概念 ・公共福祉実践の変化 ・公共福祉実践の専門家 ・公共福祉実践の伝達体系	・公共福祉実践の概念、特徴の把握 ・公共福祉実践の変化に対する理解 ・公共福祉実践の専門家の理解 ・公共福祉実践の伝達体系の探索
	地域社会福祉のネットワーク	・地域社会福祉のネットワークの意味、機能 ・地域社会福祉のネットワークの構築 ・地域社会福祉協議会	・地域社会福祉のネットワークの意味、機能に対する理解 ・地域社会福祉のネットワークの構築過程の把握 ・地域社会福祉協議会の機能の把握
	地域社会福祉の資源動員	・資源動員のメカニズム ・資源動員の方法 ・社会福祉の共同募金	・資源動員のメカニズムの把握 ・資源動員の方法に対する理解 ・社会福祉共同募金の背景、組織把握
	地域社会福祉運動	・地域社会福祉運動の概念 ・地域社会福祉運動の類型 ・地域社会福祉運動の団体	・地域社会福祉運動の概念の把握 ・地域社会福祉運動の特性、類型に対する理解 ・地域社会福祉運動団体の現状の把握
地域社会福祉の展望と課題	地域社会福祉の課題	・地域社会福祉の環境の変化 ・韓国の地域社会福祉の課題	・地域社会福祉の環境の変化に対する理解 ・韓国の地域社会福祉の課題の考察

4 「地域社会福祉論」の教科目の教授学習方法及び授業資料

① 地域社会福祉の主要な内容に関する理論講義と発表、討論を中心に授業を行う。
② 養成校教員は、学習者が地域社会福祉関連の新聞記事をスクラップし、記事の内容に対する自身の意見を記述し、報告書を作成できるようにする。
③ 養成校教員は、学習者が現行の韓国の地域社会福祉運動団体の実態を分析できるように地域社会福祉運動団体とオリニジップの連携方案について討論を進める。
④ 養成校教員は、学習者が地域社会福祉館を訪問し、社会福祉士を含む職員の勤務環境と業務を観察し、社会福祉士と面談し、地域社会福祉館の機能と役割に関する現場学習結果報告書を作成できるようにする。
⑤ 養成校教員は、テレビニュース、ドキュメンタリー等の多様な映像媒体を通して紹介された地域社会福祉関連の課題や問題等を学習者に提供し、韓国社会の地域社会福祉の懸案に対する関心を誘導し、論議する。

授業資料

① 年度別の社会福祉館の現状の資料
② 在宅福祉ボランティアサービスの伝達体系図
③ 主要な募金機関別の民間社会福祉資源の規模
④ 年度別の社会福祉共同募金会の募金及び配分に関する現状の資料
⑤ 地域社会組織化の事例

5 「地域社会福祉論」の教科目の適用時の留意点

① 「地域社会福祉論」は、地域社会を介入の単位とし、社会福祉の実践過程と記述を直接的に扱う教科目であるため、オリニジップと家庭及び地域社会との連携の内容を扱う保育関連教科目を履修した後に受講することが望ましい。

② 養成校教員は、地域社会福祉関連の主題を講義で紹介する際、韓国の地域社会福祉の現状と事例だけではなく、外国の地域社会福祉の現状と事例を一緒に扱い、学習者が韓国の地域社会福祉の発展のための示唆点を模索し、発展方向を論議できるようにする。

③ 乳幼児保育の効果は、オリニジップの努力だけではなく、オリニジップと家庭及び地域社会が互いに連携し、協力する時、より拡大されるため、地域社会福祉計画で乳幼児を対象とする児童福祉の実践計画を強調する必要がある。特に、児童福祉の実践計画でひとり親家庭、祖孫家庭、多文化家庭等のニーズを考慮する必要があると強調する。

6 「地域社会福祉論」の教科目の参考資料

① 保健福祉部（2020）『2020年 社会福祉館運営関連の業務処理案内』
② 保健福祉部（2020）『2020年 児童分野の事業案内』
③ 女性家族部（2020）『2020年 青少年事業案内』
④ 社会福祉共同募金会（http://www.chest.or.kr）
⑤ 地域児童センター中央支援団（https://www.icareinfo.info）
⑥ 青少年支援センター夢ドリーム（http://www.kdream.or.kr/index.asp）
⑦ 韓国老人福祉館協会（http://www.kaswcs.or.kr）
⑧ 韓国社会福祉館協会（http://kaswc.or.kr）
⑨ 韓国社会福祉協議会（http://kncsw.bokji.net）
⑩ 韓国女性政策研究院（http://www.kwdi.re.kr）
⑪ 韓国ボランティアセンター協会（http://www.kfvc.or.kr）

保育実務領域

保育実務領域の運営概要

　保育実務領域の履修科目は、必修教科目である「児童の観察及び行動研究」と「保育実習」である。本領域は、多様で体系的な実務能力の実習を通して、予備保育教師の実践的な知識を養うようにした。「児童観察及び行動研究」は、児童の行動を観察記録し、解釈するための理論の習得と同時に、観察・記録の実習を通じて児童の行動を理解し、保育課程の計画や相談等に活用する実際を経験する教科目である。何より保育実習に先立ち、実習時の観察記録、日誌記録の基礎能力を養うための前提科目である。「保育実習」は、予備保育教師が保育実習生としての姿勢と態度を身につけ、先に履修した教科目の知識・技術・態度を総合して保育実習の準備を整えるために設けた教科目で、理論授業と6週間の保育現場実習で構成されている。本章では、この2科目の教科目の概要を提示する。

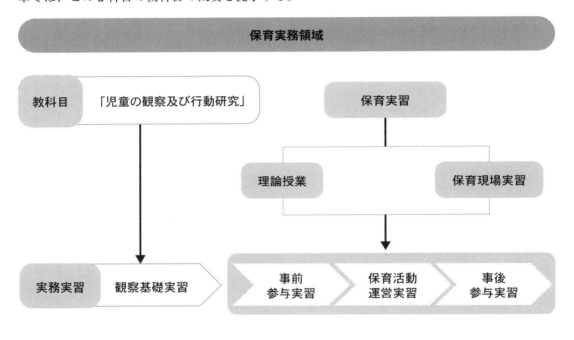

1　児童の観察及び行動研究　　対面必修

1　「児童の観察及び行動研究」の教科目の概要

　「児童の観察及び行動研究」は保育実務領域の科目の一つで、保育現場で乳幼児を観察し、乳幼児の行動を研究するために必要な理論の習得と観察・記録の実習を通し、実際に適用できる力量を養うための科目である。乳幼児に適合した観察法と研究方法を学習し、現場で保育の実際を直接経験することで、保育教師の観察者及び研究者としての役割を探求し、保育日誌の

記録のような観察の基礎能力を培うことに目的がある。そのため、予備保育教師はオリニジップで直接、乳幼児の行動を観察して記録し、解釈を試みる。また、観察記録と一緒に収集された多様な資料がオリニジップでどのように保育課程の運営と相談に活用されるのか、多様な事例を確認する。

2 「児童の観察及び行動研究」の教科目の目標

① 「児童の観察と行動研究」の目的と意義を理解する。
② 乳幼児期の発達的な特性と状況を考慮した多様な観察技法の理論と実際を習得する。
③ 児童の行動とニーズを把握し、現場の改善のために多様な研究法の用例を理解する。
④ 児童の観察及びその他の資料を保育課程と家族支援に活用する事例を考察し、保育教師の役割を熟知する。
⑤ 保育日誌の記録と保育実習に必要な観察の基礎能力を養う。

3 「児童の観察及び行動研究」の教科目の内容

★：対面推奨

大主題	小主題	対面	核心概念	主要な内容
児童の観察及び行動研究の基礎	児童の観察及び行動研究の意義		・児童の観察及び行動研究の概念と目的 ・オリニジップにおける児童の観察及び行動研究の意義	・児童の観察及び行動研究の概念と目的を理解する ・オリニジップにおける観察と行動研究の必要性と価値の考察
	児童の観察及び行動研究の倫理		・児童の観察及び行動研究の科学的アプローチ ・児童の観察及び行動研究の倫理的アプローチ	・児童研究における誤りと科学的アプローチの必要性の認識 ・児童研究における倫理的な誤りと研究倫理の必要性の探求
児童の観察の理解	観察の特性及び手続き		・児童の観察の特性 ・観察の手続き ・観察時の留意事項	・オリニジップにおける乳幼児の発達と状況を考慮した観察の手続きの把握 ・オリニジップでの乳幼児の特性を考慮した観察の難しさと留意事項の熟知
	観察の方法		・記録法（日誌、エピソード） ・測定法（行動目録、評定） ・集計法（出来事、時間）	・オリニジップの現場で求められる日誌記録、エピソード記録、行動目録、行動評定、時間標集、時間標集等の観察内容、類型と方法の実際
	保育現場での観察の活用		・児童の個別的なニーズを把握する資料 ・保育課程の計画のための評価資料 ・家庭との協力のための情報	・オリニジップで個別的なニーズを反映するための観察の内容及び結果の解釈の活用事例を調べる（例：新入園児の適応プログラム） ・保育課程の運営時、観察のアセスメント及び評価の資料として活用する事例を調べる（例：ヌリ課程を基礎とした幼児評価） ・家庭の育児支援の情報提供及び相談資料として活用する事例を調べる

PART IV　保育実務領域

児童の行動の理解	行動研究の特性及び方法		・児童の行動研究の特徴 ・行動研究の設計 ・行動研究時の留意事項	・オリニジップでの乳幼児を対象とする行動研究の性格及び特性を理解する ・対象、主題、状況による行動研究の設計と方法を考察する ・行動研究の時に守るべき倫理と考慮すべき点
	行動研究の方法の理解		・事例研究 ・調査研究 ・実験研究	・オリニジップで行われる多様な行動研究方法を考察する ・研究の問題による適合した研究方法を考案し設計する
	保育現場における行動研究の活用		・児童の成長と変化の質的な事例報告 ・保護者の要求度及び満足度の調査報告 ・プログラムの効果測定報告	・オリニジップの現場で活用する行動研究の事例を調べる ・不適応行動の減少及び期待行動の増加のような事例研究を調べる ・保護者の要求及び満足度調査のような調査研究の事例を調べる ・プログラムの開発及び効果検証の実験研究の事例を調べる
現場観察の実際	環境観察実習	★	・室内外の物理的な環境観察 ・健康と安全に関連する環境観察 ・興味領域別の教材教具の観察	・近隣の優秀なオリニジップを訪問し、物理的な環境の構成、健康と安全のための環境、興味領域別の教材教具の配置等を観察し、報告書を作成する
	乳児クラス参与観察実習Ⅰ	★	・日課運営の観察及び記録 ・相互作用の観察及び記録	・オリニジップの乳児クラスの物理的な環境構成と人的環境、日課運営、「保育教師と乳児」、「乳児と乳児」間の相互作用及び保育教師の役割等を多様な観察方法を使用して記録し、報告書を作成する
	幼児クラス参与観察実習Ⅱ	★	・日課運営の観察及び記録 ・相互作用の観察と記録	・オリニジップの幼児クラスの物理的な環境構成と人的環境、日課運営、「保育教師と幼児」、「幼児と幼児」間の相互作用及び保育教師の役割等を多様な観察方法を使用して記録し、報告書を作成する
児童の観察と実習事例の発表	児童の観察資料の収集と活用事例		・ポートフォリオの作品分析 ・個別児童観察記録の作成と保管 ・父母面談及び相談資料 ・保育日誌の記録及び保育課程評価の記録	・オリニジップで一般的に多く活用する観察資料について調べ、収集、分析、解釈及び活用の事例を直接参観した後、報告書を作成する
	実習事例の発表		・実習の価値と意味 ・実習の過程と手続き ・実習事例の発表	・実習の価値と意味を認識する ・実習の過程と手続きに対する理解 ・実習の優秀報告書を調べる ・観察及び資料収集、実行、評価、代案の模索等の実習過程による実習事例の討論

4 「児童の観察及び行動研究」の教科目の教授学習方法及び授業資料

① 理論の講義、保育現場での観察実習、保育日誌作成の実習、実習事例の発表を中心に授業を行う。

② 養成校教員は、学習者が訪問できる周辺の優秀なオリニジップと連携して、予備保育教師として保育環境、乳児クラス保育教師の相互作用、幼児クラス保育教師の相互作用、観察資料の活用事例等を直接観察できるようにする。

③ 養成校教員は、保育現場を基盤に学習した児童の行動研究法が現場で適用された事例、具体的には、実際の保育教師が発表した現場研究の事例や保育課程の評価と父母相談に活用したポートフォリオ等を通して観察できるようにする。

授業資料

① 観察技法による道具及び観察の記録紙
② 保育実習日誌の様式
③ 観察に関連するオリニジップ評価制指標の目録
④ オリニジップ現場の訪問時の観察内容の目録
⑤ 保育実習の事例、現場研究の事例、研究計画書の様式

5 「児童の観察及び行動研究」の教科目の対面授業の運営方案*

① 保育環境の観察実習は、近隣の優秀なオリニジップを訪問し、0〜5歳のクラス別の環境、共用の空間環境等で、室内・外の物理的な施設と設備、健康・栄養・安全に関連する環境の点検事項、興味領域別の教材教具の配置等を綿密に観察し、報告書を作成できるようにする。

② 乳児クラスの参与観察実習は、近隣の優秀なオリニジップを訪問し、乳児クラスの物理的な環境構成と人的環境、日課運営、「保育教師と乳児」、「乳児と乳児」間の相互作用及び保育教師の役割等を多様な観察方法を使用して記録し、報告書を作成できるようにする。

③ 幼児クラスの参与観察実習は、近隣の優秀なオリニジップを訪問し、幼児クラスの物理的な環境構成と人的環境、日課運営、「保育教師と幼児」、「幼児と幼児」間の相互作用及び保育教師の役割等を多様な観察方法を使用して記録し、報告書を作成できるようにする。

④ 本授業は実習領域に含まれるため、学生の現場への理解を深めるための観察実習の形態で運営を計画することを推奨する。しかし、養成機関の特性によって、複数の学生が一つの機関に観察しに行くことが難しい状況や、学生が個別にオリニジップを訪問して観察しなければならない状況の場合、参観報告書を作成した後、所感を発表し、討論する形態で行うことができる。

＊対面教科は8時間以上の出席授業と1回以上の出席試験を実施しなければならない。

1週	環境観察実習
教科目標	・オリニジップの保育環境について体験する。
教科内容	・各年齢の乳幼児のための室内外の施設設備、健康・栄養・安全の点検事項、興味領域等を観察する。
教授学習方法	・オリニジップの現場訪問 ・養成校教員とオリニジップ園長による説明と質疑応答 ・参観の内容とこれまで学んだ理論の参照、観察記録報告書の作成
2週	乳児クラスの参与観察実習Ⅰ
教科目標	・乳児クラスの保育の実際を観察し、実習する。
教科内容	・0歳、1歳、2歳の乳児クラスを直接訪問し、半日以上の参与観察をする。
教授学習方法	・乳児クラスの物理的環境の観察 ・乳児クラスの人的環境（おとな対児童の比率） ・日課運営 ・保育教師と乳児の相互作用 ・乳児と乳児間の相互作用 ・保育教師の役割 ・参観の内容とこれまで学んだ理論の参照、観察記録報告書の作成
3週	幼児クラスの参与観察実習Ⅱ
教科目標	・幼児クラスの保育の実際を観察、実習する。
教科内容	・3歳、4歳、5歳の幼児クラスを直接訪問し、半日以上の参与観察をする。
教授学習方法	・幼児クラスの物理的環境の観察 ・幼児クラスの人的環境（おとな対児童の比率） ・日課運営 ・保育教師と幼児の相互作用 ・幼児と幼児間の相互作用 ・保育教師の役割 ・参観の内容とこれまで学んだ理論の参照、観察記録報告書の作成

6 「児童の観察及び行動研究」の教科目の適用時の留意点

① 「児童の観察及び行動研究」は、保育実習領域の保育実習とともに乳幼児の保育現場を直接、経験するための教科目の性格を持つ。

② 「児童の観察及び行動研究」の多様な方法は、保育現場で直接使用される知識と技術であるため、熟知できるようにする。

③ 保育現場で活用される観察記録と行動研究の事例を直接見て、保育教師の職務と密接な関連があることを強調する。

④ 学習者が観察現場を直接依頼するのではなく、養成機関が質的に検証された優秀なオリニジップを公式に依頼し、指導する。

⑤ 観察後、見て感じたことについて報告書を作成し、討論することで、観察の意味を反省的

に解釈できるようにする。

7 「児童の観察及び行動研究」の教科目の参考資料

① ロバート・ルートバーンスタイン、ミシェル・ルートバーンスタイン（2007）『思考の誕生中思考ツール1 観察』エコの書斎、pp.55-80
② カン・ウンジ、イ・ミファ、エ・ハンナ（2019）『ヌリ課程の効果性の分析研究（Ⅱ）：ヌリ課程改訂によるKICCEの幼児観察尺度の開発』育児政策研究所
③ 教育部・保健福祉部（2019）『2019 改訂ヌリ課程 遊びの実行資料』
④ EBS（2006）「知識チャンネル e. 目の錯覚（映像資料）」

---

2 保育実習

保育実習（理論授業）

1 「保育実習」の教科目の概要

　「保育実習」は、保育教師になるための必修科目として、国が発給する保育教師資格証を取得するための必須要件となる科目である。保育実習の目的は、学習者が養成教育機関で学んだ理論と知識を現場で実際に適用し、保育教師の役割を直接経験することにより、良質の保育教師になるための進路意識を持つことにある。保育実習は3学点を基準とする教科目で、養成教育機関で実習の過程及び内容について熟知し、準備する理論授業と、実習機関で保育教師の役割と実務を直接経験する6週間の保育現場実習を含む*。これらにより、本教科目では、保育実習の重要性の認識、保育実習の計画と準備、そして保育実習の過程に沿って必要な知識、技術、態度と価値を扱い、予備保育教師としての力量を養う。

　　＊「保育実習」の教科目は3学点を基準（最低2学点以上）とし、保育実務領域の履修学点の基準（2科目6学点）を満たさなければならない。教育訓練施設の場合、4学点に該当する。「保育実習」の教科目は、「嬰幼児保育法施行規則［別表4］の保育実習に関する基準」に従い、理論授業と6週間240時間の保育現場実習で運営する。

2 「保育実習」の教科目の目標

① 保育実習の目的と意義、保育実習の法的基準を把握し、その重要性を認識する。
② 保育実習の進行過程、行政手続き[25]及び必要書類を熟知し、保育実習に向けて滞りなく準備する。
③ 保育実習生の役割、勤務態度及び倫理を熟知し、実習生としての姿勢を整える。
④ 実習機関としてのオリニジップの特性、日課及び保育課程の運営、日常生活及び遊び・活動の支援と健康・栄養・安全管理等、保育実習の現場と保育教師の役割に対する理解を深める。

PART IV　保育実務領域

⑤ 保育実習の文書の実務に該当する実習日誌、観察記録紙、評価書等の作成方法を学ぶ。

⑥ 保育実習の全般に対する評価方法と事後管理を熟知し、資格証の発給に支障がないように点検する。

3 「保育実習」の教科目の内容

★：対面推奨

大主題	小主題	対面	核心概念	主要な内容
保育実習の基礎	保育実習の概要		・保育実習の目的と意義 ・保育実習の法的基準	・保育実習の目的と意義の考察 ・保育の法的基準に関連する要件の把握
	保育実習の進行		・保育実習の過程 ・必要書類と行政の手続き	・保育実習の手続き（依頼、選定、公文書発送、オリエンテーション、実習、指導教員の訪問指導、評価及び事後管理等） ・養成機関による行政伝達システムの熟知
	保育実習生の姿勢と役割		・実習生の役割 ・実習生の勤務態度 ・実習生の倫理	・実習生の役割の理解 ・実習生が守るべき勤務態度、言葉遣いと身だしなみ等の規定 ・実習生の倫理規定の理解及び遵守
保育実習現場の理解	実習オリニジップの類型と保育サービスの理解		・オリニジップの設立類型 ・オリニジップの保育サービス	・オリニジップの設立類型、地域社会のニーズの把握 ・オリニジップの多様な保育サービス（障碍乳幼児統合保育、時間延長保育、時間制保育、休日保育等）
	日課運営の理解		・乳児クラスと幼児クラスの日課運営 ・乳児クラスと幼児クラスの保育教師の役割	・乳児クラスの登園から降園までの日課に応じた保育教師の役割の理解 ・幼児クラスの登園から降園までの日課に応じた保育教師の役割の理解
	保育課程の適用		・標準保育課程の適用	・乳児クラスの標準保育課程の適用の実際 ・幼児クラスの標準保育課程の適用の実際
	日常生活と健康・栄養・安全の支援		・乳幼児の日常生活の経験及び保育教師の支援 ・健康、栄養、安全のための保育教師の支援	・乳児の日常生活の経験及び保育教師の支援 ・幼児の日常生活の経験及び保育教師の支援 ・健康、栄養、安全のための保育教師の支援
	遊びの支援		・乳幼児の遊び経験及び保育教師の支援 ・領域別の遊び経験及び保育教師の支援	・乳児の遊び経験及び保育教師の支援 ・幼児の遊び経験及び保育教師の支援 ・領域別の遊び経験及び保育教師の支援
	活動の支援		・乳幼児の活動の理解及び保育教師の支援	・乳児クラスの活動の理解及び保育教師の支援：非意図的な小集団活動・計画された小集団活動・転移活動時の小集団活動（手遊び・歌唱・身体遊び等） ・幼児クラスの活動の理解と保育教師の支援：大小集団活動（話し合い・文学・音律・身体・数科学・美術・料理・ゲーム等）

	観察記録の作成	★	・観察記録作成の実際	・観察記録の価値、作成方法及び留意点
保育実習生の文書の実務	実習日誌の作成と評価	★	・実習日誌作成の実際 ・自己評価の重要性 ・自己評価の実際	・実習日誌の作成の価値、作成方法及び留意点 ・評価記録の価値 ・反省的な思考を活用した評価の内容と方法
	保育計画の作成	★	・保育計画作成の重要性 ・保育計画作成の実際	・保育計画作成の価値 ・保育計画（日常生活・遊び及び活動支援計画、半日及び終日の保育計画）作成及び留意点
保育実習の評価と管理	保育実習の評価及び事後管理		・保育実習評価の目的 ・保育実習の評価 ・保育実習の事後管理	・保育実習評価の目的の理解 ・保育実習の評価設計（実習生の自己評価、オリニジップの実習評価会、指導教員の訪問評価、実習指導保育教師の評価、養成教育機関での実習評価会等） ・保育実習の成績処理の方法（評価の領域と比重、実習点数の反映比率） ・保育実習の事後管理の理解（実習関連文書と資料等の保管、実習記録台帳の作成、資格証の申請方法の案内）

4 「保育実習」の教科目の教授学習方法及び授業資料

① 実務領域の教科目であるため、実習するオリニジップと保育教師の役割を中心にした具体的な実例中心の講義が効果的である。

② 養成校教員は、関係法令、保育事業案内と韓国保育振興院のホームページ等を検索し、実習の責務と留意事項について熟知できるよう強調する。

③ 養成校教員は、学習者が優秀なオリニジップで実習できるよう、実習機関の質と実習過程及び内容を考慮して割り当て、保育実習マニュアルに準じた実習が忠実に行われているかをモニタリングする。

④ 養成校教員は、学習者が保育実習生として身につけなければならない資質と力量を十分に準備できるよう、実習過程全般の役割の熟知と文書の実務能力の程度を点検する。

⑤ 先輩とのメンタリングを通して実習過程に対する経験を共有する時間を持ってもよい。

授業資料

① 保健福祉部（2020）『第4次オリニジップ標準保育課程 解説書』
② 教育部・保健福祉部（2019）『2019 改訂ヌリ課程 解説書』、『2019 改訂ヌリ課程 遊びの理解の資料』、『2019 改訂ヌリ課程 遊びの実行資料』
③ 保育実習マニュアル
④ 先輩たちの保育実習の日誌と活動計画案
⑤ オリニジップの日課と保育教師の役割に関する映像資料

PART Ⅳ　保育実務領域

5　「保育実習」の教科目の対面授業の運営方案

① 保育実習の日誌は、6週間の保育実習の期間中、実習生として観察し、経験する実習全般の内容を記録する重要な公式文書であり、実習生は実習日誌の作成の文書実務を学ばなければならない。

② 保育運営の実習のために日常生活・遊び及び活動支援を計画し、半日及び終日の保育を計画する過程は、乳幼児の発達、保育課程、日課運営及び活動の特性に対する理解が求められる。保育実習マニュアルの指針に沿って、乳児クラスと幼児クラスの運営の特性と乳幼児の興味を考慮した保育教師の支援及び日課運営の計画を作成する。

③ 実習生として自己評価の重要性と自己評価の内容と方法を熟知できるようにする。特に反省的な思考を活用した所感の記録の実際を扱う。

1 週	観察記録の作成
教科目標	・保育実習における観察記録の作成方法を熟知する。
教科内容	・観察記録の方法を学ぶことができるように、記録すべき事項と内容水準及び留意事項に対する文書様式に直接記録し、練習する。
教授学習方法	・保育実習日誌の事例を検討し、学習した観察記録の作成方法に従って観察記録を直接作成する。
2 週	実習日誌の作成と自己評価
教科目標	・保育実習日誌の作成方法を熟知する。 ・保育実習における自身の役割と実務について、反省的に思考し、自己評価用紙に記録する。
教科内容	・保育実習日誌の作成の重要性と記録方法を学ぶことができるよう、記録すべき事項と内容水準及び留意事項について文書様式に直接記録し、練習する。 ・実習教師として参与し、感じた点、観察して感じた点、活動を計画し実行して感じた点等について、自己評価の記入（例：反省的な記録）を通して実践的な知識を習得する。
教授学習方法	・保育実習日誌の事例を検討し、適切な部分と不適切な部分について討論する。保育実習マニュアルに添付されている保育実習日誌の様式を使用し、仮の保育実習日誌を作成する。 ・他の保育実習生の実習日誌に記入された所感文の検討、実習生の記録事例の検討、記録の作成方法の案内及び記録を直接作成する。
3 週	保育計画の作成
教科目標	・保育計画の重要性を知り、仮の観察記録及び実習日誌を考慮して保育計画を作成する。
教科内容	・乳幼児の発達と日課の特性を考慮した日常生活の支援計画と乳幼児の興味と関心を考慮した遊び及び活動の支援計画を作成する。 ・日常生活、遊び及び活動の支援計画を基に、半日及び一日の保育実習に必要な保育計画を作成する。
教授学習方法	・保育実習の日誌の事例を検討し、乳幼児の興味と関心・クラスの特性を考慮した保育教師の支援と保育課程の運営の適切な部分と不適切な部分について討論する。 ・保育実習マニュアルに添付されている実習日誌の様式を使用して、仮の日常生活、遊び及び活動の支援計画を作成する。

158

6 「保育実習」の教科目の適用時の留意点

① 「保育実習」の教科目は、保育実習の適切な運営と不可分の関係にあることを理解し、実習機関との実習過程と内容について協力できるようにする。

② 他の教科目とは違い、保育実習の教科目の担当教員には、強い責任感とともに、保育実務の経験から出てくる指導能力が要求される。保育実習の計画、準備、6週間の実習指導、評価、事後管理に至るまでの保育実習の全過程に対する設計等を円滑に行うことができる行政力とともに、学習者の実習生としての特性、能力、条件等も十分に把握し、無事に保育実習を終えることができるよう、温かく誠実な実習指導をしなければならない。

③ 観察日誌の記録部分を扱う際には、保育実務領域の「児童の観察及び行動研究」の教科目と連係して深化・拡張できるようにする。

④ 養成機関によって6週間の保育実習の運営を「保育実習Ⅰ」、「保育実習Ⅱ」のように別途の教科目として運営しようとする場合には、上記の13週目に該当する内容を各科目に適切に分けて配置し、運営できるようにする。

7 「保育実習」の教科目の参考資料

① 保健福祉部・育児政策研究所（2016）『保育教師養成課程及び保育実習マニュアルの研究』
② 保健福祉部・韓国保育振興院（2017）『養成教育機関・オリニジップでの保育実習指導』
③ 保育教職員の国家資格証ホームページ（http://chrd.childcare.go.kr）

保育実習（保育現場実習）

1 保育現場実習の概要

（1）実習の履修時期

　保育現場実習は、「保育実習」の教科目が開設された学期中（直前及び直後の休み期間を含む）に必ず実施しなければならない。保育現場実習は2回に分けて実施することができる。6週間を1つの機関で全て実習してもよいし、2週間と4週間、3週間と3週間、4週間と2週間等に分けて1つの機関、あるいは2つの機関に分けて実習してもよい。ただし、6週間（240時間）の実習期間中は、月曜日から金曜日まで連続して勤務しなければならない。保育現場実習を2学期に分けて実施する場合、「保育実習Ⅰ・Ⅱ」として開設し、「保育実習Ⅰ・Ⅱ」の学点は、3学点を基準（最小2学点以上）に分割する。保育実習の期間は、2つの期間を合算して合計6週間、240時間以上の実習を行った場合に認められる。

（2）実習時間

　大学等の養成機関では2017年1月1日以降から、教育訓練施設では2016年8月1日以降の

入学者から、保育実習は6週間、240時間以上を実施しなければならない。平日の午前9時から午後7時の間に行った場合のみ認められ、保育実習時間は1日8時間で保育実習機関の運営中に実習を行わなければ実習時間として認められない。従って、週1回の保育実習、または週末実習等の特定の曜日のみ保育実習を行うことや、午前9時以前と午後7時以降や夜間に実習をし、240時間以上になったとしても保育実習を履修したとは認められない。

(3) 実習機関の選定

保育実習機関は下記の法的基準を満たさなければならない。また、養成機関は最近の数年間、保育実習を行った後、実習評価会の評価結果を基に実習指導が円滑で優秀なところを選定できるようにする。

① 保育実習を開始する時点で保育定員が15名以上であり、評価制の評価結果がA、B等級（または評価認証の維持）のオリニジップ
② 教育課程と放課後課程を運営する幼稚園

もし、2つの機関で実習を行う場合、全ての実習機関の要件を満たした機関でなければならない。また、それぞれの機関に対する実習関連書類を備え、行政手続きを経なければ保育実習として認められない。幼稚園で現場実習をした場合でも、2週間以上はオリニジップの乳児クラスでの現場実習を推奨する。

(4) 実習指導教師の基準

保育実習は保育教師1級または幼稚園正教師1級の資格を有する者が指導しなければならず、実習指導教師1名当たりに、保育実習生は3名以下とする。

表Ⅳ－1 保育実習の法的基準

領　域	基　準
実習運営	理論授業と保育現場実習で運営
実習期間	6週間240時間（2回に分けて実施可能）
実習機関	・定員15名以上で、保育実習開始時の評価制の評価結果A、B等級（または従来の評価認証を維持している）オリニジップ ・放課後課程を運営する幼稚園
実習指導教師	・保育教師1級または幼稚園正教師1級 ・実習指導教師1名につき、保育実習生3名以内の指導
実習認定時間	・平日（月曜日～金曜日）午前9時～午後7時 ・実習時間は1日8時間とする
実習の評価	・保育実習日誌と実習評価書の作成 ・評価点数80点以上

（5）保育現場実習の行政手続き

図Ⅳ−1 保育現場実習の行政手続き

保育実習の関連内容	実行主体	順番
保育実習申請書の提出	学生 → 保育担当教員	①
実習機関の選定	養成教育機関と学生との協議	②
実習協力公文書の発送	養成教育機関 → 保育実習機関	③
実習同意書の受領	保育実習機関 → 養成教育機関	④
保育実習生の傷害保険の加入（推奨事項）	養成教育機関 → 保険会社	⑤
実習費の送金	養成教育機関 → 保育実習機関	⑥
養成教育機関での実習生の事前教育	養成教育機関 → 学生	⑦
実習生身上カード、誓約書、自己紹介書の作成 指導、実習日誌及び実習関連書類の伝達	養成教育機関 → 学生	⑧
実習生の実習機関への事前訪問及び事前教育	実習機関 → 学生	⑨
各種書類の伝達 （実習生身上カード、誓約書、自己紹介書、 保育実習確認書、保育実習評価書、 実習費領収書様式、健康診断結果書）	養成教育機関→学生→実習機関	⑩
6週間の実習実施	実習機関 → 学生	⑪
各種書類の伝達 （保育実習確認書、実習結果報告書、実習費領収書）	実習機関→学生→養成教育機関	⑫
保育実習日誌の提出	学生→養成教育機関	⑬
保育実習評価会及び保育実習の終了		⑭

PART IV 保育実務領域

2 保育現場実習の運営計画

(1) 保育現場実習の計画時の準備事項

円滑な保育現場実習の運営のため、養成教育機関が保育実習で準備する事項は次の通りである。

図IV-2 保育実習計画時の準備事項

区分	養成校教員及び養成教育機関	学生
内容	・保育実習機関の依頼、選定 ・保育実習生の傷害保険の加入（推奨事項） ・養成教育機関の実習の事前教育の実施 ・保育実習費の支払い ・保育実習生の健康診断結果書の発行指導 ・性犯罪経歴の照会及び児童虐待関連犯罪前歴照会の案内 ・保育実習オリエンテーション	・実習機関の事前訪問及び事前教育 ・書類作成及び実習機関への書類伝達 ① 保育実習生 身上カード ② 保育実習生 誓約書 ③ 保育実習生 自己紹介書（必要な場合） ④ 保育実習費 領収書 様式 ⑤ 保育実習確認書 様式 ⑥ 保育実習評価書 様式 ⑦ 保健所の感染性疾患に対する健康診断結果書（旧保健証）
書類及び準備物	・保育実習 申請書 ・保育実習 協力公文書 ・保育実習 同意書 ・保育実習生 身上カード ・保育実習 自己紹介書（必要な場合） ・保育実習 誓約書 ・保育実習確認書 ・保育実習評価書 ・保育実習費 領収書 ・保育実習日誌の作成（機関現状、出勤簿等を含む）	・名札（養成教育機関名、保育実習生の氏名） ・上履きまたはフットカバー（必要な場合） ・室外遊び用の靴（必要な場合） ・着替え（必要な場合） ・保育実習日誌及び筆記用具

(2) 保育現場実習のための事前教育

1) 養成教育機関の保育現場実習の事前教育

養成教育機関は、「保育実習」教科目の理論授業と現場保育実習のオリエンテーションを通して予備保育実習生に現場保育実習の過程と、それに必要な書類及び準備物の目録、実習中の問題発生時の解決方法、実習後の事後処理方案について詳しく案内する。休み中に保育現場実習を行う場合も、事前教育を通して詳細な事項を熟知した上で実習に臨めるよう指導する。

事前教育資料

① 保育実習指導の指針書、改訂標準教科書の概要
② 保育実習の指導計画の策定
③ 保育実習機関の設立目的、保育哲学及びプログラム、運営方針の資料
④ 保育実習機関の現状（保育教職員、乳幼児、施設及びクラス編成の現状等）の資料
⑤ 施設設備、備品に対する説明及び使用規則
⑥ 保育実習時の注意事項の案内書

---

2) 実習指導機関における保育現場実習の事前教育

　6週間の保育現場実習が実施される前に、実習指導機関は、保育実習生に1回以上の事前教育を実施し、保育現場実習が円滑に行われるように準備する。事前教育の手順は次の通りである。まず、保育実習生は実習を開始する1週間前に、割り当てられた実習機関に前もって電話で訪問を約束した後、決められた時間に訪問し、事前教育を受ける。実習指導機関では、事前教育は当該機関の園長または実習指導保育教師が担当できるよう準備する。

　実習指導機関は、事前教育の際、実習機関の保育哲学及び運営方針等に対する案内を受け、保育実習担当の指導保育教師とクラスについての事前情報を基に、保育実習に対する心構えと関連資料を準備できるように指導する。事前教育で扱われる内容は以下の通りである。

園長の事前教育

① 実習指導機関の保育哲学及びプログラムの運営方針の案内
② 実習指導機関の現状（保育教師、乳幼児、施設）の案内
③ 保育実習機関の保育教職員の紹介
④ 各実習生の保育実習担当クラスの特性（年齢、人数、男女比、乳幼児の特性、一日の日課等）及び担当指導保育教師の紹介
⑤ 保育実習の意義及び実習指針の案内
⑥ 保育実習の日程と内容
⑦ 保育実習期間中の行事日程の紹介
⑧ 保育実習機関の施設物及び物品の利用に対する案内
⑨ 保育実習機関の同意のもとで、機関の写真撮影の可能範囲の案内
⑩ 保育実習生の役割及び倫理の案内（乳幼児の肖像権と関連した個人のホームページやブログに乳幼児の写真と名前を掲載しないこと等）
⑪ 実習指導機関で保育実習生の遵守事項及び留意事項の案内（欠席及び遅刻等、問題発生時の処理手続き等）
⑫ 保育実習時に必要な準備物

実習指導保育教師による事前教育

① 保育実習に参与するクラスの構成（年齢、人数、男女比、乳幼児の特性、一日の日課等）の紹介
② 保育実習期間中の年間及び月間保育計画及び行事日程の紹介
③ 保育実習期間中、室内外での保育実習生の役割の案内
④ 保育実習生の保育活動計画の案内
⑤ 保育日誌の作成及び指導の案内
⑥ 安全事故の予防教育の実施（緊急な状況時の対処方法、保育室でのナイフ、グルーガン等の危険な物の使用禁止、投薬禁止等）
⑦ 乳幼児の日常生活指導（給・間食、昼寝、排泄等）に関連した指針の提供
⑧ 保育実習の準備物の案内
⑨ 保育実習時の注意事項の案内
⑩ その他の保育実習に必要な情報の提供

（3）養成教育機関と実習指導機関の保育現場実習のための事前業務の協力

　養成教育機関と実習指導機関の保育現場実習のための協力が円滑に行われるためには緊密な関係が必要であり、養成教育機関は保育実習機関を選定すると同時に、実習機関の園長や主任保育教師に保育現場実習の過程、必要な書類及び手続き、事前教育時に含まれる内容、保育実

PART IV 保育実務領域

習の運営内容、事後管理方案等に対する案内指針を発送し、協力を求める。この他にも、次の事項を特別に案内し、協議できるようにする。

第一に、保育実習費による苦情の発生を防ぐため、保育実習機関の保育実習費の受領に対する内訳と策定方法、支払い方法、領収書の受領等の方法を具体的に提示し、案内する。

第二に、保育現場実習が専門性のある保育教師養成のために実際的な方向で運営されるよう、不適切な保育実習の内容を案内する。

第三に、保育現場実習の際、保育担当指導保育教師や保育実習生によって発生する問題の処理手続きについて協議する。

保育実習費の運営案内

1) **保育実習費の策定方法**
   ① 実習機関で保育実習費を策定し、養成教育機関と学生に内訳を告知し、納付を案内する。実習機関で収納できる保育実習費の内訳は以下の通りである。
      i 実習指導教師の指導手当
      ii 保育実習生の給食費（間食、昼食）
      iii 活動資料に必要な教材教具の製作用の材料費（オリニジップで使用可能な印刷出力、ラミネート及びその他の材料等）
   ② また、保育実習中は、可能な限り保育実習機関で持っている物品と設備を利用し、教材教具を製作できるようにする。
   ③ 追加費用が発生し、学生の経済的負担が生じないように配慮する。
   ④ 保育実習機関で保育実習費を策定できるようにするが、基準がない場合は養成教育機関で策定することができる。
2) **保育実習費の受領方法及び領収書の発行**
   ① 実習機関の名義（○○オリニジップ、○○幼稚園）の通帳に直接保育実習費が入金され、機関の収入会計として処理することを原則とし、実習費の納付領収書を実習終了後に学生に発行する。
   ② 保育実習費を受け取った保育実習機関では、必ず領収書を発行しなければならない。

不適切な保育実習の内容

保育実習機関の園長と実習指導保育教師は、実習生が将来、有能で専門性のある保育教師になれるよう、最善を尽くして実習を指導しなければならない。実習機関では、実習生に保育実習の趣旨に反する次のような「不適合な業務」を負わせないよう注意を払わなければならない。
① 乳幼児の登園・降園の車輌指導
② 乳幼児の間食及び食事の調理
③ 保育実習指導教師の休暇及び昇級教育時における、保育実習生を代替教師として活用すること
④ 保育活動以外の業務の指示
⑤ 保育実習クラス以外の保育実習機関全体の整理整頓の業務
⑥ 保育実習クラス以外の同年齢クラスのための教材教具の製作
⑦ 乳幼児の応急処置及び病気の乳幼児を病院に連れて行くこと
⑧ 学父母相談
⑨ 午前・午後の合同保育担当

3 保育現場実習の進行過程

以下は、6週間（30日240時間）による保育実習の進行事例である。養成教育機関と保育実習指導機関の状況に応じて選択し、実施する。

図Ⅳ-3 保育現場実習の運営模型（案）

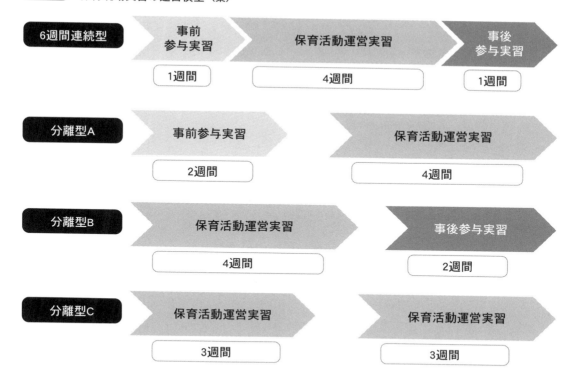

(1) 6週間連続型（案）

以下は、6週間連続の保育現場実習の実行例である。

表Ⅳ-2 6週間連続型の保育現場実習の例示案

区　分		内　容	
事前訪問と教育		・事前に訪問して実習オリエンテーションを実施する ・保育実習の日程と内容、準備物、準備書類及びその他の留意事項を協議する	
事前参与実習	1週	・オリニジップの運営哲学及びサービス等の特徴を把握すること ・オリニジップ保育教職員との親密感を形成すること ・全年齢のクラスでの参与観察：日課運営、保育環境、乳幼児と保育教師の相互作用等（乳児クラスと幼児クラスを均等に経験。実習機関の指針に沿って順番は柔軟に実施） ・実習日誌の作成と指導保育教師の評価	
保育活動運営実習	2週	・実習クラスの乳幼児と親密感を形成すること ・保育実習生としての役割を遂行すること	
		・実習クラスの観察（日課運営、保育環境、乳幼児と保育教師の相互作用等）	・（日課運営、乳幼児の観察、保育教師の役割の観察を通して）日常生活支援の計画 ・（遊びの観察を通して）遊び支援の計画

PART IV　保育実務領域

	3週	・日常生活支援の実習 ・遊び支援の実習 ・自己評価及び指導保育教師の評価 ・幼児クラス：（遊びの観察を通して）活動支援の計画		
	4週	・日常生活支援の実習 ・遊び支援の実習 ・幼児クラス：活動支援の実習 ・半日保育計画の協議及び評価 ・自己評価及び指導保育教師の評価		
	5週	・半日保育の運営 ・終日保育計画の協議及び評価 ・終日保育の運営 ・自己評価及び指導保育教師の評価		
事後 参与実習	6週	・参与観察 ・実習教師（実習生）の役割を遂行すること ・実習日誌の作成及び参観経験に対する記録を作成すること	最終のオリニジップ実習の評価会（園長、指導保育教師等の参与）	実習日誌及びその他の実習関連書類の提出

（2）分離型（案）

　参与実習は、6週間の保育現場実習の期間中に継続的に行われる。保育実習生としての活動を指導する保育活動運営実習を行う4週間を除いた、他の年齢のクラスで乳幼児の発達的特性を経験し、それを反映した日課の流れ及び保育教師の役割を経験するための参与観察の時間をいう。実習の指導保育教師だけではなく、各クラスの担任保育教師の案内と指導を推奨し、実習生の参観内容や経験に対する反省的思考を支援する。従って、参与観察の主な内容は、乳幼児の年齢に沿った保育室の環境構成の特性、一日の日課の進行、乳幼児の発達特性、担任保育教師の役割及び乳幼児との相互作用を含む。参与観察をする間、実習生は乳幼児と親密な関係を形成し、乳幼児に対する理解及び保育教師としての業務を把握する。

1）分離A型：事前参与実習の事例（2週間の事前参与実習＋4週間の保育活動運営実習）

　本実習の開始前に、まず2週間の参与実習をし、4週間の本実習を行う形態の実習過程である。この類型は、実習生が保育実習期間中に、全ての年齢のクラスで参与観察を行い、年齢別乳幼児の発達的な特性に応じた日課運営の流れと保育教師の役割を学ぶことができるようにする。例えば、2歳児クラスで本実習を行う予定の実習生の場合、参与実習をする2週間のうち、0歳児クラスで2日間、1歳児クラスで3日間、3歳児クラスで2日間、4歳児クラスで2日間、5歳児クラスで2日間の参与観察を行う形態である。

　4週間の本実習をするクラスで観察者及び補助保育教師として参与を始める。徐々に一日の日課の一部分の一つの領域での保育活動の開始とともに乳幼児を指導し、徐々に半日や一日の日課全体を通して乳幼児を指導する過程で保育実習を行うことになる。保育実習の進行過程の例を提示すると次のようになる。

表IV−3 分離型Ａの保育現場実習の例示案

区　分		内　容
事前訪問 と教育		・事前に訪問し、実習オリエンテーションを実施する ・保育実習の日程と内容、準備物、準備書類及びその他の留意事項を協議する
事前 参与実習	1 週	・オリニジップの運営哲学及びサービス等の特徴を把握すること ・オリニジップの保育教職員と親密感を形成すること ・全ての年齢のクラスへの参与観察（日課運営、保育環境、乳幼児と保育教師の相互作用等） ・補助保育教師としての役割を遂行すること ・実習日誌の作成及び参観経験に対する記録を作成すること
	2 週	・保育活動運営実習のクラスの観察（日課運営、保育環境、乳幼児と保育教師の相互作用等） ・保育実習教師（実習生）としての役割の遂行 ・実習クラスの乳幼児と親密感を形成すること ・実習日誌の作成及び指導保育教師の評価
保育活動 運営実習	3 週	・（日課運営、乳幼児の観察、保育教師の役割の観察を通して）日常生活支援の計画 ・日常生活支援の実習 ・（遊びの観察を通して）遊び支援の計画 ・自己評価及び指導保育教師の評価
	4 週	・遊び支援の実習 ・幼児クラス：（遊びの観察を通して）活動支援の計画 ・幼児クラス：活動支援の実習 ・自己評価及び指導保育教師の評価
	5 週	・半日保育計画の協議及び評価 ・半日保育の運営 ・終日保育計画の協議及び評価 ・自己評価及び指導保育教師の評価
	6 週	・終日保育の運営 ・自己評価及び指導保育教師の評価 ・最終のオリニジップ実習評価会 ・実習日誌及びその他の実習関連書類の提出

2）分離Ｂ型：事後参与実習事例（4週間の保育活動運営実習＋2週間の事後参与実習）

　事後参与実習は、4週間の本実習と2週間の参観を行う実習である。4週間の本実習を忠実に行った後、2週間の実習をした年齢のクラスを除いた全ての年齢のクラスで参与観察を行う類型である。参与実習が本実習以降に行われるため、年齢別の乳幼児の発達的特性による日課運営の流れを自身の実習経験をもとに学ぶことができるという利点がある。

　例えば、3歳クラスで4週間の本実習をした後、参与実習を行う0歳クラスで2日間、1歳クラスで2日間、2歳クラスで2日間、4歳クラスで2日間、5歳クラスで2日間の参与観察をする形態である。

　保育実習の進行過程の例を提示すると、以下の通りである。

PART IV 保育実務領域

表IV-4 分離型Bの保育現場実習の例示案

区　分		内　容
事前訪問 と教育		・事前に訪問し、事前教育を実施する ・保育実習の日程と内容、準備物、準備書類及びその他の留意事項を協議する
保育活動 運営実習	1 週	・実習クラスの観察（日課運営、保育環境、乳幼児と保育教師の相互作用等） ・実習クラスの乳幼児と親密感を形成すること ・補助保育教師の役割を遂行すること ・オリニジップの運営哲学及びサービス等の特徴を把握すること ・オリニジップの保育教職員と親密感を形成すること ・実習日誌の作成及び指導保育教師の評価
	2 週	・（日課運営、乳幼児の観察、保育教師の役割の観察を通して）日常生活支援の計画 ・日常生活支援の実習 ・（遊びの観察を通して）遊び支援の計画 ・自己評価及び指導保育教師の評価
	3 週	・遊び支援の実習 ・幼児クラス：（遊びの観察を通して）活動支援の計画 ・幼児クラス：活動支援の実習 ・自己評価及び指導保育教師の評価
	4 週	・半日保育計画の協議及び評価 ・半日保育の運営 ・終日保育計画の協議及び評価 ・終日保育の運営 ・自己評価及び指導保育教師の評価
事後 参与実習	5 週	・参与観察（日課運営、保育環境、乳幼児と保育教師の相互作用等） ・補助保育教師の役割の遂行 ・実習日誌の作成及び参観経験に対する記録作成及び指導保育教師の評価
	6 週	・自己評価及び指導保育教師の評価 ・最終のオリニジップ実習評価会 ・実習日誌及びその他の実習関連書類の提出

3) 分離C型：保育活動運営の分離事例（3週間の保育活動運営実習＋3週間の保育活動運営実習）

　保育活動運営実習を分離し、本実習を3週間ずつ分けて実施する類型である。他の保育実習機関で実習を2回に分けて実施を希望する場合に選択できる案であり、3週間の保育活動運営実習を2回に分けて実施すると考えればよい。

　3週間のうち、1週間は参与観察と保育活動の運営計画を主に行い、2週目と3週目には実際の保育活動を実施する形態である。例示案は、乳児クラスで3週間の実習を行った後、幼児クラスで3週間の実習を進行する案である。

表IV-5 分離型Cの保育現場実習の例示案

区　分	内　容
事前訪問 と教育	・事前に訪問し、実習オリエンテーションを実施する ・保育実習の日程と内容、準備物、準備書類及びその他の留意事項を協議する

保育活動運営実習 I	1週	・オリニジップの運営哲学及びサービス等の特徴を把握すること ・オリニジップの保育教職員と親密感を形成すること ・実習クラスの乳幼児と親密感を形成すること ・保育実習生としての役割の遂行 ・本実習クラスの観察（日課運営、保育環境、乳幼児と保育教師の相互作用等） ・保育実習日誌の作成と指導保育教師の評価
	2週	・（日課運営、乳幼児の観察、保育教師の役割の観察を通して）日常生活支援の計画 ・日常生活支援の実習 ・（遊びの観察を通して）遊び支援の計画 ・遊び支援の実行 ・自己評価及び指導保育教師の評価
	3週	・半日保育計画の協議及び評価 ・半日保育の運営 ・自己評価及び指導保育教師の評価 ・中間のオリニジップ実習評価会 ・実習日誌及びその他の実習関連書類の提出
保育活動運営実習 II	4週	・（日課運営、乳幼児の観察、保育教師の役割観察を通して）日常生活支援の計画 ・日常生活支援の実習 ・（遊びの観察を通して）遊び支援の計画 ・自己評価及び指導保育教師の評価
	5週	・遊び支援の実習 ・幼児クラス：（遊びの観察を通して）活動支援の計画 ・幼児クラス：活動支援の実習 ・自己評価と指導保育教師の評価
	6週	・半日保育計画の協議及び評価 ・半日保育の運営 ・自己評価及び指導保育教師の評価 ・最終のオリニジップ実習評価会 ・実習日誌及びその他の実習関連書類の提出

4 保育現場実習の運営

　一般的に6週間の保育実習は、乳幼児の観察及び保育課程の運営、乳幼児の日常生活・遊び及び活動を支援する保育教師の実務を観察する参与実習と、乳幼児の日常生活と遊び及び活動支援を計画、実行、評価し、保育教師の実務を実習する保育活動運営実習で構成される。

（1）参与実習の運営

　参与実習は、本実習の事前または事後に約2週間、保育課程の運営、乳幼児の生活指導等の保育教師の実務を観察し、保育活動運営を計画する実習過程である。

　参与実習で最も重要な部分は、観察日誌の作成と保育日誌の作成方法を学ぶことである。養成教育機関で関連知識と技術を身につけたとしても、各保育実習指導機関の特性によって強調される部分や追加される部分がある。そのため、参与実習期間には、実習機関の教職員及び乳

幼児との関係形成とともに、この二つの技術を学ぶことが保育実習を成功裡に終えるための鍵である。

1) 観察の記録

❶ 環境の観察

保育現場について理解し、保育活動運営実習を準備するために、まず実習機関の物理的環境をよく観察し、良い保育環境を構成できる資質を身につけるよう準備する。

保育環境の観察内容

i 保育室は清潔で、換気がよく、温度が適切であるか。
ii 乳幼児の作品が乳幼児の目の高さに合わせて掲示されているか。
iii 保育室の空間は、乳幼児の年齢、発達特性を考慮して構成され、配置は適切であるか。
iv 乳幼児が一人で活動する、あるいは休憩できる空間があり、これらを気軽に利用することができるか。
v 乳幼児の発達水準に適合した身体（大・小筋肉）活動の資料が多様で十分であるか。
vi 言語（聞く・話す・読む・書く）活動の資料が多様で十分であるか。
vii 自然探求（数・科学）活動の資料が多様で、大部分が実物資料で構成されているか。
viii 芸術（音楽、動作、美術）活動の資料が多様で十分であるか。
ix 役割遊び及び積み木遊びの資料は多様で十分であるか。
x 乳幼児が自由に資料や教具を使いやすいよう配置されているか。
xi 乳幼児の活動が互いに邪魔にならないよう、興味領域別の空間が十分であるか。
xii 室外遊び空間が乳幼児の興味と好奇心を満たすことができるよう構成され、安全であるか。

保育環境観察時の留意事項

i 保育教師や乳幼児の活動を妨げない。
ii 環境に対する疑問点は、日課が終わった後、保育教師や園長に質問する。
iii 記録をする時は、保育教師や乳幼児に邪魔にならず、注意を引かないようにする。
iv 環境観察は、どこでもいつでも行うことができる。
v オリニジップの評価指標を熟知し、これに基づいて環境を観察する。
vi 環境観察後、改善すべき事項があると判断した場合は、改善方案も考案する。

---

❷ 保育教師の実務の観察

実習機関の定員規模、提供サービスの種類と乳幼児及び家族、地域社会のニーズによって保育教師の職務には差はあるが、保育実習は実習生が保育教師の実務を現場で直・間接的に観察し、保育教師に求められる力量を把握できる機会となる。下記の例は、保育実習期間中に実習生が観察しなければならない保育教師の職務である。

i 登園時の指導で、乳幼児を迎え入れる際の相互作用はどうであったか。
ii 登園時の指導で、乳幼児の健康や気分状態について保護者との意思疎通はどうであったか。
iii 乳幼児の日常生活（授乳及び離乳、排便、手洗い、昼寝等）の指導手順と相互作用はどうであったか。
iv 保育教師の日課の中で、衛生と安全に関連した職務はどうであったか。
v 保育教師の家庭連携及び保護者との意思疎通ための実務（電話、お知らせ帳、家庭通信配布）はどうであったか。
vi 同僚保育教師及び他の教職員と協力する態度と実践の行動はどうであったか。

❸ 乳幼児の観察

予備保育教師にとって、乳幼児の発達状態、遊びの特性等の行動を観察する実習は、保育課程運営を計画し、評価する上で非常に重要な要素である。従って、参与実習期間中に、乳幼児を多様に観察できるよう十分な時間をかけて随時記録できるようにする。

乳幼児の観察内容

ⅰ 基本生活に関連する日常生活（手洗い、排便、整理整頓等）をどの程度行っているか。
ⅱ 提供された給・間食はよく食べるか。給・間食を食べる時、保育教師、友だちとどのような話をしているか。
ⅲ 否定的、または肯定的な感情をどのように表現しているか。
ⅳ 保育教師や他のおとな、友だちと良好な関係を築いているか。
ⅴ 遊びや活動を自ら選択し、集中して行っているか。
ⅵ 助けが必要な時、保育教師や友だちに適切に助けを求めているか。
ⅶ 乳幼児が好む遊びや活動は何か。
ⅷ 室内外の活動及び日課に上手く適応し、楽しみながら参与しているか。
ⅸ 身体及び認知、言語、情緒、社会性の水準は年齢に合い、適切か。
ⅹ 新しい考え、意見や自身の気持ちを遊びの中で適切に表現しているか。
ⅺ 遊ぶ中で、遊びに対するアイデアを出し、他の友だちの遊びにも関心を持ち、互い意見を交わし合っているか。
ⅻ 活動で一緒に決めた規則、または基本的な規則を守っているか。

乳幼児の観察方法──エピソード記録法

ⅰ 1人の集中観察対象の乳幼児を選定する。
ⅱ 日課の時間帯別に観察できるように指導する。
ⅲ 状況や出来事を発達領域、標準保育課程（ヌリ課程）の領域、または興味領域を中心に分類し、記録する。
ⅳ 観察を通して、乳幼児の個別的な興味、友だち関係、遊び行動の特性等を把握する。
ⅴ いつでも観察記録ができるように小さなメモ用紙と筆記用具を所持する。
ⅵ 日課の中では、詳細なエピソード記録が難しいため、重要事項を中心に簡略な記録にし、日課の終了後、すぐに簡略な記録の内容を基に具体的に作成する。

乳幼児の観察時の留意事項

ⅰ 多様な状況と場所で乳幼児の観察を実施する。
ⅱ 1回限りではなく、継続的な観察を実施する。
ⅲ 観察内容は一定の形式に従って一貫性を持って記録する。
ⅳ 観察者の主観や偏見が介入しないよう、実際に起きた状況を客観的に記録する。
ⅴ 観察された行動に基づく解釈や評価は、観察内容の記録と区分して記録する。
ⅵ 日課運営の妨げにならないように、保育活動中は保育教師にすぐに質問をせず、日課が終わった後に質問をする。

❹ 保育教師と乳幼児の相互作用の観察と記録

保育教師と乳幼児の相互作用は、保育の質を決定する最も重要な要素であるため、保育実習生は、望ましい乳幼児と保育教師の相互作用を観察し、模範事例について学ぶ必要がある。保育実習の指導保育教師は、保育実習生が保育教師と乳幼児の相互作用を観察できるよう指導する。

PART Ⅳ　保育実務領域

保育教師と乳幼児の相互作用の観察内容

ⅰ　乳幼児の発達水準や興味に適合した相互作用であるか。
ⅱ　乳幼児を信じて尊重し、乳幼児の試みを積極的に受け止めているか。
ⅲ　乳幼児の日常経験に基づいた保育内容を統合的に運営しているか。
ⅳ　乳幼児と偏見や差別なく平等に関わっているか。
ⅴ　乳幼児のニーズと質問に耳を傾け、肯定的に反応しているか。
ⅵ　乳幼児の遊びに保育教師が積極的に参与し、遊び全体を随時把握しようとしているか。
ⅶ　友だち間の肯定的な相互作用を励ましているか。
ⅷ　乳幼児が自ら解決できるように指導しているか。
ⅸ　乳幼児の否定的な感情を肯定的に受け止めているか。
ⅹ　乳幼児間の喧嘩や問題状況にどのように介入するか。

保育教師と乳幼児の相互作用観察時の留意事項

ⅰ　相互作用は日常生活の遂行、遊びの指導、保育活動の進行、問題行動の発生時と同じ多様な状況で
　　現れるため、保育教師と乳幼児の相互作用を継続的に観察する。
ⅱ　安易に個人的な判断や解釈をせず、客観的かつ事実的に保育教師と乳幼児の相互作用を観察する。
ⅲ　観察内容は、一定の形式に従って一貫性を持って記録する。
ⅳ　観察された行動に基づく解釈や評価は、観察内容の記録と区分して記録する。

2）保育実習日誌の作成

　保育実習日誌は、実習生の保育実習内容を把握し、保育実習機関の保育実習指導が忠実に行われたかが分かる公式文書である。一般的に保育実習日誌は、実習生の出勤簿、保育実習機関の現状、保育実習日程、毎日の保育実習内容、家庭との連携及び行事、保育実習の評価等で構成されている。実習生に提供する保育実習日誌は以下の通りである。

ⅰ　保育実習 機関現状（書式Ⅴ−7）
ⅱ　出勤簿（書式Ⅴ−8）
ⅲ　保育実習日誌（書式Ⅴ−9）*

　　＊保育実習日誌は、保健福祉部・中央育児総合センター（2020）『2019 改訂ヌリ課程』の中の「保育日誌の改善方向及び
　　　日誌様式の例示」を参考にして 2 つの例を提示し、実習機関の実情に合わせて柔軟に変更し、使用することができる。

❶ 保育実習機関の現状

　保育実習機関が実習生に提供すべき保育実習機関の現状資料は、以下の通りである。これは保育現場実習の事前教育時にあらかじめ提供できるようにする。

ⅰ　設立理念、所在地の住所、連絡先
ⅱ　園長の氏名、年齢別クラスの数及び乳幼児数、保育教職員の現状等
ⅲ　年間、月（週）間の保育活動計画案及びその他のオリニジッププログラムの関連資料
ⅳ　保育実習クラスの乳幼児の年齢、環境構成、保育教師対乳幼児の比率、日課運営の資料等

❷ 出勤簿

　出勤簿には保育実習期間と勤務の有無を記録する。特に、欠席、早退及び遅刻の事由が発生した場合、養成教育機関の担当者と保育実習機関の園長の事前協議を通じて、欠席した日の分だけ補充して保育実習の期間及び時間を満たすようにする。

❸ 保育実習の日程

保育実習の週別、曜日別の内容は、保育実習機関と保育実習クラスの年齢によって異なるため、本指針書の内容を参照し、柔軟に運営できるようにする。

❹ 日々の保育実習日誌の記録

保育実習日誌は、日付、天候、確認（押印）、乳幼児の興味と関心・保育教師のねらい、日課運営による保育内容、保育活動後の評価及び助言等で構成されており、実習指導保育教師の丁寧な指導が求められる。

ⅰ 日付、天候、確認（押印）

　　天候及び月初・月末、週初・週末の日程等は、天候の特性と日課運営の関連性を把握し、保育内容を評価する上で重要な要因であるため、正確に記録する。確認（押印）も同様に、事実と異なることなく記録されていると証明することになるため、実習生、保育実習の指導保育教師、園長の押印が求められる。保育実習機関の園長は、実習生の実習日誌の記録と実習指導保育教師の指導事項を確認し、点検できるようにする。

ⅱ 乳幼児の興味と関心・保育教師のねらい

　　実習するクラスの遊びで現れる乳幼児の興味と関心を明示する。あるいは、「第4次オリニジップ標準保育課程」の「追求する人間像」を中心に、今週、乳幼児がどのように過ごしてほしいかを指導保育教師と協議し、記述する（保健福祉部、中央育児総合支援センター、2020）。

ⅲ 日課運営に沿った保育内容

　　保育実習日誌は、保育実習生にとっては、保育実習期間中、自身の保育実習内容を記録し、自己評価と反省的思考をする空間であると同時に、実習指導保育教師及び実習機関との意思疎通の場ともいえる。実習指導保育教師は、参与実習の際、保育実習生が保育実習日誌の作成方法について十分に熟知できるよう案内する。実習生がクラスで行う保育の日課運営を具体的に記録できるよう指導する。

・日常生活と遊び及び活動で構成された日課を記録する。

・乳幼児の自然な遊びの状況を観察し、それを通して実習指導保育教師または実習生が支援した内容を簡略に記録する。遊びと活動の全てを記録する必要はなく、日課で重点的に行われた内容を記録する。

・実習指導保育教師または実習生が乳幼児間の葛藤の解決等の行動指導の内容を記録する。

・給食、間食、午睡、排泄等の日常生活指導と安全や衛生、登降園に関連する内容を記録する。

・毎日繰り返される日課の内容は簡略に記述できるようにし、毎回同じ内容を詳細に書く必要はない。

ⅳ 保育活動後の評価及び助言

　　保育実習生は、保育活動後に観察、参与、乳幼児の指導を経験するなかで感じた所感や疑問事項を記録できるようにする。実習指導保育教師は、保育実習生が観察し、指導した内容や実習生の自己評価の内容を基に助言を記録する。この時、実習生が疑問点や保育日課の中で経験した内容や考えを率直に記述できるよう指導する。実習指導保育教師は、実習生が持っている予備保育教師としての強みや潜在力、理論的な内容を適用しようとする試み、実習に対する熱意等を言及する。

実習生の評価	・日課中に印象深かった保育実習の指導保育教師と乳幼児の相互作用に対する内容 ・一日の日課中、新たに発見した乳幼児の発達的な特性に対する内容 ・クラスで実習生としての役割と姿勢に対する自己評価 ・保育活動実習時の予想通りにならなかった原因の分析内容 ・保育実習の指導保育教師が指示した業務遂行時に学んだ点 ・その他の日課運営及び相互作用についての疑問事項

PART IV 保育実務領域

指導保育教師の助言及び評価	・毎日の保育実習生の役割遂行の程度、態度等 ・保育実習生に明確かつ深く考えるように問い返すこと ・自己評価欄に記録した保育実習生の質問に対する専門的な回答 ・実習生の身体的、心理的な難しさや理論を実際に適用する際に誤った行動、乳幼児の行動指導の困難、乳幼児間の問題を解決する方法に対する混乱等への適切な回答提供、共感 ・乳幼児の日常生活支援及び遊び支援、相互作用に対する具体的な役割

❺ 家庭との連携及び行事

実習指導保育教師は、実習生に対して保育実習期間中、保育実習機関と家庭との連携及び行事資料を提供し、実習生は実習日誌に保管できるようにする。

家庭との連携及び行事資料

ⅰ 家庭通信文
ⅱ 父母教育資料
ⅲ 乳児の一日観察記録帳（一日観察報告書）の様式
ⅳ 父母教育及び家族行事計画書（日程及び業務分担表）及び評価書

（2）保育活動運営実習の内容

保育活動運営実習は、日常生活支援、遊び支援及び幼児クラスの活動支援で構成される。保育活動運営実習の具体的な過程と内容は次の通りである。

1）保育実習の指導保育教師と保育実習生との協議

参与実習を通して実習生は実習機関と担当乳幼児の特性を観察し、これを基に保育活動を計画する。保育実習生の保育活動計画は、担当指導保育教師との協議を通して計画し、複数回のフィードバックの過程を経て活動を確定した後に作成できるようにする。

実習指導保育教師と実習生の十分かつ円滑な協議過程は、保育活動運営実習の成功の可否を決定するほど非常に重要である。保育実習生は、理論的には学んでいるが実践的な知識は未だ確立されていないことを互いに認知し、実習指導保育教師の指導を通して完成するという考えから出発することが必要である。

実習初期は、保育実習生は毎日観察している日常生活支援から始め、その後、順次、遊び支援及び乳児クラスの転移活動や幼児クラスの大小集団活動を計画し、実行できるようにする。

保育実習生が計画と準備のために日程を管理できるよう、実習指導保育教師は決められた時間に保育活動に対する指導を定期的に実施する努力が必要である。保育実習生も実習指導保育教師のフィードバックの内容をよく熟知し、それに従って実行に移す努力が重要である。

実習指導保育教師は、乳幼児の発達の適切性、乳幼児の興味と関心、行事及びクラスの特別な状況、乳幼児の遊びの様子等を考慮して保育実習生が保育計画を作成できるよう指導し、保育実習生の力量を考慮して計画過程を協議する。

2）保育活動運営計画の作成

❶ 日常生活、遊び及び活動支援計画の作成例示

ⅰ 実習生は、クラスの日課及び保育課程の運営、乳幼児の日常生活と遊び及び活動を観察して参与し、主要な実習内容と反省的な記録を実習日誌に記述する。実習日誌の実行及び評価の内容を基に、実習生は乳幼児の日常生活と遊び及び活動支援を計画することになる。従って、計画は実習日誌と連係して作成することが望ましい。

ⅱ 保育活動の実習中、日常生活支援を計画して実行する時期には、実習日誌に日常生活の実行がどのように行われるかをより重点的に記録し、これを下段の評価及び支援計画と連係することができる。

ⅲ 遊び支援を計画する場合には、遊び支援の際に考慮すべき日課運営、空間、資料、相互作用、安全等が含まれるよう作成することができる。幼児クラスの場合、幼児が興味を示す遊びを広げられる大小集団活動の支援を計画することができる。

表Ⅳ-6 保育実習日誌 例示 1 を活用した日常生活の支援計画

1歳児クラスの保育実習日誌		実習生	指導 保育教師	園長
日 時	2021 年 7 月 22 日 木曜日　　天候：晴れ			
乳児の興味と関心	・気温が暑くなり、涼しい感覚的な経験を楽しむ。 ・自分でしようとする試みが増え、達成感を感じる遊び（ブロックを高く積み上げる等）を楽しむ。			
日課（時間）	**計画及び実行**			

日常生活	間食 （09:00〜09:30） （15:30〜16:00）	＊手洗い及び間食：午前の間食（ゴールドパイナップル、牛乳）／午後の間食（海鮮チヂミ、コーン茶） ・「手を洗おうよ」のうたを歌いながら石鹸で泡を立てて手を洗う。 ・手を洗った後、ペーパータオルで水気を拭き、ゴミ箱に捨てる。 ・「バランスよく食べるよ」のうたを歌いながら、間食の名前を知る。 ・間食を食べながら、間食の味や色に関心を持って話してみる。
	昼食 （11:45〜12:45）	＊昼食：ご飯、もやしスープ、チキンカルビ、ゴボウとリンゴの和え物、海苔、白菜キムチ ・「バランスよく食べるよ」のうたを歌いながら、おかずに関心を持てるようにする。 ・食べにくそうなおかずは味見をする程度で量を調節して与える。 ・手でおかずをよく掴む○○ちゃんがフォークを使う時、積極的な褒め言葉と励ましで支援する。 ＊歯磨き及び排泄 ・食事を先に済ませた乳児は絵本を見る、なぐり書き等で遊び、保育教師 1 が乳児を一人ずつ呼び、洗顔と歯磨きをサポートする。トイレの入り口にあらかじめ歯磨きコップ、歯ブラシ、歯磨き粉を用意し、乳児が自分の物を探せるようにする。 ・トイレトレーニング中の乳児は、オムツを下ろし、便器に座って排便を試みるよう手伝う。
	昼寝及び休憩 （12:45〜15:30）	＊自分の布団と枕を探そうよ ・昼食の片付けを済ませた保育教師 2 が、乳児の個別布団マットを準備する。マットの名札部分に枕を置く。 ・「○○ちゃんはどこにいる？」のうたを歌いながら、乳児が自分の布団と枕を探してみる。 ・保育教師 1 はブラインドを下ろし、子守唄の音源を準備する。 ・寝る時に汗をたくさんかく○○ちゃんが薄着であるかを確認する。

2

保育実習

175

PART IV　保育実務領域

遊び	室内遊び （09:30〜10:30） （16:00〜18:00）	＊ブロック崩し ・レンガブロックを積み上げた後、繰り返し崩す遊びが3日連続で行われ、参与する乳児が多くなっている。 ・高く積むと強く崩れることを知った乳児は、ブロックをどんどん高く積もうと試みる。 ＊色氷を探索する ・前日に乳児と一緒に食紅を混ぜた水を注いで凍らせた氷トレイ、大きい皿、紙を準備する。 ・色氷に関心を持つ乳児4名と一緒に大きい皿の上で氷を探索し、触感や氷の変化について話す。 ・○○ちゃんと△△ちゃんは、自分の手に氷が触れることは嫌がるが、保育教師の探索をじっと見つめながら好奇心を示す。
	外遊び（代替） （10:40〜11:45）	＊室外遊び：キュッキュッと食器洗い ・水遊び台、タワシ、ままごと道具を準備する。 ・乳児は食器を洗うより、お椀で水をすくい、水遊び台の外に撒くか、お椀からお椀へ水を移すことに集中する。 ・水がつくことを嫌がる乳児に、滑り台で遊ぶか、駆けることを提案する。
評価及び支援計画 ／留意点		子ども全員の名前を覚えることで、個別的な特徴が少しずつ見えてきました。日常生活で私の手伝いに子どもが「自分が、自分が！」あるいは、「いやだ、いやだ」と言うことがあり、子どもによって手伝いの程度が違うところが難しいと思いました。トイレトレーニングの進み具合も個人差が大きいので、もっと熱心に観察して乳児ごとの状況を把握しなければならないように感じました。 ＊日常生活の支援計画 間食及び食事：食べ物を頻繁に、長時間噛んでいるため、食事時間が長くなる 　　　　　　　○○ちゃんは、保育教師が食べ物をおいしく食べる見本を続けて見せていく支援が必要である。 歯磨き及び洗顔：自分で顔を洗おうとする乳児は、首にタオルを掛けて、服の袖を上げることで服があまり濡れないような支援が必要である。 昼寝及び休憩：昼食後、昼寝マットを敷く前に、換気と簡単な掃除を行い、教具棚とテーブルを壁側に整理して死角範囲ができないよう環境整備が必要である。
指導保育教師の 助言及び評価		1歳児クラスは、基本生活習慣を形成できるよう、日常生活の指導が重要です。特に、歯磨きや洗顔を自分でしようと試みる際、適切な支援が必要です。水をたくさん流すことや、きれいに洗いすすぐことができないこともありますが、一人ひとりに合った適切な手伝いをするために、個別的な乳児の特性をよく観察する必要があります。何より、乳児がよく食べ、洗い、寝るという日常生活の支援を、保育教師が、効率的に行わなければならない日課や課業として考えないことです。保育教師は、日常生活で見られる乳児が自分でしようとしたことやできたことを積極的に励まし、褒めることも重要だとされています。今日のように温かい心で観察することで、乳児一人ひとりに必要な支援が何であるかを見つけることができます。 　明日は、昼寝の時間を準備する保育教師2の役割を実習できるよう準備してください。

176

表Ⅳ－7 保育実習日誌 例示1を活用した遊びの支援計画

1歳児クラスの保育実習日誌		実習生	指導 保育教師	園長
日付	2021年8月10日 木曜日　　天候：晴れ			
乳児の興味と関心	・夏休み期間であるため、欠席が長かった乳児の日課への適応に難しさがある。 ・夏休みの経験を話す乳児が増えている。			

日課（時間）		計画及び実行
日常生活	**間食** （09:00～09:30） （15:30～16:00）	＊手洗い及び間食：午前の間食（鶏のお粥）・午後の間食（蒸しトウモロコシ、牛乳） ・トウモロコシを食べながら、保育教師がトウモロコシの穂軸にできる道について保育教師が話すと、子どもは道をたくさんつくるためにさらに熱心に食べ、トウモロコシの穂軸の探索を楽しむ。
	昼食 （11:45～12:45）	＊昼食：ご飯、カレーライス、タッカンジョン、白菜キムチ、卵スープ ・ご飯とカレーをかき混ぜるのが苦手な〇〇ちゃんは、フォークでカレーにある肉と野菜を刺して食べられるよう手伝う。 ＊歯磨き及び排泄 ・便器に水を流すのを怖がる〇〇ちゃんに、あらかじめ水を流す音を真似して聞かせ、一緒に水を流してみる。
	昼寝及び休憩 （12:45～15:30）	＊自分の布団と自分の枕を探す ・休暇期間中に自宅で昼寝をしなかったことで、眠れない〇〇ちゃんが絵本を見るよう支援する。
遊び	**室内遊び** （09:30～10:30） （16:00～18:00）	＊ブロックの積み上げと登ること ・ブロックを高く積み上げようとする友だちが、ブロックを階段にして登り、高く積み上げようとする。 ・安全上の問題があるので、ブロックの上に登って積み上げないように一緒に話し合う。 ＊水泳遊び ・〇〇ちゃんが水遊びのために家から持ってきた水着袋から水着を取り出すと、乳児一人ひとりが水着を保育室に広げ始める。 ・友だちの水着を一緒に見ながら探索し、水着を着たがり、一人ずつ保育教師が手伝う。 ・水着を着ると、教室の床で泳ぐ真似をし、寝転がりながら遊ぶ。 ・保育教師が「ふーぱぁふーぱぁ」と水泳動作を真似すると、乳児が笑いながら真似をする。
	外遊び（代替） （10:40～11:45）	＊室外遊び：水遊び ・水遊び用のプール、マット、乾いた雑巾、タオル、水遊び用おもちゃ（ままごと用具、ペットボトル等） ・水が冷たくならないよう、朝にあらかじめ水を入れておき、プール周辺に滑り止めのマットを敷いておく。 ・乳児がそれぞれに好きなだけ水遊びを楽しめるよう支援する。〇〇ちゃんと〇〇ちゃんは水に入らず、プールの外でペットボトルに水を入れて注ぐ遊びをする。

PART IV 保育実務領域

	家族との休暇から帰ってきた乳児は、海や水に対する関心が高まり、今週一週間の水遊びがとても楽しそうに見えました。昨日は、水をおもちゃに入れては注いだり、水を撒いたり等、水を探索して操作する遊びを中心にしていました。今日は保育室で泳ぐ真似をしたためか、水中で足をバタバタすることやうつ伏せになる等、水泳をしようとする乳児がいました。プールが狭いため、思うように動けず、他の子どもも不便に感じ、制限されたことが残念でした。
評価及び支援計画／留意点	＊遊びの支援計画 ・乳児が海に関心を多く持ち、これを身体運動と結びつけ海の中を探検する「海のトンネルを通る」遊びを準備する。 ・資料：オリニジップにある透明トンネルに魚と水草の絵を貼り、端に青いビニール紐を付け、乳児が身体を調節しトンネルを通る遊びに、より興味を持てるように支援する。 ・空間：透明トンネルの前後に余裕のある空間を確保する必要があるため、保育室の前の廊下空間を活用する。 ・日課：安全上、保育教師2人が支援する必要があり、保育室の外の空間に移動する必要があるため、朝の自由遊びの開始時間から30分程度を確保する。 ・相互作用： 　① 透明トンネルに貼る魚や水草の絵を1〜2日前に乳児と一緒に事前に探索し、関心を持ち、親しみを持てるよう支援する。 　② 透明トンネルを一緒に探索し、トンネルの中を覗いたり、身体の一部を入れてみたりする等、乳児が望む時間まで進める。 ・安全：トンネルの前と後ろを保育教師2人が持ち、トンネルを通る乳児を見守る。
指導保育教師の助言及び評価	乳児の興味は、特別な関心になることもあり、嬉しい感情の表現とも言えます。夏休みと水遊びの経験から、最近の我がクラスの子どもたちの興味は、海と水遊びが中心になっています。興味を継続できるよう、魚を観察し、海を思い浮かべることができる身体遊びを計画したのは適切だと思いました。何よりも子どもたちが安全に遊べるよう、遊びの進行過程を注意深く考えてみてください。

❷ 半日または一日の保育活動計画作成の例示

ⅰ 半日または一日の保育活動実習は、保育実習期間中に学び、身につけたことを、一日全体にわたって適用する過程であるため、計画により総合的な内容が含まれるようにする。

ⅱ 半日または一日の保育活動計画の際には、登園、保育室の環境構成、日課運営、日常生活支援、遊び及び活動支援等、保育教師の全ての職務を忠実に遂行できるよう注意しなければならない。

表Ⅳ－8 保育実習日誌 例示2を活用した一日の保育活動の運営計画

○歳 ○○クラス 一日の保育活動計画

活動予定日	年　月　日	実習生	指導保育教師	園長
保育教師のねらい／乳幼児の興味と関心	新芽が生えた木に関心を持っている幼児が、自然と共に楽しく生活できるようになること。			

日課（時間）	計画及び実行	留意点
登園及び合同保育 （　：　〜09:00）	☑幼児の気持ちに関心を持ち、名前を呼びながら嬉しそうに迎え入れる。 ☑お母さんと離れた後、辛そうな○○ちゃんは、温かいスキンシップをしながら、心を安定できるよう関わる。	指導保育教師の助言 　幼児が興味を持つ要素（幼児の持ち物／朝食メニュー等）を確認し、それに関連したやり取りをしてみるといいですね。

178

午前の間食 (09:00〜09:30)	☑幼児が自律的に配膳して食べることができるように間食を準備する。 ☑9:20頃、間もなく間食を片付ける予定であることを知らせる。また、「おかわりがほしい」子どもが間食を取って食べられるようにする。 ☑食べる場所とフォークや皿を進んで片付けられるよう励ます。	間食のメニューを紹介すると、間食に対する関心が高まり、より多くの子どもが間食を食べるようになりますよ。
午前の室内遊び (09:30〜10:50)	☑自由に保育室を回り、おもちゃや遊びを探索できる時間を十分に与える。	遊びに参加できずにうろうろしている時間が長い子どもには、準備したマラカスづくりを提案してみてください。見本を見せ関心を持てるようにすることも良いと思います。
	☑種子マラカスづくり 材料：種子、トレイ、ペットボトル、装飾材料 空間：美術領域に遊びの資料を準備しておき、遊びに参与を希望する子どもが多い場合は数科学領域へ拡張する。 日課：マラカスの飾り付けに時間が長くかかることもあるので、午後または翌日までの延長も考慮する。 相互作用： ①種子の模様や色等に関心を持ち、種子が育ったらどんなふうになるのか想像できるように支援する。 ②ペットボトルに種子を少しずつ入れながら、途中で振って音の変化があるか探索できるよう支援する。	種子マラカスづくりを2〜3日にかけて提供すると良いです。初日にはあまり関心を示さなくても、友だちが遊んでいるのを見て、1日、2日後に参与する子どもが時々います。 　種子マラカスづくりは、「種子を探索する」「ペットボトルを飾る」の2つの過程があり、1日では終わらない幼児がいるかもしれませんね。 　自分のペースで遊べるように、つくっているマラカスを保管できるカゴを準備する必要があります。
活動 (10:50〜11:10)	☑話し合い：インゲンマメを育てること 準備：まだ席に着いていない子どもを待ちながら「たねたね たねをまいて〜」という手遊びを行う。 導入：よく熟したインゲンマメのさやの写真を見せ、さやのどの部分が開くかを想像できるようにし、興味が持てるようにする。 展開：インゲンマメの成長過程の絵資料を一枚ずつランダムに提示し、成長の順に並べられるようにする。インゲンマメ栽培キットを紹介し、外遊びの時間につくられるように促す。 まとめ：外遊びをするために、先生が名前を呼ぶ子どもからトイレに行って来て、列に並ぶよう促す。または、待っている子どもと「なぞなぞ」をする。	話し合い活動は、つい幼児が退屈に思いやすいので、写真等のメディア資料をうまく活用する必要があります。資料が面白いか、目に留まるか等を確認してください。 　繰り返される日課の中で転移活動が、子どもにとっては待ち時間でもあります。順番を待つ間、「なぞなぞ」を準備したのは良い試みでした。

外遊び（代替） （11:10～12:10）	☑ 水・砂遊びのための教具を事前に確認する。 ☑ 花壇の周りで、幼児が個別にインゲンマメ栽培キットをつくることができるよう支援する。 ☑ 室内に入ってすぐに手を洗うことができるよう促す。 ☑ 代替活動：しっぽとり	インゲンマメ栽培キットづくりに多くの子どもが集まると、花壇が狭くなります。砂場の一角を使ってもよいでしょう。 キットの植木鉢は同じような形をしているので、後で見分けがつかないかもしれません。植木鉢の下に名前を書けるネームペンを準備してください。
昼食の時間 （12:10～13:20）	☑ 順番に子ども自ら配膳できるよう、小グループに分かれ、列に並ぶようにする。（例：「赤い色の服を着ている友だち、準備してください！」） ☑ 楽しくおしゃべりをしても良いが、ご飯を口に入れたまま話さないよう伝える。 ☑ 静かな遊びをし、順番に歯を磨く。（昼寝に向けて）必要に応じて濡れた服を着替えるか、薄着になるようにする。	食べたいものを食べたい分食べることを原則にしていますが、「食べたくないもの」も一口は味見できるように指導してください。この時、保育教師がおいしそうに食べる姿を見せると効果的ですよ。
昼寝及び休憩 （13:20～15:00）	☑ 昼寝ができる雰囲気をつくる。電気を消してカーテンを下ろし、静かな音楽を流す。 ☑ 寝ない幼児が休みながら聞ける、音楽かオーディオ童話を流す。 ☑ 起きた後、排泄を済ませ、保育教師と一緒に布団を片付ける。	普段あまり昼寝をしない〇〇ちゃん、△△ちゃんがオーディオの近くに横になれるよう場所を決めてください。音量を小さくして遠くにいると、童話の音がよく聞こえませんよ。
午後の遊び （15:00～16:00）	☑ 午前の遊びを続ける。希望があれば、マラカスづくり、インゲン豆栽培キットの植木鉢の飾り付け等を続けてできるよう支援する。	
午後の間食 （15:30～16:00）	☑ 手を洗って、食べられる量だけ、幼児が自分で持っていく。 ☑ 楽しい雰囲気の中で間食を食べられるようにする。	
帰宅及び合同保育 （16:00～　：　）	☑ 帰宅の準備をし、幼児と個別的に関わる。 ☑ 延長保育クラスに移動し、延長クラスの保育教師に幼児を引き渡す。 ☑ 延長保育クラスで自由に遊ぶ。	

　指導保育教師は、実習生の一日の保育活動計画案を検討し、適切な助言を通して計画を修正・補完できるようにする。半日または一日の保育活動計画書を作成する際に注意すべき点は、以下の通りである。
　ⅰ　現在、クラスで行われている遊びを考慮し、乳幼児の興味と関心が十分に反映されるよう計画する。
　ⅱ　日課運営は、クラスの日課を十分に反映し、一貫性を持って計画する。
　ⅲ　日課の時間帯別に計画はするが、日常生活、遊び及び活動支援の計画を含む。

ⅳ 天候の変化、特別な状況が発生する場合を備え、代案を準備する。
ⅴ 乳幼児と豊かな相互作用ができるよう計画する。
ⅵ 一つの保育活動を終え、次の保育活動への転移（transition）に対する工夫を記述する。
ⅶ 排泄及び手洗い、間食・食事指導、整理整頓、昼寝指導等、日常生活指導の工夫を一緒に述べる。

5 保育現場実習の評価

（1）保育実習機関の評価

1）保育現場実習の評価の内容と留意事項

　保育現場実習中の保育実習生に対する評価は、実習指導の保育教師と当該機関の園長が行う。実習指導の保育教師は、実習生が提出した客観的な資料と遂行を最大限に活用し、信頼性と妥当性のある評価ができるようにする。保育実習の評価時に留意すべき事項は、以下の通りである。

① 保育実習の期間中に実習生を注意深く継続的に観察して記録し、評価記録の内容を保管する。
② 保管した評価資料を忠実に検討し、信頼性と妥当性を持った評価を行う。
③ 人間的な感情及び個人的な感覚に基づいて評価しないよう注意し、正確で客観的な基準に基づいて評価する。
④ 保育実習を始める時から終わる瞬間まで継続的に評価が行われるようにし、多様な補助ツールを使用する。
⑤ 保育実習の評価を口実に教材・教具を追加でつくらせる、あるいは保育実習以外の期間に出勤して行事を手伝わせる等、評価を間違った形で利用しない。
⑥ 保育教師養成機関の指導教員が実習機関を訪問した際、実習生に対する全般的な評価意見を伝え、養成教育機関の予備保育教師の教育に必要な基礎資料を提供する。
⑦ 保育実習の評価は、以下に提示した評価の領域と内容に応じた配点票を基準に、公正性と衡平性、客観性を維持しながら厳正に行わなければならない。

表Ⅳ－9　保育実習生の評価領域及び配点

評価領域		評価項目	配点	点数
勤務態度と資質（20点）	勤務事項	出席、欠席、遅刻、早退等	5	
	態度	誠実さ、勤勉さ、親切さ、積極性、服装及び容姿、礼儀作法	5	
	資質	乳幼児への尊重、責任感、人性、熱意	5	
	関係形成	実習指導保育教師との関係、実習生同士の関係	5	
保育活動の計画と実行（30点）	保育活動の計画	日常生活、遊び及び活動、半日または一日の保育活動計画の適合性と充実した準備	15	
	保育活動の実行	日常生活、遊び及び活動、半日または一日の保育活動の効果的かつ適切な実行の程度	15	
予備保育教師としての役割の遂行（30点）		乳幼児の行動及び遊びの観察、保育環境の観察	5	

	保育日課の進行補助及び日常生活指導	10	
	乳幼児の相互作用と遊びへの参与	15	
保育実習日誌の作成 （10点）	具体的で忠実な保育実習日誌の作成と 日々の自己評価及び指導保育教師の評価の反映	10	
総評（10点）	実習期間中、予備保育教師としての向上の程度	10	
総　点		100	

出所：保健福祉部（2020）『2020年度 保育事業案内（付録）』p.363

　保育実習機関では、実習生の保育実習の全過程を徹底的に指導及び管理、監督し、保育実習評価書（書式Ⅴ-12参照）を作成し、実習終了後は養成教育機関に送付する。

2）実習機関の保育現場実習の評価会

　保育実習の過程や保育実習が全て終了した後、保育教職員と保育実習生が一緒に参与し、実習に対する評価会を行う。評価会は、保育実習生に反省的思考の機会を提供し、予備保育教師の役割を遂行することができた経験を振り返り、自身の長所と短所を把握し、今後の保育教師としての進路に確信を持つことができるようにする。保育実習を2回に分けて行う場合、保育活動運営実習を経験した機関で最終実習の評価会を行うよう計画する。

　実習指導保育教師は、実習生を指導する個人の力量を基に実習生と人間的な関係を維持すると同時に、保育教師の役割に基づいた職務遂行を通して事務的な関係を形成することもある。保育実習機関の園長は、実習指導保育教師と実習生の人間関係と職務関係を統合的に包含する支援者であり、管理者の役割を果たす。評価会は、このような保育教職員の立場から実習生に助言や提案をする機会となる。

　各保育教職員が保育実習評価のために遂行できる役割を提示すると、以下の通りである。

❶ 保育実習機関の園長の評価
ⅰ 保育実習機関の園長は、保育実習生と実習指導保育教師の保育実習指導について客観的な評価を行い、望ましい保育実習の方向を提示する。
ⅱ 園長は、保育実習指導が適切に行われているか、保育実習の全過程を管理及び監督する。
ⅲ 園長は、保育実習の指導保育教師が熱意を持って保育実習生を指導できるように実習指導保育教師を支持し、業務上の困難な点を把握して助言する。
ⅳ 保育実習日誌の点検や保育実習生との面談を通して実習生の困難に耳を傾け、解決方案を見つけられるように支援する。
ⅴ 園長は、保育実習の指導保育教師との協議を通して、保育実習に対する全体的な評価を行う。

❷ 保育実習の指導保育教師の評価
ⅰ 保育実習の指導保育教師は、実習生の行動と態度を観察し、記録及び評価し、予備保育教師としての役割の遂行がうまくできるよう指導する。
ⅱ 保育実習生の正しい言葉遣い、乳幼児を尊重する態度、誠実さ、責任感等を観察し、未熟な点と不足した点を評価し、誠意を持って助言する。

ⅲ 保育実習生の保育活動計画案を検討し、保育教師としての専門性の向上に焦点を当てて具体的に提案する。

ⅳ 保育実習を行う間、実習生の言葉遣い、姿勢と態度、直接作成した資料と保育日誌等を丁寧かつ忠実に検討し、妥当で信頼性のある評価を行う。

ⅴ 保育実習生の保育活動実習について、計画及び準備から結果まで具体的な評価を行う。

ⅵ 指導保育教師の主観ではなく、客観的な評価を通じて実習生の自己の反省的思考に役立つ合理的な評価が行われるようにする。

ⅶ 保育実習を始める時から終わるまで、着実で継続的な評価が行われるよう、多様な評価の補助ツールを活用する。

ⅷ 指導保育教師は保育実習の結果報告書を客観的かつ正確に作成する。

（2）養成教育機関での評価

1）養成校の実習担当教員の保育実習機関の訪問

　一般的に、保育教師養成機関と保育実習機関間の協力は非常に重要である。保育実習指導のための両機関間の協力は、養成校教員と学生の協議の下、保育実習機関を選定する時から始まり、実習期間中も継続して行われる。養成校の担当教員は実習指導保育教師に養成機関の運営特性、実習生の性格と背景、保育実習の準備状況等を伝え、指導保育教師は養成機関と実習生の保育実習状況を養成校の担当教員に伝えることができる。また、養成校の担当教員の保育実習機関の訪問による点検は、保育実習の終了後も、評価及び事後管理において非常に重要な情報交換の方案でもある。養成校の担当教員は、保育実習機関を訪問する前に「保育実習機関訪問の計画書」を作成する。

　以下は、養校の担当教員の実習機関訪問の手続きである。

① 養成校教員は全ての実習生の保育実習機関の訪問を推奨する。

② 訪問指導が難しい場合は、電話、手紙、オンライン等で事前に了解を求め、情報を交換する。

③ 訪問日程を前もって考え、具体的な計画を立てる。

④ 訪問するオリニジップと電話で連絡し、協議の下で訪問日時を決める。

⑤ 養成校教員と保育実習機関の有機的な協力のために、管理のレベルで継続的に連絡する。

　養成校教員は、実習機関を訪問し、以下の事案を中心に確認し、実習が忠実に行われるように指導する。

① 担当する学生の保育実習の進行状況を丁寧に観察する。

② 実習生としての役割を経験する学生に心理的・情緒的な支援を行う。

③ 保育実習機関長、実習指導保育教師と学生の保育実習の遂行について協議する。

④ 担当学生の保育実習の実態や現状、園長と指導保育教師が感じる指導上の難しさに耳を傾ける。

⑤ 養成機関と実習機関との継続的な協力を要請し、緊密な関係を維持する。

⑥ 担当学生が実習生として経験した実習時の大変さを傾聴する。

⑦ 保育実習機関の協力の度合いと、機関の人的・物理的環境を把握する。

⑧ 保育実習指導に適合した施設規模と運営の特性を備えているかを確認する。

　保育実習機関の訪問後、養成校教員は、機関に対する印象と感じたこと、訪問所感、実習指導の保育教師や園長との面談内容、実習生の保育実習の過程及び参与態度、保育実習条件の適合性、オリニジップの要求事項、就職相談等を総合的にまとめ、「保育実習　機関訪問の結果報

PART Ⅳ　保育実務領域

告書（書式Ⅴ-10参照）」を作成する。

2）実習評価会

　保育教師の養成教育機関の指導教員と保育実習生が、実習を終えた後、保育実習の評価会を開催する。評価会は、実習生全員が一堂に会し、実習機関の環境と施設の特性、保育プログラム運営の特性、保育実習時に大変だった点、保育実習日誌の作成、保育実習前・後の変化、保育実習の運営、園長と実習指導保育教師との人間関係、実習生同士との関係等を重点的に論議する。

　実習評価会を通じて、保育実習に対する具体的で実際的な問題点を見つけ、保育実習教科目の運営及び実習指導の改善する方案を模索する。この時、実習生を指導した保育教師や園長を招き、実習機関の側面から見た実習評価内容を聞く機会を持つことも望ましい。

　実習評価会を行う時、学生が注意すべき点を記述すると、以下の通りである。

① 保育実習の際、保育実習機関や実習指導保育教師の間違った点よりも、現場で理論を活かした点、指導保育教師の適切な助言や評価、現場で学ぶ点等について、オープンな姿勢で実習生としての自身を自己評価する。

② 継続的にどのような改善努力を行い、保育教師としての専門性を確保できるかについて、多角的な解決方案に重点を置き、他の学生と意見を交わす。

③ 6週間行った保育実習の内容に重点を置き、自身の資質を評価し、予備保育教師として成長できる長所と強みを評価する。

④ 乳幼児を丁寧に観察し、直接指導した保育活動の経験をもとに、自身の指導法について評価し、他の学生と比較してみる。

⑤ 同級生の実習日誌を互いに読み合い、助言し合う、相互補完的な評価の時間を持つ。

3）保育実習結果の評価

　保育教師養成教育機関で保育実習機関と同一の評価基準を使用することはできるが、多様な評価ツールや基準を活用し、総合的な評価を行うことが望ましい。養成教育機関は、保育実習生の保育実習結果を最終的に評価する。

❶ 評価内容

ⅰ 保育実習機関から送付された保育実習評価書（書式Ⅴ-12参照）

ⅱ 作成が完了した保育実習日誌（書式Ⅴ-9参照）

ⅲ 保育実習生が提出した各種資料（ポートフォリオ、写真資料、計画案等）

ⅳ 保育実習生 自己評価票（書式Ⅴ-11参照）

ⅴ 養成校教員との面談

ⅵ 実習評価会への参与程度

❷ 評価方法

ⅰ 養成機関では、保育実習機関から評価し送付された保育実習評価書と保育実習の結果報告書、実習機関の訪問を通して確保した園長との面談資料、実習機関の現状と実態、実習生の観察記録、実習生が作成完了した保育実習日誌、保育活動計画案、教具製作計画案、写真資料等の各種資料等に基づいて総合的に評価する。

ⅱ 保育実習機関から送付された保育実習評価書の評価内容については、学生と一緒に共有することができる。評価の総点数よりも、領域別に自身が考えていた実習評価の程度と指導保育教師が評価した内容を比較し、より具体的に自身の長・短所を把握できる時間になるように指導する。

❸ 保育実習の教科目の点数付与

現行の「嬰幼児保育法施行規則」改定（2016.8.1. 施行、保健福祉部令第392号）によると、保育実習の評価は、保健福祉部長官が定める保育実習日誌と保育実習評価書に基づいて行うが、評価点数が80点以上の場合のみ、保育実習を履修したと認める。従って、保育教員の資格取得のためには、保育実習機関での実習点数と保育実習教科目の理論点数の合計が80点以上でなければならない。また、保育実習の15〜16週間の教科目の点数をどのように付与するかは、養成機関の学則に沿って点数を付与し、講義計画書（シラバス）に記載しなければならない。

保育実習の教科目の点数付与の例示

◎Ａ養成教育機関の事例
　保育実習の教科目の点数＝教科目の担当教員の評価50％（出席10％、課題10％、理論評価30％）、保育実習機関での実習点数50％

◎Ｂ養成教育機関の事例
　保育実習の教科目の点数＝教科目の担当教員の評価40％（出席10％、課題30％）、保育実習機関での実習点数60％

※保育実習の理論授業の点数が40〜50％以内に換算できるように指導するが、保育実習の教科目が2つに分離し、運営される場合は、時間数に応じて養成機関の内規により比率を調整して運営する。
※保育現場実習を2回にわたって行う場合は、「保育実習生の評価領域及び配点」の基準に沿って評価するが、参与実習を主とする2週目の実習については、「保育活動と計画（30点）」を除いて70点を満点とし、比率を調整して運営することができる。

6　保育実習の事後管理

（1）保育実習機関の事後管理

1）関連資料の送付及び保管

❶ 養成教育機関に送るべき書類

保育実習機関では、実習終了後14日以内に以下の書類を保育教師養成教育機関に送付する。

ⅰ　保育実習確認書（書式Ⅴ−13参照）
ⅱ　保育実習 評価書（書式Ⅴ−12参照）
ⅲ　保育実習費 領収書（書式Ⅴ−6参照）
ⅳ　保育実習生 出勤簿（書式Ⅴ−8参照）
ⅴ　保育実習日誌（保育実習生が養成教育機関に直接提出）

※オリニジップ支援システムを通じて保育実習の内容を登録しなかった場合、次の書類を追加で準備（実習機関認可証の写し、指導教師1級資格証の写し、幼稚園放課後課程の運営確認書等）

オリニジップ支援システムによる保育実習の管理

2013年3月からオリニジップで保育実習を履修する場合、オリニジップ支援システムに保育実習の内容を登録・提出しなければならない。

PART IV　保育実務領域

> **◆オリニジップ支援システムによる保育実習の内容の登録・提出方法**
>
> ①保育実習内容の登録方法：オリニジップ支援システム→［教育管理］→［保育実習管理］→［登録］で保育実習生情報と実習指導保育教師の情報を入力→［保存］して登録完了
> ②保育実習内容の提出方法：オリニジップ支援システム→［教育管理］→［保育実習生管理］→対象者照会後、［選択］→［提出］（メッセージウィンドウ確認）→［確認］して提出完了
>
> ※注意
> ・実習を2回に分けて実習した場合は、保育実習生の登録及び提出をそれぞれ行う必要がある。
> ・提出された内容は資格取得のための情報として送信されるので、提出後は修正不可である。
> ・保育実習生の登録及び修正は、実習終了日から2ヶ月以内にのみ可能である。

❷ 保育実習機関で保管すべき書類

保育実習機関では以下の書類を年度別に保管する（推奨事項）。

　ⅰ　保育実習確認書　写し（書式V−13参照）
　ⅱ　保育実習 評価書　写し（書式V−12参照）
　ⅲ　保育実習費 領収書　写し（書式V−6参照）

2）保育実習の記録台帳

　保育実習機関は、保育実習生と関連する細部事項を「保育実習生 記録台帳（書式V−14参照）」に記録して保管する。保育実習生の記録台帳には保育実習生の個人情報が収録されるため、保育実習機関は特別に留意して保管しなければならない。

（2）養成教育機関の事後管理

1）保育実習関連資料の保管

　保育教師養成教育機関では、下記の資料を年度別に保管する（推奨事項）。

　ⅰ　保育実習確認書　写し（書式V−13参照）
　ⅱ　保育実習 評価書（書式V−12参照）
　ⅲ　保育実習 機関訪問結果報告書（書式V−10参照）
　ⅳ　保育実習費 領収書（書式V−6参照）

2）保育実習の記録台帳

　養成教育機関は、保育実習に関連する細部事項を「保育実習生 記録台帳（書式V−14参照）」に記録し、機関の記録物管理指針に従って保管する。保育実習生の記録台帳には保育実習生の個人情報が収録されるため、養成教育機関は特別に留意して保管しなければならない。

保育実習関連書式

PART V 保育実習関連書式

1 保育実習生 申請書例

<table>
<tr><td colspan="5" align="center">保育実習生 申請書</td></tr>
<tr><td colspan="5" align="center">学　生　情　報</td></tr>
<tr><td align="center">氏　名</td><td></td><td align="center">学科／学籍番号</td><td colspan="2"></td></tr>
<tr><td align="center">保育実習
期間</td><td colspan="4">年　　月　　日〜　　　年　　月　　日（___週___時間）</td></tr>
<tr><td align="center">自宅住所</td><td colspan="4"></td></tr>
<tr><td align="center">携帯電話</td><td></td><td colspan="2" align="center">自宅／（職場）</td><td>自宅：
職場：</td></tr>
<tr><td align="center">e-mail
アドレス</td><td colspan="4"></td></tr>
</table>

<table>
<tr><td colspan="2" align="center">希望する保育実習機関の情報</td></tr>
<tr><td align="center">保育関連
履修教科
目（履修
教科目を全
て書いてく
ださい）</td><td>

：合計（　　）科目を履修</td></tr>
<tr><td align="center">実習希望
地域</td><td></td></tr>
<tr><td align="center">保育実習
希望機関
の類型</td><td>①国公立オリニジップ　　　　　（　）　　②社会福祉法人オリニジップ　　（　）
③法人・団体等オリニジップ　　（　）
④職場オリニジップ　　　　　　（　）　　⑤家庭オリニジップ　　　　　　（　）
⑥協同オリニジップ　　　　　　（　）　　⑦民間オリニジップ　　　　　　（　）
⑧放課後課程運営幼稚園　　　　（　）</td></tr>
<tr><td align="center">その他
希望事項</td><td></td></tr>
</table>

2 保育実習 協力公文書例

○○○大学校 ○○学科（○○保育教師教育院）

受 信 者　　○○○オリニジップ園長（保育実習指導担当者）

（経 由）

題　　目　　保育実習生依頼の件

---

1. 貴機関の益々のご発展をお祈り申し上げます。

2. ○○○大学校○○○学科の学生が貴機関での保育実習を希望し、保育実習生を依頼いたしますので、保育実習に対するご協力をお願いいたします。

   (1) 保育実習期間：20　　　年　　　　月　　　　日 ～ 20　　　年　　　　月　　　　日まで（　　　時間）
   (2) 保育実習生：（保育実習生名簿）

3. また、オリニジップ支援システムによる保育実習生登録・管理案内及び保育実習確認書の返信を以下の通りお願いいたします。

   (1) オリニジップ支援システム内の保育実習生管理メニューに保育実習内容を入力後、出力
   (2) 保育実習確認書（捺印または署名が必要）は 20 ○○．○．○．（曜日）までに返信

別添：保育実習の同意書 1 部　　　以上

○○○大学校 ○○○学科長（○○保育教師教育院長）　　　[職印]

起案者 ○○○　　　　　　　　学科長 ○○○（保育教師教育院長 ○○○）

事務担当者 ○○○

実施（20　　．　　．　　）　　　受付 　－ （　　．　　．　　　）

郵便番号 ○○○○ ○○市 ○○区 ○○○路 ○○○大学校／www. ○○○ .ac.kr

電話（　　）　　－　　　　　転送（　　）　　－　　　／○○@○○○○／公開

PART V 保育実習関連書式

3 保育実習生 同意書例

保育実習生 同意書

学生情報					
氏名		学科		学籍番号	
保育実習期間	20　　年　　月　　日 ～ 20　　年　　月　　日 （6 週間 240 時間以上）				
住　所	（郵便番号）				
個人連絡先		メールアドレス			

保育実習機関の情報			
保育実習機関名	（定員：　　名）	園長	
施設住所	（郵便番号）		
電話番号		FAX	
保育実習指導教師			

上記学生が当機関で保育実習を行うことに同意します。

20　　年　　月　　日

保育実習機関・園長：　　　　　　　　　　　（署名または印）

4　保育実習生 身上カード例

保育実習生 身上カード

氏　名	（女、男）	（写真）
生年月日		
所　属		
住　所		

連絡先	電話番号：
	本人の携帯電話：
	緊急時の連絡先携帯電話：　　　　　　　　　　（関係：　　　　　）

学　歴	．　．〜　．　．	
	．　．〜　．　．	
	．　．〜　．　．	

保育関連 履修教科目	

保育関連経験（例：キャンプ教師、 　　　教会内幼児部活動等）	

上記事項に間違いがないことを確認いたします。
　　　　　　　　年　　　　月　　　　日
本人 署名　　　　　　　　　　　（印）
　　　　　　　　　　　　　園長

個人情報の収集・利用同意

　保育実習生を管理するため、「個人情報保護法」に基づき、個人情報の収集・利用に関する内容をお知らせしますので、同意をお願いいたします。

　［法的根拠］個人情報保護法第 15 条「個人情報の収集・利用」に関する法律
　［収集・利用項目］氏名、生年月日、連絡先（電話番号、携帯電話番号）、メールアドレス、住所
　［収集・利用目的］保育実習生の管理のための目的で利用され、収集した個人情報は他の目的で使用されません。
　［利用及び保有期間］保育実習が終了した時点で収集した個人情報は廃棄されます。
　［同意拒否及び不利益］上記の個人情報の収集・利用に関する内容に同意しない場合は、保育実習を行うことができません。

同意する　　　　　同意しない

実習生：　　　　　　　　　　　　（印）

PART V 保育実習関連書式

5 保育実習 誓約書例

保育実習 誓約書

　　　　　　　　　　　　　　大学校　　　　　学科（学部）　　　学年

　　　　　　　　　　　　　　（保育教師教育院）

　　上記本人は、貴オリニジップの保育実習生として、保育実習の目的及び重
要性を十分に理解し、オリニジップの諸規定を誠実に遵守し、保育能力の向
上に最善を尽くすことを誓います。

　　　　　　　　　　　　　　　　　　　　　　年　　　月　　　日

　　　　　　　　　　　　保育実習生：　　　　　　　　　　　　　（印）

　　　　○○○ オリニジップ　園長

6 保育実習費 領収証例

領　収　証

保育実習費：　　日額 〇〇万ウォン
（₩　　　　　　）

氏　　　名：　_____

所　　　属：　_____

上記金額を上記実習生の保育実習費として領収する。

20　　年　　月　　日

〇〇〇オリニジップ　園長

職印

PART V　保育実習関連書式

7　保育実習 機関現状例

保育実習 機関現状

機関名	○○○オリニジップ	類型		運営主体	
住所					
電話番号			園長名		
設立理念					
沿革					
機関特性	特殊保育サービス（障碍児専門・統合、放課後、夜間延長、24 時間、休日等） その他事項：評価等級／評価周期開始日または認証有効期間（　　　　）				

年齢別クラス	0歳	1歳	2歳	3歳	4歳	5歳	その他従事者数	事務員	調理員	栄養士	看護師	その他
園児数												
保育教師数												

保育実習　クラスの現状

クラス名	組（満　　歳）		保育実習指導保育教師名	
乳幼児数	合計　　　名（男児　　　名／女児　　　名）		保育教師数	名

8 保育実習生 出勤簿例

保育実習生　出勤簿

学校名：　　　　　　学科名：　　　　　保育教師教育院名：		学籍番号：　　　　　　氏名：○○○○
保育実習機関	○○○オリニジップ　　歳　　組	保育実習の指導保育教師：○○○
保育実習期間	20　．　　．　　．〜20　．　　．　　．（計　　週間）	

	区分	（　）曜日	（　）曜日	（　）曜日	（　）曜日	（　）曜日
1週	実習生	㊞	㊞	㊞	㊞	㊞
	指導教師	㊞	㊞	㊞	㊞	㊞
	日付	月　日 ：　から ：　まで	月　日 ：　から ：　まで	月　日 ：　から ：　まで	月　日 ：　から ：　まで	月　日 ：　から ：　まで
2週	実習生	㊞	㊞	㊞	㊞	㊞
	指導教師	㊞	㊞	㊞	㊞	㊞
	日付	月　日 ：　から ：　まで	月　日 ：　から ：　まで	月　日 ：　から ：　まで	月　日 ：　から ：　まで	月　日 ：　から ：　まで
3週	実習生	㊞	㊞	㊞	㊞	㊞
	指導教師	㊞	㊞	㊞	㊞	㊞
	日付	月　日 ：　から ：　まで	月　日 ：　から ：　まで	月　日 ：　から ：　まで	月　日 ：　から ：　まで	月　日 ：　から ：　まで
4週	実習生	㊞	㊞	㊞	㊞	㊞
	指導教師	㊞	㊞	㊞	㊞	㊞
	日付	月　日 ：　から ：　まで	月　日 ：　から ：　まで	月　日 ：　から ：　まで	月　日 ：　から ：　まで	月　日 ：　から ：　まで
5週	実習生	㊞	㊞	㊞	㊞	㊞
	指導教師	㊞	㊞	㊞	㊞	㊞
	日付	月　日 ：　から ：　まで	月　日 ：　から ：　まで	月　日 ：　から ：　まで	月　日 ：　から ：　まで	月　日 ：　から ：　まで
6週	実習生	㊞	㊞	㊞	㊞	㊞
	指導教師	㊞	㊞	㊞	㊞	㊞
	日付	月　日 ：　から ：　まで	月　日 ：　から ：　まで	月　日 ：　から ：　まで	月　日 ：　から ：　まで	月　日 ：　から ：　まで

＊欠席・遅刻・早退は不可であり、やむを得ない場合は上記の保育実習期間中に法定履修時間（240時間）を満たすこと。

PART V　保育実習関連書式

9　保育実習日誌例

▶ 保育実習日誌 例示 1

○歳　　○○クラス　保育実習日誌		実習生	指導教師	園長
日　時	年　　月　　日（　）天気：			
保育教師のねらい または乳幼児の興味と関心				
日課（時間）	計画と実行			
日常生活	**おやつ** （　：　～　：　） （　：　～　：　）			
	昼食 （　：　～　：　）			
	昼寝と休憩 （　：　～　：　）			
遊び及び活動	**室内遊び** （　：　～　：　） （　：　～　：　）			
	外遊び （代替） （　：　～　：　） （　：　～　：　）			
評価及び 翌日の支援計画 ／留意点				
指導保育教師の助言 及び評価				

▶ 保育実習日誌 例示 2

	○歳　○○クラス　保育実習日誌				
日　時	年　　月　　日（　）天気：		実習生	指導教師	園長
保育教師のねらいまたは乳幼児の興味と関心					
日課（時間）	計画と実行		評価及び支援計画／留意点		
登園及び合同保育（　：　～　：　）					
朝のおやつ（　：　～　：　）					
午前の室内遊び及び活動（　：　～　：　）					
外遊び（代替）（　：　～　：　）					
昼食（　：　～　：　）					
帰宅及び合同保育（　：　～　：　）					
指導保育教師の助言及び評価					

PART V 保育実習関連書式

10 保育実習 機関訪問結果報告書例

保育実習 機関訪問結果報告書

1. 保育実習 機関の現状

機 関 名		クラス数／ 保育教師数	
電話番号		住　　所	

2. **訪問日**：20　　　年　　　月　　　日（午前・午後）　　　　：　　　―　　　：

3. 保育実習生 名簿：
（学籍番号）

4. 訪問内容

20　　　年　　　月　　　日

訪問指導教員　　氏名：　　　　　　　（印）

11 保育実習生 自己評価票例

番号	評 価 項 目	不 1	2	3	4	優 5
	保育実習生 自己評価票					
	保育実習生 氏名：					
1	保育目標を達成できる保育内容を、乳幼児の興味、水準に基づき、適した選定をしたか。					
2	乳幼児の興味と能力、これまでの経験をよく観察し、乳幼児の指導計画に活用したか。					
3	保育活動計画案を適切に計画し、誠実に準備し、実行に無理がなかったか。					
4	保育活動計画に沿った資料を忠実に準備したか。					
5	乳幼児の行動を適切に把握し、相互作用に最善を尽くしたか。					
6	多様な興味領域にまんべんなく参与し、乳幼児の遊びが継続され、拡がるように遊びを促したか。					
7	乳幼児の基本生活習慣が形成されるように動機づけをうまく導いたか。					
8	大小集団活動の際、保育教師として多様な指導法を活用して効果的に活動を促したか。					
9	乳幼児の否定的な感情や葛藤的状況をよく把握し、肯定的に受容し、適切に解決するように指導したか。					
10	乳幼児の個別的な特性、個人差を考慮して指導したか。					
11	乳幼児を尊重する言語を使用し、乳幼児がよく聞き取れるように語彙、発音、声の高低、速さ等に努めたか。					
12	保育実習日誌の内容と評価等を丁寧に記録したか。					
13	乳幼児の安全、衛生、健康に格別に配慮したか。					
14	乳幼児の昼寝、おやつ、昼食、排便活動、歯磨き、手洗い、着替え等の日常生活が乳幼児自身で楽しくできるように指導したか。					
15	保育室の換気、採光、整理整頓等、清潔な環境のために努力したか。					
16	保育実習機関の指導方針に積極的に取り組んだか。					
17	保育実習の指導保育教師との関係を良好に保ち、誠実に実習に臨んだか。					
18	保育実習生同士、良く協力したか。					
19	乳幼児の発達と興味に適した活動を計画し、多様な行動を適切に指導するために、関連文献や専門書を探す努力をしたか。					
20	実習期間を通して、保育教師としての専門性が自ら向上したと考えられるか。					
	合 計					

PART V 保育実習関連書式

12 保育実習 評価書例

<table>
<tr><td colspan="6" align="center">保育実習 評価書</td></tr>
<tr><td colspan="6">氏　　名：</td></tr>
<tr><td colspan="6">生年月日：</td></tr>
<tr><td colspan="6">保育実習機関名：</td></tr>
<tr><td colspan="6">保育実習　期間：20　　年　　月　　日～20　　年　　月　　日</td></tr>
<tr><td colspan="2">評価領域（配点）</td><td colspan="2">評価項目</td><td>配点</td><td>点数</td></tr>
<tr><td rowspan="4">勤務態度
と資質
（20点）</td><td>勤務事項</td><td colspan="2">出席、欠席、遅刻、早退等</td><td>5</td><td></td></tr>
<tr><td>態度</td><td colspan="2">誠実さ、勤勉さ、親切さ、積極性、
服装及び身だしなみ、礼儀作法</td><td>5</td><td></td></tr>
<tr><td>資質</td><td colspan="2">乳幼児の尊重、責任感、人性、熱意</td><td>5</td><td></td></tr>
<tr><td>関係形成</td><td colspan="2">実習指導保育教師との関係
実習生同士との関係</td><td>5</td><td></td></tr>
<tr><td rowspan="2">保育活動
の計画と実行
（30点）</td><td>保育活動
計画</td><td colspan="2">領域別、半日（一日）保育活動
計画の適合性と充実した準備</td><td>15</td><td></td></tr>
<tr><td>保育活動
実行</td><td colspan="2">領域別、半日（一日）保育活動の
効果的かつ適切な実行の程度</td><td>15</td><td></td></tr>
<tr><td rowspan="3">予備保育教師
としての
役割遂行
（30点）</td><td colspan="3">乳幼児の行動及び遊びの観察、保育環境の観察</td><td>5</td><td></td></tr>
<tr><td colspan="3">保育日課の進行補助と日常生活指導</td><td>10</td><td></td></tr>
<tr><td colspan="3">乳幼児との相互作用と遊びへの参与</td><td>15</td><td></td></tr>
<tr><td>保育実習日誌の
作成（10点）</td><td colspan="3">具体的で充実した保育実習日誌の作成と
日々の自己評価及び指導保育教師の評価反映</td><td>10</td><td></td></tr>
<tr><td>総評（10点）</td><td colspan="3">実習期間中の予備保育教師としての向上の程度</td><td>10</td><td></td></tr>
<tr><td colspan="6">　
　　　　　　　　　　　20　　年　　月　　日
　　　　　　保 育 実 習 指導保育教師　：　　　　　　　（印）
　　　　　　オ リ ニ ジ ッ プ 園　　長　：　　　　　　　（印）</td></tr>
</table>

13 保育実習確認書例

保育実習確認書

1. 実習履修者の基本事項

氏　名	生年月日	養成教育機関名

2. 実習機関

実習機関名		機関の種類	
実習機関の認可定員		最初の認可日	年　　月　　日
区分	評価制		評価等級 （評価周期開始日）	年　　月　　日
	評価認証制		認証有効期間	年　　月　　日～ 年　　月　　日
住　　所			連絡先	

＊オリニジップは運営形態（家庭、民間、職場、国公立等）を記載し、幼稚園は放課後課程の運営の有無を記載する。

3. 実習指導保育教師

氏名	資格の種類	資格番号

＊実習指導保育教師は、同じ実習期間内に保育実習生を3人以内で指導しましたか。
（はい□　／　いいえ□）

4. 実習期間

実習期間	年　　　月　　　日　～　　年　　　月　　　日　（　　　　週間）
実習時間	計　　　　　時間（毎週月曜日～金曜日まで、午前　　　時　～　午後　　　時）

　　上記者は、嬰幼児保育法施行規則第12条第1項に基づく保育実習基準を遵守し、保育実習を忠実に履修したことを確認します。

年　　　　月　　　　日

オリニジップ園長　　　　　　　　　　　　　　　　（署名または印）

学科長　　　　　　　　　　　　　　　　　　　　（署名または印）

○ 2013年3月1日以降、オリニジップで保育実習を履修する場合、「オリニジップ支援システム」を通して保育実習内容の登録及び提出

○保育実習内容システムへの未登録者は、添付書類（①実習機関認可証の写し　②保育実習の指導保育教師の資格証の写し）の提出が必須

＊嬰幼児保育法第48条に基づき、虚偽やその他の不正な方法で資格を取得した場合、保育教職員の資格が取り消されることもあります。

保育実習確認書の作成方法	
実習 履修者の 基本事項	保育実習履修者の基本情報を漏れなく記載します。 養成教育機関名には、在学中の大学または教育機関名を記載します。
実習機関	2017年1月1日以降の保育実習履修者は、オリニジップの評価関連事項を必ず記載します。（ただし、2016年12月末までの保育実習履修者は評価関連事項を除く） 1.　実習機関名：保育実習を履修したオリニジップまたは幼稚園名を記載します。 2.　機関の種類：オリニジップは運営形態（民間、家庭、職場、国公立等）、幼稚園は放課後課程の運営の有無を記載します。 3.　実習機関の認可定員：保育実習開始日を基準として、実習オリニジップが認可を受けた定員を記載します。 4.　最初の認可日：実習オリニジップの最初の認可日を記載します。 5.　区分：保育実習開始日基準で実習機関が評価制を受けたオリニジップの場合、"評価制"にチェック、従前の規定により評価認証を受けたオリニジップの場合、"評価認証制"にチェックします（幼稚園は該当しない）。 6.　評価等級：保育実習開始日を基準として、オリニジップの評価制結果等級（例えば、A、B）を記載します（幼稚園は該当しない）。 　＊評価周期開始日：保育実習開始日を基準として、オリニジップが受けた評価等級の周期開始日を記載します（幼稚園は該当しない）。 7.　認証有効期間：保育実習開始日を基準として、従前の規定に基づいて評価認証を受けたオリニジップの認証有効期間を記載します。 8.　住所：実習機関の住所地を記載します。 9.　連絡先：実習機関の連絡先を記載します。
実習指導 保育教師	1.　2007年以降の保育実習履修者からは、実習指導保育教師の氏名、資格の種類（保育教師1級または幼稚園正教師1級のいずれか1つ）、資格番号を記載します。 2.　2013年3月1日以降の保育実習履修者からは、実習指導保育教師が同じ実習指導期間内に実習生を3人以内で指導したかをチェックします。
実習期間	1.　総時間：1日の実習時間に実習日数を乗じた時間を記載します。 　（例：8時間〈1日実習時間〉× 30日〈実習日数〉＝ 240時間） 2.　午前9時～午後7時の間の時間を入力します（1日の実習時間は8時間基準）。
職印	保育実習確認書1枚に、オリニジップ園長、学科長の職印を全て捺印しなければなりません。 　＊教育機関別（大学、保育教師教育院、平生（生涯）教育院）学科長の職印の捺印方法 　　・大学：保育実習教科目を開設している学科の学科長の職印の捺印 　　・保育教師教育院：保育教師教育院長の職印の捺印 　　・平生（生涯）教育院：平生（生涯）教育院長の職印の捺印

14 保育実習生 記録台帳例

番号	保育実習生 氏名（学籍番号）	学年	保育実習生 生年月日	保育実習生 連絡先	保育実習生の住所	保育実習 機関名	連絡先	保育実習機関の住所	保育実習 指導教師 所持資格証	保育実習 期間	保育実習 点数	備考
1	ホン・ギルドン（OOOOOOO）	4	OOOOOOO	OO-OOO-OO	住所：ソウル市 龍山区 西渓洞	OOオリニジップ	OOO-OOO-OOO	住所：ソウル市 江南区 OOO洞	OO-O-OOO		80/100	
2					住所：			住所：				
3					住所：			住所：				
4					住所：			住所：				
5					住所：			住所：				

※備考欄には、保育教師資格証の発給の有無や資格証番号を記録し、保育実習時の特徴的な事項や出来事を記録することができる。

付録

PART VI　付録

保育関連の教科目及び学点　(嬰幼児保育法施行規則 第12条第1項［別表4］)

1　大学等で履修しなければならない教科目及び学点〈改定2019.6.12.〉

領域		教科目	履修科目 (学点)
1　教師の人性		保育教師（人性）論、児童の権利と福祉	2科目 (6学点)
2　保育の知識と技術	必修	保育学概論、保育課程、乳幼児の発達、乳幼児の教授方法論、遊びの指導、言語の指導、児童の音楽（または児童の動作、児童の美術）、児童の数学指導（または児童の科学指導）、児童の安全管理（または児童の生活指導）	9科目 (27学点)
	選択	児童の健康教育、乳幼児の社会情緒指導、児童の文学教育、児童相談論、障碍児の指導、特殊児童の理解、オリニジップの運営管理、乳幼児保育プログラムの開発と評価、保育政策論、精神健康論、人間の行動と社会環境、児童の看護学、児童の栄養学、父母教育論、家族福祉論、家族関係論、地域社会福祉論	4科目 (12学点) 以上
3　保育実務		児童の観察及び行動研究、保育実習	2科目 (6学点)

※備考
①　教科目の名称が異なっていても、教科目の内容が似ている場合は同じ教科目として認める。複数の教科目のうち保育実習は教科目の名称に関係なく、保育実習機関と保育実習期間の条件を満していれば保育実習として認める。
②　各教科目は3学点を基準とするが、最低2学点でなければならない。
③　17科目以上、51学点以上を履修しなければならない。

2　対面教科目

領域	教科目
1　教師の人性	保育教師（人性）論、児童の権利と福祉
2　保育の知識と技術	遊びの指導、言語の指導、児童の音楽（または児童の動作、児童の美術）、児童の数学指導（または児童の科学指導）、児童の安全管理（または児童の生活指導）
3　保育実務	児童の観察及び行動研究、保育実習

※備考
①　対面教科目は8時間以上の出席授業と1回以上の出席試験を実施する。
②　複数教科目のうち、保育実習に関する基準は次の各項目による。
　　1）保育実習は、理論授業と保育現場実習で運営する。

2）保育現場実習は6週間以上240時間以上を原則とするが、2回に分けて実施することができる。

3）保育教師の資格を取得しようとする者が保育実習を開始する際、保育定員が15名以上であり、法第30条第1項の規定による評価で保健福祉部長官が定める等級以上を受けたオリニジップまたは放課後課程を運営する幼稚園で、保育教師1級または幼稚園正教師1級の資格を有する者が保育実習を指導しなければならない。この場合、実習指導保育教師1名当たり保育実習生は3名以下とする。

4）保育実習は、平日の午前9時から午後7時の間に行った場合のみ認め、保育実習時間は1日8時間とする。ただし、やむを得ない事由があると保健福祉部長官が認める場合で、1日に実習した時間が6時間以上の場合は、実際に実習した時間を認める。

5）保育実習の評価は、保健福祉部長官が定める保育実習日誌と保育実習評価書に基づいて行うが、評価点数が80点以上である場合にのみ、保育実習を履修したものと認める。

---

② 第4次オリニジップ標準保育課程の告示

保健福祉部告示第 2020−75 号

「嬰幼児保育法」第29条第2項、「嬰幼児保育法施行規則」第30条及び別表8の4による「第3次オリニジップ標準保育課程告示（保健福祉部告示第2013-8号、2013.1.21.一部改定）」を次のように改定・発令します。

2020 年 4 月 9 日
保健福祉部 長官

「第3次オリニジップ標準保育課程告示」改定

「第3次オリニジップ標準保育課程告示」を次のように改定する。

告示名「第3次オリニジップ標準保育課程告示」を「第4次オリニジップ標準保育課程告示」とする。

第4次オリニジップ標準保育課程を次のようにする。

付　則

この告示は、2020年9月1日から施行する。

標準保育課程の性格

オリニジップの標準保育課程（以下、「標準保育課程」という）は、0～5歳の乳幼児のための国家水準の保育課程であり、0～1歳児保育課程、2歳児保育課程、3～5歳児保育課程（ヌリ課程）で構成する。

PART VI 付録

- （1）国家水準の共通性と地域、機関及び個人水準の多様性を同時に追求する。
- （2）乳幼児の全人的な発達と幸福を追求する。
- （3）乳幼児中心と遊び中心を追求する。
- （4）乳幼児の自律性と創意性の伸長を追求する。
- （5）乳幼児、教師、園長、父母及び地域社会がともに実現することを追求する。

第1章　総論

Ⅰ　標準保育課程の構成方向

1　追求する人間像

標準保育課程が追求する人間像は次の通りである。

- （1）健康な人
- （2）自主的な人
- （3）創意的な人
- （4）感性が豊かな人
- （5）ともに生きる人

2　目的と目標

標準保育課程の目的は、乳幼児が遊びを通して心身の健康と調和のとれた発達を図り、正しい人格と民主市民の基礎を形成することにある。

これを実現するための目標は次の通りである。

- （1）0～2歳　保育課程の目標
  - 1）自分の大切さを知り、健康で安全な環境で楽しく生活する。
  - 2）自分のことは自分でやろうとする。
  - 3）好奇心を持って探索し、想像力を養う。
  - 4）日常の美しさに関心を持ち、感性を養う。
  - 5）人と自然を尊重し、疎通することに関心を持つ。
- （2）3～5歳　保育課程の目標
  - 1）自分の大切さを知り、健康で安全な生活習慣を養う。
  - 2）自分のことを自分で解決する基礎能力を養う。
  - 3）好奇心と探求心を持ち、想像力と創意力を養う。
  - 4）日常の美しさを感じ、文化的な感受性を養う。
  - 5）人と自然を尊重し、配慮し、疎通する態度を養う。

3　構成の重点

標準保育課程の構成の重点は次の通りである。

（1） 乳幼児は個別的な特性を持つ固有の存在であることを前提に構成する。

（2） 0〜5歳の全ての乳幼児に適用できるように構成する。

（3） 追求する人間像の具現のための知識、機能、態度及び価値を反映して構成する。

（4） 標準保育課程は次の領域を中心に構成する。

    1） 0〜1歳の保育課程と2歳の保育課程は、基本生活、身体運動、意思疎通、社会関係、芸術経験、自然探求の6つの領域を中心に構成する。

    2） 3〜5歳のヌリ課程は、身体運動・健康、意思疎通、社会関係、芸術経験、自然探求の5つの領域を中心に構成する。

（5） 0〜5歳の乳幼児が経験すべき内容で構成する。

（6） 小学校の教育課程との連携性を考慮して構成する。

Ⅱ　標準保育課程の運営

1　編成・運営

次の事項に基づき、標準保育課程を編成・運営する。

（1） オリニジップの運営時間に合わせて編成する。

（2） 標準保育課程を基に、各機関の実情に適合した計画を策定して運営する。

（3） 一日の日課で外遊びを含め、乳幼児の遊びが十分に行われるように編成して運営する。

（4） 性別、身体的特性、障碍、宗教、家族及び文化的背景等による差別がないよう編成して運営する。

（5） 乳幼児の発達と障碍の程度に応じて調整して運営する。

（6） 家庭と地域社会との協力と参与に基づいて運営する。

（7） 教師の研修を通じて、標準保育課程の運営を改善できるようにする。

2　教授・学習

教師は次の事項に基づき、乳幼児を支援する。

（1） 乳幼児の意思表現を尊重し、敏感に反応する。

（2） 乳幼児が興味と関心に応じて、自由に遊びに参与し、楽しめるようにする。

（3） 乳幼児が遊びを通して学ぶようにする。

（4） 乳幼児が多様な遊びと活動を経験できるよう室内外の環境を構成する。

（5） 乳幼児と乳幼児、乳幼児と教師、乳幼児と環境の間に能動的な相互作用が行われるようにする。

（6） 各領域の内容が統合的に乳幼児の経験と連係するようにする。

（7） 個別の乳幼児の要求に応じて、休息と日常生活が円滑に行われるようにする。

（8） 乳幼児の年齢、発達、障碍、背景等を考慮し、個別の特性に適合した方式で学べるようにする。

3　評価

評価は、次の事項に重点を置いて実施する。

（1） 標準保育課程の運営の質を診断し、改善するために、評価を計画し、実施する。

PART VI　付録

(2) 乳幼児の特性及び変化の程度と標準保育課程の運営を評価する。

(3) 評価の目的に応じて適合した方法を用いて評価する。

(4) 評価の結果は、乳幼児に対する理解と標準保育課程の運営改善のための資料として活用することができる。

第2章　0～1歳児 領域別目標及び内容

Ⅰ　基本生活

1　目標

健康で安全な日常生活を経験する。

(1) 健康な日常生活を経験する。

(2) 安全な日常生活を経験する。

2　内容

内容範疇	内容
健康に生活する	① 助けを借りて身体をきれいにする。 ② 食べ物を楽しく食べる。 ③ 一日の日課を心地よく経験する。 ④ 排便の意思を表現する。
安全に生活する	① 安全な状況で遊び、生活する。 ② 安全な状況で交通手段を利用してみる。 ③ 危ないという言葉に用心する。

Ⅱ　身体運動

1　目標

感覚を探索し、身体活動を楽しむ。

(1) 感覚探索を楽しむ。

(2) 身体活動を楽しく経験する。

2　内容

内容範疇	内容
感覚と身体を認識する	① 感覚的刺激に反応する。 ② 感覚で周辺を探索する。 ③ 身体を探索する。

210

身体活動を楽しむ	① 大小の筋肉を調節する。 ② 基本運動を試みる。 ③ 室内外の身体活動を楽しむ。

Ⅲ　意思疎通

1　目標

意思疎通能力の基礎を形成する。

（1）日常生活で聞くことと話すことを楽しむ。

（2）読むことと書くことについて関心を持つ。

（3）本やお話に関心を持つ。

2　内容

内容範疇	内容
聞くことと話すこと	① 表情、身振り、言葉や周辺の音に関心を持って聞く。 ② 相手のお話を聞きながら、声を出す。 ③ 表情、身振り、声で意思を表現する。
読むことと書くこと に関心を持つ	① 周りの絵や記号に関心を持つ。 ② なぐり描きに関心を持つ。
本やお話を楽しむ	① 本に関心を持つ。 ② お話に関心を持つ。

Ⅳ　社会関係

1　目標

自分を認識し、身近な人と関係を結ぶ。

（1）自分を固有の存在として知る。

（2）安定した愛着を形成し、友だち、教師と一緒に過ごす。

2　内容

内容範疇	内容
自分を知り 尊重する	① 自分を認識する。 ② 自分の欲求と感情を表す。 ③ 自分と身近なものを知る。
ともに生活する	① 安定した愛着を形成する。 ② 友だちに関心を持つ。 ③ 他の人の感情と行動に関心を持つ。 ④ クラスで心地よく過ごす。

PART VI 付録

Ⅴ 芸術体験

1 目標
美しさを感じ、経験する。
(1) 自然と生活で美しさに関心を持つ。
(2) 芸術的な経験を表現する。

2 内容

内容範疇	内容
美しさを探す	① 自然と生活の中で美しさを感じる。 ② 美しさに関心を持つ。
創意的に表現する	① 音やリズム、歌で表現する。 ② 感覚を通して美術を経験する。 ③ 模倣行動を楽しむ。

Ⅵ 自然探求

1 目標
周辺の環境と自然に関心を持つ。
(1) 日常で探索を楽しむ。
(2) 周辺の環境を探索する。
(3) 生命と自然に関心を持つ。

2 内容

内容範疇	内容
探求の過程を楽しむ	① 周辺の世界と自然について好奇心を持つ。 ② 物事と自然を探索することを楽しむ。
生活の中で探求する	① 身近な物体を感覚的に探索する。 ② 物体の数量に関心を持つ。 ③ 周辺の空間と模様を探索する。 ④ 規則性を経験する。
自然とともに生きる	① 周辺の動植物に関心を持つ。 ② 天候の変化を感覚的に感じる

212

第3章　2歳 領域別目標及び内容

Ⅰ　基本生活

1　目標

健康で安全な生活習慣の基礎を形成する。

（1）健康な生活習慣の基礎を形成する。

（2）安全な生活習慣の基礎を形成する。

2　内容

内容範疇	内容
健康に生活する	① 自分の身体をきれいにしてみる。 ② 食べ物に関心を持ち、楽しく食べる。 ③ 一日の日課を楽しく経験する。 ④ 健康な排便習慣を身につける。
安全に生活する	① 日常で安全に遊び、生活する。 ② 交通手段を安全に利用してみる。 ③ 危険な状況での対処する方法を経験する。

Ⅱ　身体運動

1　目標

感覚を活用し、身体活動を楽しむ。

（1）感覚を活用し、身体を認識する。

（2）身体活動を楽しむ。

2　内容

内容範疇	内容
感覚と身体を認識する	① 感覚能力を活用する。 ② 身体を認識して動く。
身体活動を楽しむ	① 大小の筋肉を調節する。 ② 基本運動を楽しむ。 ③ 室内外の身体活動を楽しむ。

Ⅲ　意思疎通

1　目標

意思疎通能力と想像力の基礎を形成する。

(1) 日常生活で聞くことと話すことを楽しむ。

(2) 読むことと書くことに関心を持つ。

(3) 本と物語に面白さを感じる。

2 内容

内容範疇	内容
聞くことと話すこと	① 表情、身振り、言葉に関心を持って聞く。 ② 相手の話を聞いて話す。 ③ 表情、身振り、単語で意思を表現する。 ④ 自分の要求と気持ちを伝える。
読むことと書くことに関心を持つ	① 周辺の絵と記号、文字に関心を持つ。 ② なぐり描きで表現することを楽しむ。
本と物語を楽しむ	① 本に関心を持って想像する。 ② 言葉遊びと物語に面白さを感じる。

Ⅳ 社会関係

1 目標

自分を知り、他者とともに生活する経験をする。

(1) 自分を知り、自分を肯定的に捉える。

(2) 他者と楽しく過ごすための態度を養う。

2 内容

内容範疇	内容
自分を知り 尊重する	① 自分と他者を区別する。 ② 自分の感情を表現する。 ③ 私が好きなことをする。
ともに生活する	① 家族に関心を持つ。 ② 友だちと一緒に遊ぶ。 ③ 他者の感情や行動に反応する。 ④ クラスでの規則や約束を知り、守る。

Ⅴ 芸術体験

1 目標

美しさを感じ、楽しむ。

(1) 自然と生活で美しさを感じ、関心を持つ。

(2) 芸術を通して自由に表現する。

2 内容

内容範疇	内容
美しさを探してみる	① 自然と生活で美しさを感じ、楽しむ。 ② 美しさに関心を持って探してみる。
創意的に表現する	① 親しんだ歌とリズムを表現する。 ② 動きと踊りで自由に表現する。 ③ 美術の材料と道具で表現してみる。 ④ 日常生活の経験を想像遊びで表現する。

VI 自然探求

1 目標

周辺の環境と自然を探索する過程を楽しむ。

(1) 日常で探索する過程を楽しむ。

(2) 周辺環境に関心を持って探索する。

(3) 生命と自然に関心を持つ。

2 内容

内容範疇	内容
探求の過程を楽しむ	① 周辺世界と自然について好奇心を持つ。 ② 物事と自然を繰り返し探索することを楽しむ。
生活の中で探求する	① 親しんだ物体の特性と変化を感覚で探索する。 ② 物体の数量に関心を持つ。 ③ 周辺空間と模様を探索する。 ④ 規則性に関心を持つ。 ⑤ 周辺事物を同じものと違うものとに区別する。 ⑥ 生活道具に関心を持つ。
自然とともに生きる	① 周辺の動植物に関心を持つ。 ② 天候と季節の変化を感覚で感じる。

第4章 3〜5歳 領域別目標及び内容

I 身体運動・健康

1 目標

室内外で身体活動を楽しみ、健康で安全な生活をする。

(1) 身体活動に楽しく参与する。

PART VI　付録

(2) 健康な生活習慣を身につける。

(3) 安全な生活習慣を身につける。

2　内容

内容範疇	内容
身体活動を楽しむ	① 身体を認識し、動く。 ② 身体の動きを調節する。 ③ 基礎的な移動運動、定位運動、道具を使用した運動をする。 ④ 室内外の身体活動に自発的に参与する。
健康に生活する	① 自分の身体と身の回りをきれいにする。 ② 身体に良い食べ物に関心を持ち、正しい態度で楽しく食べる。 ③ 一日の日課から適度な休息をとる。 ④ 疾病を予防する方法を知り、実践する。
安全に生活する	① 日常で安全に遊び、生活する。 ② テレビ、パソコン、スマートフォン等を正しく使う。 ③ 交通安全の規則を守る。 ④ 安全事故、火災、災難、虐待、誘拐等に対処する方法を経験する。

Ⅱ　意思疎通

1　目標

日常生活に必要な意思疎通の能力と想像力を養う。

(1) 日常生活で聞くことと話すことを楽しむ。

(2) 読むことと書くことに関心を持つ。

(3) 本や物語を通して想像することを楽しむ。

2　内容

内容範疇	内容
聞くことと話すこと	① 言葉と話を、関心を持って聞く。 ② 自分の経験、気持ち、考えを話す。 ③ 状況に応じて適切な単語を使って話す。 ④ 相手の話を聞いて、それに関連して話す。 ⑤ 正しい態度で聞いて話す。 ⑥ きれいな言葉を使う。
読むことと書くことに関心を持つ	① 言葉と文字との関係に関心を持つ。 ② 周辺の記号、文字等を読むことに関心を持つ。 ③ 自分の考えを文字と似た形で表現する。
本と物語を楽しむ	① 本に関心を持ち、想像することを楽しむ。 ② 童話、童詩から言葉の面白さを感じる。 ③ 言葉遊びと物語づくりを楽しむ。

Ⅲ 社会関係

1 目標

自身を尊重し、ともに生きる態度を持つ。

(1) 自身を理解し、尊重する。

(2) 他者と仲良くする。

(3) 私たちが生きている社会と多様な文化に関心を持つ。

2 内容

内容範疇	内容
自分を知り 尊重する	① 自分を知り、大切にする。 ② 自分の感情を知り、状況に合わせて表現する。 ③ 自分ができることを自分で行う。
ともに 生活する	① 家族の意味を知り、和やかに過ごす。 ② 友だちと助け合い、仲良く過ごす。 ③ 友だちとの葛藤を肯定的な方法で解決する。 ④ お互いの異なる感情、考え、行動を尊重する。 ⑤ 友だちやおとなに礼儀正しく振る舞う。 ⑥ 約束や規則の必要性を知り、守る。
社会に 関心を持つ	① 自分が住んでいる所について気になることを調べてみる。 ② 我が国に誇りを持つ。 ③ 多様な文化に関心を持つ。

Ⅳ 芸術体験

1 目標

美しさと芸術に関心を持ち、創意的な表現を楽しむ。

(1) 自然と生活及び芸術を通して美しさを感じる。

(2) 芸術を通して創意的に表現する過程を楽しむ。

(3) 多様な芸術表現を尊重する。

2 内容

内容範疇	内容
美しさを探してみる	① 自然と生活で美しさを感じ、楽しむ。 ② 芸術的な要素に関心を持ち、探してみる。
創意的に表現する	① 歌を楽しんで歌う。 ② 身体、事物、楽器で簡単な音やリズムをつくってみる。 ③ 身体や道具を活用して、動きと踊りで自由に表現する。 ④ 多様な美術材料と道具で自分の考えと気持ちを表現する。 ⑤ 劇遊びで経験や物語を表現する。

PART VI　付録

芸術を鑑賞する	① 多様な芸術を鑑賞し、想像することを楽しむ。 ② 互いに異なる芸術表現を尊重する。 ③ 韓国の伝統芸術に関心を持ち、親しむ。

V　自然探求

1　目標

探求する過程を楽しみ、自然とともに生きる態度を持つ。

(1) 日常で好奇心をもって探求する過程を楽しむ。

(2) 生活の中の問題を数学的、科学的に探求する。

(3) 生命と自然を尊重する。

2　内容

内容範疇	内容
探求過程を 楽しむ	① 周辺世界と自然について継続的に好奇心を持つ。 ② 疑問に思ったことを探求する過程に楽しく参与する。 ③ 探求過程で互いに異なる考えに関心を持つ。
生活の中で 探求する	① 物体の特性と変化を多様な方法で探索する。 ② 物体を数えて数量を調べてみる。 ③ 物体の位置と方向、模様を知り、区別する。 ④ 日常で、長さ、重さ等の属性を比較する。 ⑤ 周辺で繰り返される規則を見つける。 ⑥ 日常で集めた資料を基準に沿って分類する。 ⑦ 道具と機械に関心を持つ。
自然と ともに生きる	① 周辺の動植物に関心を持つ。 ② 生命と自然環境を大事にする。 ③ 天候と季節の変化を自然と関連づける。

付　　則

この告示は、2020 年 9 月 1 日から施行する。

---

③　標準教科概要 執筆者及び諮問者

2020 年標準保育課程の改訂による標準教科概要の開発

事業企画及び総括

区分	氏名	所属
総括	チョ・ヨンナム	韓国保育振興院 教職員支援局長
事業進行	キム・ジュヨン	韓国保育振興院 資格管理チーム長
事業進行	クォン・ジヒョン	韓国保育振興院 資格管理チーム代理
執筆総括	イ・ミファ	延世大学校 児童家族学科 客員教授
執筆者	クォン・ヘジン	ナザレ大学校 児童学科 教授
執筆者	ソン・ジヒョン	成均館大学校 児童青少年学科 教授
執筆者	ペ・ソンヨン	培花女子大学校 児童保育科 教授
執筆者	アン・ソヨン	仁徳大学校 社会福祉学科 教授
執筆者	ユ・ジュヨン	研成大学校 児童保育科 教授

諮問者

氏名	所属	氏名	所属
カン・ウンジン	育児政策研究所 研究委員	シン・ヘウォン	西京大学校 児童学科 教授
カン・ジョンウォン	韓国聖書大学校 幼児保育学科 教授	イ・ミジョン	驪州大学校 保育科 教授
クォン・ギナム	烏山大学校 児童保育科 教授	イ・ワンジョン	仁荷大学校 児童心理学科 教授
キム・ギルスク	三育大学校 幼児教育科 教授	イ・ユンソン	培花女子大学校 児童保育科 教授
キム・ヨンシン	崇實サイバー大学校 児童学科 教授	チョン・ヒョジョン	中原大学校 児童保育相談学科 教授
キム・ユミ	淑明女子大学校 教育大学院 幼児教育専攻 教授	チェ・ミョンヒ	新丘大学校 児童保育学科 教授
キム・ヘゲム	東南保健大学校 保育科 教授	チェ・ヘヨン	昌原大学校 家族福祉学科 教授
ムン・ヒョクジュン	カトリック大学校 児童学専攻 教授	ハン・ソンヒ	敬仁女子大学校 保育学科 教授
ソン・ミヨン	東徳女子大学校 児童学科 教授	ハン・ユジン	明智大学校 児童学科 教授
ソン・スンヒ	韓南大学校 児童学科 教授	ハン・チャンヒ	新丘大学校 保育学科 教授
シン・ユンスン	西京大学校 児童学科 教授	ファン・ソンウォン	建陽大学校 児童保育学科 教授

※ カナダ（가나다）順

訳　註

1）学点

　教育機関で講義時間の単位である「履修単位（credit）」としての意味と、学力に対する評価点数である評点（grade-mark）としての意味がある。高等教育法施行令では、15時間以上の授業で与えられる学点を1学点とし、実践・実習科目の場合は30時間以上を1学点とする。

2）専門学士

　短期大学士に相当する。

3）人性

　人間のもっている自然の性質であり、人間であれば誰でも備わる道徳的、情緒的な基本的な特性を意味する。

4）方案

　ある問題を解決するための方法や計画、物事を処理するための方法や計画を意味する。

5）予備保育教師

　保育職に就く予定の学生を意味する。

6）学父母

　学生の父親・母親を意味し、オリニジップにおいては利用児の親または保護者を指す。

7）補修教育

　技術資格取得者に5年毎に技術・機能及び資質向上のために、当該資格の変化した内容と技術情報を提供し、補充する教育として、周期的で継続的に実施する教育を意味する。嬰幼児保育法（2024年3月19日改定、9月20日施行）によれば、保育教師（第23条の2）の補修教育は資質向上を目的とし、職務教育と昇級教育の2種類があり、双方とも集合教育を原則とするとされている。

8）UN児童権利協約

　日本の「児童の権利に関する条約（子どもの権利に関する条約）」に該当する、「Convention on the Rights of the Child」を韓国では「UN児童権利協約」と訳し、呼称している。韓国は1991年に批准している。

9）祖孫家庭／祖孫家族

　孫と祖父母で構成された家庭や家族構成のこと。親が養育できない場合、祖父母が親に代わり養育している家庭や家族状況を示す。

10）入養

　血縁的な親子関係ではない人たちが法律的に親子関係を結ぶ身分行為である。「入養」は養親になる人と養子になる人が合意し（「民法」第883条第1号）、家庭法院（日本の家庭裁判所）の許可（「民法」第867条第1項）を得て入養申告をすることでその効力が発生する。入養申告によって養親と養子の間で法的な親子関係が生じ、扶養や相続など、自然血族と同一な権利が認められる（「民法」第772条第1項）。「入養」の種類は、「一般養子」「親養子」「機関養子」「国際養子」がある。

11）マチュム型福祉

　需要者中心の福祉サービスを提供することを指す。即ち、福祉対象者の生活の実態と特性を把握し、それに適合したサービスを提供することを意味する。

12）興味領域

　幼稚園等の幼児教育機関で室内外の環境空間を区分できる施設を設置することで境界を作り、各領域が区分できる表示をし、区分された各空間にはそれぞれの異なる活動ができるようにしておくことをいう［出所：キム・ゼウン、キム・テリョン編著（2009）『幼児教育保育用語辞典』教育科学社、p1150］。日本における保育内容の5領域とは異なる。

13）転移活動

前の活動から次の活動への移行時間や移行場面を意味する。

14）遊び性

大勢が集まり楽しく遊ぶことや、遊ぶ活動を表す。また、子どもに対して多様な遊びの行動を引き起こす性質や態度、子どもの遊びを遊びらしくし、子どもが遊びを最大に発揮できるように促す性質や力量を意味する。

15）安全事故

学校や工場等で、安全教育の不十分さや不注意により生じた事故を指す用語である。日本でいう「不注意な事故」「予防し得る事故」に該当する。

16）発達課業

人間が健全で幸福な発達をとげるために、各発達段階で達成しておかなければならないとされる課業。発達課題。

17）病院学校

長期入院や長期治療を受けている「健康障碍の学生（慢性疾患により、3か月以上の長期入院、または通院治療等で継続的な医療支援が必要であるため、学校生活及び学業の遂行が困難な学生）『障碍者等に対する特殊教育法施行令第10条関連の別表9号』」に学業の連続性及び同年代の関係を維持できるようにし、学習の不足及び学校の出席に対する負担感を減らすことで、心理的・情緒的安定を図り、治療効果を上げ、正常な形で学校に復帰できるよう支援することを目的に設置された。病院学校に1時間以上、出席した場合は、所属する学校の出席として認められる。

18）ドルボム

世話をすること、介護、ケア等、子どもや高齢者等を世話すること、それらのサービスを利用することを意味する。行動的な意味だけでなく、気遣うこと、心配すること、配慮すること等の意味を含む。

19）障碍家族

身体的・知的または精神的障碍等により、長期にわたり日常や社会生活に制約を受ける者が家族にいる状況を意味する。

20）暴力家族

家族の関係内で力を行使し、暴力をふるう加害・被害が生じている家族をいう。

21）中毒家族

アルコールや薬物、ギャンブル等の依存症の状態にある者が家族にいる状況を意味する。

22）健康家庭士

「健康家庭基本法」の規定に基づき、健康家庭事業を行うための関連分野に関する学識や経験をもつ専門家を指す。当資格は大学またはそれと同等以上の学校で社会福祉学、家庭学、女性学等の関連教科目を履修し、卒業した者に授与される。

23）家族健康性

家族健康性とは、家族は個人の総合だけで説明できない一つの有機体との単位として、Otto（1962）が初めて提案した家族学の用語である。どの家族であっても各自の潜在力を備えている。集団がもつ総合作用の質が構成員の穏やかな状態を高めている場合、健康な家族であるとする。

24）時間標集

観察方法の一つ。一定の時間範囲に限定して観察する観察法の一つである。所定の時間（通常は短時間）を繰り返し複数回観察することで行動様式等を把握する。日本でいう時間見本法に該当する。

25）行政手続き

実習を実施するにあたり必要となる公的な手続きの全てを意味する。

補論　韓国における幼児教育・保育政策の現状と課題

(補論)

韓国における幼児教育・保育政策の現状と課題
──教育・保育の公共性・質の向上への取り組み（2008年-2023年）を中心に

勅使 千鶴

要旨

　以前からの研究を受け継ぎ、今回、2008年から2023年の各政権下の幼児教育・保育政策の現状と課題を究明した。

　具体的には、Ⅰで、幼児教育・保育政策の進展の一根拠として幼稚園・オリニジップ（保育施設）の拡がり（①幼稚園とオリニジップの推移と、②両機関の利用者数の推移および「塾」の性格を有する「学院」の位置づけ）を明らかにした。さらに、両機関が「公共性」を有することを再確認した。

　Ⅱでは、李明博政権（2008年-2013年）、朴槿恵政権（2013年-2017年）、文在寅政権（2017年-2022年）、尹錫悦政権（2022年-2027年）の

幼児教育・保育政策を次の3点を意識して究明した。第一は、幼稚園とオリニジップの制度的一元化の追求、第二は、幼稚園とオリニジップ・保育施設の教育費・保育料の無償化、第三に幼稚園およびオリニジップの教育・保育課程の統合の動向である。

　最後に、尹錫悦政権下施策の一つであるが「幼保統合推進計画」を別枠で取り上げた。それは、これまで韓国で追求してきた教育・保育の「公共化と質向上」の新しい段階の深化と拡大と読み取ったからである。もちろん、「幼保統合推進計画」は、始動したばかりで、今後の推移を見守ることが私たちに求められている。

用語の説明

　大韓民国名は通常使用されている韓国とする。その上で、韓国の幼児教育・保育で使用している用語を先に示し、その後にそれに相当する日本の呼称を述べる。教育科学技術部（2008年2月29日-2013年3月23日）・教育部（2023年3月24日から現在）は文部科学省、保健福祉部は厚生労働省、オリニジップ・保育施設は保育所・保育園、保育教師は保育士、幼稚園教師は幼稚園教諭に相当する。0歳から5歳児担当

の保育教師と幼稚園教師を総称する呼称はないため、本稿では「保育者」を使用する。

　なお、創設当初の保育園・託児所は、1968年からオリニジップと呼称されたが、1991年の嬰幼児保育法の第2条で保育施設と定義された。そして、2011年6月1日、嬰幼児保育法の改正で、保育施設はオリニジップに統一して表記することとなった。本稿では、根拠法に基づき、年度ごとに該当する名称を使用する。

キーワード：幼児教育・保育政策、幼児教育・保育の公共性・質向上、幼稚園、保育施設・オリニジップ、幼保統合推進団

はじめに

　本稿は、「保育ソーシャルワークと教育との結合を求めた韓国保育者養成・研修システムの調査研究」（科学研究費助成金）の一環として、今回は、その基礎となる「韓国における幼児教育・保育政策の現状と課題」を2008年から2023年の幼児教育・保育の「公共性」および「質の向上」の取り組みに視座を置き、究明をする。

　ところで、韓国では以前より幼児教育・保育関係の施設で、虐待が問題とされていた。2015年、1月8日、仁川広域市延寿区松島のオリニジップで、給食のキムチを残したという理由で、保育教師が4歳女児を力一杯平手打ちしたという保護者からの通報で、大きな社会問題となった。「子どもの人権」が侵されたこの「事件」は、韓国のみならず、日本でも新聞やテレビ等の報道で大きく取り上げられ、オリニジップと保育教師のあるべき姿が議論された。なお、本オリニジップは保健福祉部から高い評価（95.36点）を受けていたが、当オリニジップの防犯カメラには、先の保育教師が他の園児に対してもいろいろ不適切な行為をしていたことが記録されており、報道でも動画が流された。そして、この「事件」がきっかけとなり、新聞等で、「無理やり給食を食べさせようとして、吐き出したため、頭を殴る」、「昼寝をしないという理由で、2歳児を投げ飛ばす」等多くの報道がされていた。これらのことは、「評価の高いオリニジップでも保育教師により虐待が起きていた」ことに社会は大きな衝撃を受けた。こうした事態を解決するために、保健福祉部は、当時42,000施設のうち9,000ヶ所しか防犯カメラが設置されていない実態から、防犯カメラを全国のオリニジップに設置することを義務づけ、今日に至っている。

　なお、前述した仁川広域市のオリニジップ保育教師の虐待事件後1ヶ月もたたないうちに判明しただけでも3件の虐待事件が報じられた。最近では、2022年8月に釜山広域市のオリニジップで、5歳児担当の保育教師が14名のうち8〜9名の子どもを無差別で虐待をしていたことが明らかにされた。

　周知のように、日本でも昨今、保育所や認定こども園で「虐待など不適切保育」が起こり、日本でも韓国でも、幼児教育・保育関係者の間で子どもの人権擁護と子どもの権利保障をどのように実践するかが追求されている。そして、幼稚園とオリニジップの乳幼児の人権擁護と権利を保障することの視座から、虐待を受ける子どものみならず、貧困の渦中にいる子どもや多文化を背景に持つ子ども等の問題は、全幼稚園・オリニジップの園長、幼稚園教師・保育教師をはじめ園の教職員、親によって、解決されることが求められている。

　また、保育者養成校で行われている教育を子どもの権利保障、子どもの人権擁護の視座から分析することが求められる。すなわち、配置される教科目（一般教育科目、専門科目、教職科目、専攻科目）の中に「人権擁護」と「子どもの権利保障」に関わる教科目が配置されているかどうかである。それと同時に、該当の科目を構成するシラバスの検討が求められる。さらに、幼稚園とオリニジップの教職員を対象とした現職教育の構成とその内容および期間の検討が求められる。以上のことを指摘した上で、今回は、上記の「保育者養成・現任研修研究」の前提となる、「公共性を有する機関としての幼稚園と保育施設・オリニジップの拡がり・質向上」と「各政権下の幼児教育・保育政策の動向と課題」を明らかにする。

補論　韓国における幼児教育・保育政策の現状と課題

I　公共性を有する機関としての幼稚園と保育施設・オリニジップの拡がり

　幼稚園と保育施設・オリニジップの現状を述べる前に、両機関にある二つの背景について述べておく。

　第一は、第二次世界大戦以前の日本政府による朝鮮への植民地統制、幼児教育・保育への政策統制である。1897年に釜山や京城（現在のソウル）に私立幼稚園が設立されるが、これは当時、朝鮮に在住していた日本人のために開設された園であった。朝鮮人のための幼稚園は、1913年に開設の京城幼稚園（教師は日本人）と翌1914年に開設の梨花幼稚園（現在の梨花女子大学校師範大学附属幼稚園の前身、教師はアメリカ人）である。保育施設では、日本にあった鎌倉保育園の支部として鎌倉保育園京城支部が1913年に設置された。9年後の1922年、慶北救済会セツルメント託児所が開設された。その後、第二次世界大戦前は、幼稚園・保育施設の数はあまり増えることなく、ほとんどの子どもは家族や親族に養育されていた。その様子は、戦後も長く続いた。

　第二は、1950年6月25日に勃発した朝鮮戦争である。1953年の休戦までの3年間に朝鮮半島全土が戦場となり、荒廃していった。1953年7月27日に朝鮮戦争は終結することなく、大韓民国と朝鮮民主主義人民共和国（通称北朝鮮）との間で「休戦協定」が締結された。その後、2018年、当時の文在寅韓国大統領と金正恩北朝鮮労働党委員長との間で第3回南北首脳会議が開かれ、「終戦」を目指す板門店宣言が発表された。しかし、それは実現することなく、今日（2023年）に至っている。そのことと関わって、2023年9月26日、軍の創設75周年記念としてソウル特別市中心市街地で、10年ぶりの軍事パレードが大々的に展開され、沿道に多くの市民が集まったと国内はもとより世界に動画が発信された。この動画は、平和なときにこそ存在する、幼稚園とオリニジップのそれとは大きな違和感を呈した光景であった。韓国の今日の幼児教育・保育を考察する際、つねに上記の二点が背景に横たわっていることを頭の片隅におきたい。

1　幼稚園と保育施設・オリニジップの推移

　幼稚園の施設数は、上記の背景を持ち、今から43年前の1980年に901ヶ所であった。ちなみに、同（1980）年、日本の幼稚園・保育所の数とそこを利用した子どもの数は増え、第二次世界大戦後の第一回目のピークになった年である。

　韓国では、**表1-1**のように、5年後の1985年、幼稚園の数は6,242ヶ所、1990年は8,341ヶ所、2000年には、8,482ヶ所と増えていった。1998年、金大中政権（1998年-2003年）が、幼児教育・保育に大きく目を向けたことにより、幼児教育・保育は前進した。その一例になるが、1999年10月、金大中大統領のもと'Education for All'の世界大会がソウル特別市で開催された。各種教育分科会のなかに幼稚園・保育施設の分科会が設置され、筆者は招聘者の一人として報告をした。この時、幼稚園や保育施設の「公共性」が国内外に広く発信された。2000年に入り、幼稚園の数は少しずつ減るが、2011年には、2000年並みの数値に戻り、2017年に微増し、ピークとなる。しかし、その後また少しずつ減少し、2022年には8,562ヶ所になった。

表 1−1 年度別幼稚園・保育施設・オリニジップ数および園児数の推移

区分 年度	総乳幼児数	幼稚園		保育施設・オリニジップ	
		園数	園児数	園数	園児数
1980	−	901	64,433	−	−
1985	−	6,242	314,692	−	−
1990	−	8,341	414,532	1,919	48,000
1995	−	8,776	529,052	7,166	239,474
2000	−	8,482	545,263	19,276	686,000
2002	3,720,013	8,308	550,150	21,267	800,991
2003	3,598,194	8,292	546,531	24,142	858,345
2004	3,497,252	8,246	541,713	26,903	930,252
2005	3,158,538	8,275	541,603	28,367	989,390
2008	2,828,264	8,344	537,822	33,499	1,135,502
2011	3,212,933	8,424	564,834	39,842	1,348,729
2013	3,264,476	8,678	658,188	43,770	1,486,980
2015	3,187,718	8,930	682,553	42,517	1,452,813
2016	3,153,489	8,987	704,138	41,084	1,451,215
2017	3,044,577	9,029	694,631	40,238	1,450,243
2018	2,904,953	9,021	675,998	39,171	1,415,742
2019	2,726,967	8,819	633,919	37,371	1,365,085
2020	2,562,100	8,706	612,538	35,352	1,244,396
2021	2,474,130	8,660	585,572	33,246	1,184,716
2022	2,204,950	8,562	552,619	30,923	1,096,450

出所：韓国教育開発院 教育統計サービス　https://kess.kedi.re.kr./index　保健福祉部ホームページ　https://www.mohw.go.yr
※表中の「−」は明確な数値が不明

　一方、保育施設数に目を転じると、1990 年に 1,919 ヶ所だった施設数は、1995 年には 7,166 ヶ所、2000 年には 19,276 ヶ所と増加していった。そして、2003 年、「女性が働くことと保育の保障」を選挙公約に掲げた盧武鉉政権からは、**表 1−1** のように保育施設数は、24,142 ヶ所と大きく増えていった。

　幼稚園・保育施設の推移のなかで、各政権の保育政策方針を大きく作用した合計特殊出生率は、**表 1−2** のように、2000 年には 1.47 であったのが、2005 年に 1.08 と大きく下がる。その一方で、保育施設数は増え続け、28,367 ヶ所に

なり、2013 年に施設数は 43,770 ヶ所となる。しかし、その後は徐々に減少し、2022 年に 30,923 ヶ所となった。ちなみに、同 2022 年の合計特殊出生率は、0.78、翌 2023 年には 0.70 と下がっている。

　韓国では、**表 1−2** のように合計特殊出生率が年々大きく下がっている。国の経済を発展させるため、保守派・民主派を問わずどの政権も出生数を上げることが選挙対策の一つとして求められた。その結果、幼児教育・保育の「公共性」を打ち立て、進化させ、「保育の質」の向上を保障する政策を立て、実施することが求め

補論　韓国における幼児教育・保育政策の現状と課題

表1-2　韓国と日本の合計特殊出生率の推移

	1980	1990	2000	2005	2007	2008	2010	2015	2016	2017	2018	2019	2020	2021	2022
韓国	2.87	1.59	1.47	1.08	1.26	1.19	1.32	1.24	1.24	1.05	0.98	0.92	0.84	0.82	0.78
日本	1.75	1.54	1.36	1.25	1.34	1.37	1.39	1.45	1.44	1.43	1.42	1.36	1.34	1.30	1.26

出所：韓国は、育児政策開発研究所　https://www.kicce.re.kr/
　　　日本は、厚生労働省『人口動態統計』各年
備考：韓国⇒合計特殊出生率の1960年は6.00、1970年は4.53
　　　日本⇒合計特殊出生率の1960年は3.64、1970年は2.19

られたことを記しておく。

2　幼稚園と保育施設・オリニジップを利用する園児数の推移

つぎに、**表1-1**で示した幼稚園と保育施設・オリニジップを利用した園児数について述べる。

1980年の幼稚園の利用者数は、64,433名で、5年後の1985年には、4.9倍ほどの314,692名と大きく増えている。その後、1990年、1995年には、それぞれ10万名ほどの利用者が増えている。2000年になると545,263名となり、それ以降2012年まで、近似した数値が続くが、2013年になると10万名も増え、658,188名になる。それ以降、2016年まで増え続けるが、2017年からは徐々に減り、2022年には552,619名になる。

保育施設では、1990年に48,000名、5年後の1995年には4.9倍強の239,474名に、2000年には2.8倍強の686,000名に増える。それ以降、保育施設を利用する子どもの数は大きく増え続け、2008年には1,135,502名、2013年には1,486,980名と増える。その後2015年以降は徐々に減少し、2021年には、1,184,716名になる。

ところで、幼稚園・保育施設を利用する子どもの数値を考察するとき、それらが全子ども数に占める割合を明らかにすることが求められる。ここでは、2008年の場合を「**表1-3 2008年 保育施設・幼稚園の利用率**」で見る。これによれば、幼稚園も保育施設も利用しない3

歳児は12万名で、26.7％、4歳児は、9万8千名で20.7％、5歳児が6万7千名で13.7％となっている。14年後の2022年の両機関を利用していない3歳児は、**表1-4**によると、35,217名で、10.6％であるが、残念ながら、4歳児は二重記入のため表示は不可であった。5歳児は44,465名で、10.8％である。

これらの幼稚園・保育施設を利用していない子どもの多くは、2008年当時、学院（ハグォン）を利用していた。学院の性格は一般に「塾」といわれ、私的な施設とされていた。開院時間は、幼稚園や保育施設のように朝から午後まで開かれ、学院を象徴する「黄色い通園バス」が子どもたちを送迎しており、その様子が街のあちこちで見られた。学院で展開された「授業」は、それぞれが得意とする分野、例えば、美術、体育、英語、テコンドーなどを冠にした学院であった。なお、筆者は、イタリアのレッジョ・エミリアの教育方式を取り入れた「美術学院」を視察したことがある。ここでは、院内環境が、ヨーロッパの有名な画家のレプリカや工芸品が展示され、園庭には子どもたちが作製した粘土の人形、カップや皿などとそれらを焼く窯が設置されていた。

多くの学院の授業内容には「早期教育」を想起させる特徴があり、授業料は幼稚園や保育施

表1-3 2008年 保育施設・幼稚園の利用率

（単位　千名、　％）

区　分	全児童数（A）	施設利用児童数（B）		施設の未利用児童 （A）－（B）
		保育施設	幼稚園	
総計	2,744 （100.0）	1,099 （40.1）	530 （19.3）	1,114 （40.6）
0歳	447 （100.0）	99 （22.2）	－	348 （77.8）
1歳	446 （100.0）	160 （36.0）	－	285 （64.0）
2歳	438 （100.0）	242 （56.3）	－	196 （44.7）
小計（乳児）	1,331 （100.0）	501 （37.7）	－	829 （62.3）
3歳	449 （100.0）	229 （51.1）	99 （22.2）	120 （26.7）
4歳	475 （100.0）	193 （40.5）	184 （38.7）	98 （20.7）
5歳	489 （100.0）	176 （35.8）	247 （50.4）	67 （13.7）
小計（幼児）	1,413 （100.0）	598 （42.3）	530 （37.5）	285 （20.2）

出所：住民登録人口（2020年12月31日）、幼稚園関係数値は、2010年の教育統計（2010年4月基準）
　　　保育施設の数値は、保健福祉部の内部資料（2010年11月基準）

表1-4 2022年 幼稚園およびオリニジップの乳幼児の年齢別利用率

区分	人口数 （A）	オリニジップ （B）	幼稚園 （C）	計 （B＋C）	比率 （B/A）	比率 （C/A）	比率 （B＋C）/A
0歳	509,038	126,606	－	126,606	24.9	－	24.9
1歳	277,529	239,157	－	239,157	86.2	－	86.2
2歳	307,957	285,937	－	285,937	92.8	－	92.8
0－2歳 小計	1,094,542	651,700	－	651,700	59.5	－	59.5
3歳	333,048	165,335	132,496	297,831	49.6	39.8	89.4
4歳	364,198	135,413	189,748	325,161	37.2	52.1	89.3
5歳	413,162	138,322	230,375	368,697	33.5	55.8	89.2
3－5歳 小計	1,110,408	439,070	552,619	991,689	39.6	49.8	89.3
0－5歳 全体	2,204,950	1,090,770	552,619	1,643,389	49.5	25.1	74.5

出所：韓国教育開発院教育統計サービス　https://kess.kedi.re.kr./index
　　　保健福祉部　https://www.mohw.go.kr
　　　行政安全部住民登録人口統計　https://jumin.mois.go.kr

I　公共性を有する機関としての幼稚園と保育施設・オリニジップの拡がり

設のそれらより安価であること、学院への送迎バスが利用できることから、一定の親の学院利用があった。そのため、学院に通う子どもの数値は、**表1-3**の2008年の「幼稚園・保育施設未利用児童」数とほぼ重なるようになっていた。

ところで、韓国の保育施設は、日本とは異なり、その根拠法である独自の法律、「嬰幼児保育法」がある。本法律は、1991年に制定され、2004年に全面的に改正されている。一方、幼稚園は2004年1月に初等教育法から独立し、単独の「幼児教育法」が根拠法となった。嬰幼児保育法と幼児教育法という独自の法律が制定されたことは、幼稚園と保育施設が社会的に「公的な幼児教育・保育」機関、すなわち「公共性」を有した機関と認知されたと言える。と同時に、この二つの法律の存在は、その後の幼児教育と保育の公共性の内実を進化させている。さらに、幼児教育と保育の質向上に役割を果たしている。具体的には、後述するが、幼児教育課程と標準保育課程の内容を検討し、「3歳・4歳・5歳の共通ヌリ課程」を編み出している。

こうした動きの中で、2010年、李明博政権は「公共性」の視座から、5歳児を対象とする全機関（幼稚園、保育施設、学院）に教育補助金を出すと提案した。これに対して、韓国幼児教育学会は、学院には「公共性」に適合する教育活動は見当たらないとの理由で、補助金拠出対象ではないとの声明を出した。それに対して、政府は学院の審査を始め、結果、補助金対象の学院は1ヶ所の美術学院と結論を出した。

2011年、幼児教育法、嬰幼児保育法が改正され、幼稚園・オリニジップの3歳から5歳児の教育費と保育料を無償とすることを決め、2013年に施行された。当時、学院を利用していた3歳から5歳のほとんどの子どもは、学院から幼稚園か保育施設に移動していることが、**表1-3**から読み取れる。そして、**表1-4**のように、2022年の3歳から5歳児のほとんどが、幼稚園かオリニジップを利用していることが読み取れる。**表1-4**で、1歳児、2歳児のオリニジップ利用率は、80％、90％を超えている。それは、韓国では、オリニジップの入所条件に親の就労義務がないこと、さらに保育料の無償化が影響していると言われている。なお、2022年では、オリニジップを利用していない場合は、養育費が支給されることにより、その数値が下がっている。

Ⅱ　幼児教育・保育政策の現状と課題

つぎに、幼児教育・保育政策の方針を述べる。

今日、韓国が抱える政策課題の一つに経済発展のため、合計特殊出生率を向上させることがある。これは、保守派であろうと民主・革新派であろうと政権を取った大統領に国民は期待を寄せる。なかでも、そのうちのひとつに「公共性」に繋がる幼児教育・保育の量的拡大と公共性の進化となる「質の向上」がある。大統領の任期は5年で、再任はないため、選挙政策として前政権の政策と異なるか、あるいは、「反対」の政策を有していても、一定の部分は継続がされている。ところで、金大中政権（1998年-2003年）・盧武鉉政権（2003年-2008年）の革新派と呼ばれた政権は、10年間で、結果として「量」と「質」において十分な所までは進んでいないが、幼児教育・保育政策の基本的な考えを社会に定着させようと試みていた。ここでは、盧武鉉政権の保育政策「セッサク・プラン」を引き継いだ李明博政権から今日、2023年現在の尹錫悦政権の保育政策を考察する。

1 李明博政権「第一次中長期保育計画」の動向——2008年-2013年

盧武鉉政権で「差等保育料」制度とともに基本補助金の導入を行って、保育料支援をした。李明博政権は、第一次中長期保育計画を出し、アイサラン・プランを作成し、実施段階では計画案を拡げ、2012年3月からオリニジップに通う満2歳以下の子どもと幼稚園・オリニジップに通う満5歳の子どもの保育料・教育費を無償と決め、2013年施行した。

幼児教育法は、2012年3月に「満3歳-満5歳の幼児に対する無償教育」を定め、改正した。一方、オリニジップは、嬰幼児保育法に2013年1月、「就学前の乳幼児保育を無償」と定め、改正した。韓国の教育・保育機関の年度初めは、3月1日である。なお、保育施設未利用の児童に対する養育費手当は、2010年までは未利用児童の80%までに支給されていたが、2013年3月からは全未利用児童に支給がされた。教育費・保育料の無償化は、幼児教育・保育の機会均等に関わり、幼児教育・保育の公共性を進化させることに大きな意味を持った。

幼児教育・保育の「公共化の進化」の別の面、すなわち「教育の機会均等」から見ると、検討事項として幼稚園と保育施設の制度的な一元化の問題がある。2000年代当初、幼稚園と保育施設を統合し、イギリス型の保育学校構想が政府から提案されたが、**表1-1**のように幼稚園と保育施設の利用者数は少なく、それらの統合は時期尚早と結論が出された。

その後、2007年6月、盧武鉉政権は「ビジョン2030：2＋5戦略」として「満5歳児の早期就学」の中で「5歳児が同じ保育・教育を受ける」あり方について、議論を進めた。しかし、この時は、「財政上困難」との理由で、「満5歳児の就学は時期尚早」となり、討論は棚上げとなった。

二年後の2009年前半、李明博政権は「保育施設と幼稚園を『幼児学校』に統合し、満5歳

を義務教育に転換させる検討をしている」と「ハンギョレ新聞」（2009年8月10日付け）は報じた。そして、同11月25日、李明博大統領直轄機関「未来企画委員会」は、「満5歳児を就学年齢にする方案」を提出した。この方案を巡って、政府、政党、幼児教育・保育関係学会、幼稚園・保育施設関係者、保護者の間で議論が展開された。しかし、その議論の結論が出る前の2011年5月2日に、韓国企画財政部・教育科学技術部・保健福祉部・行政安全部は、合同で「『満5歳共通課程』導入の推進計画」（以下「推進計画」と略す）を出した。この推進計画が目指した内容は、それまで討議してきた「満5歳児を就学年齢にする」のでもなく、「満3歳以上の幼児が通う幼稚園と保育施設との制度的一元化の実施」を意味するものでもなかった。なお、嬰幼児保育法改正（2011年）により、保育施設をオリニジップと改名したことにより、「推進計画」では、オリニジップを使用している。従って、以下、オリニジップの名称を使用する。

この「推進計画」は、「希望するすべての5歳児に教育費・保育料を無償とする」形で、「教育・保育を受ける権利保障」を打ち出した。前述のようにこの時期、私的機関である「学院」に通う5歳児（5万人、全5歳児人口の9.1%）は、この「推進計画」の対象にしなかった。ここには、学院の子どもが幼稚園かオリニジップに転園することを期待していたのである。なお、李明博政権は、保育に対する責任を強化するけれども、基本的には需要者中心の保育政策の実施を目標としていた。

本題に戻すが、この「推進計画」は、幼稚園、オリニジップで行う教育・保育内容・方法の基礎となる「教育・保育課程」を共通にすることを打ち出した。このことは、幼稚園とオリニジップの保育内容の段階で「統合」の実施を

補論　韓国における幼児教育・保育政策の現状と課題

表2-1　アイサラン・プラン（2009年－2012年）とセッサク・プラン（2006年－2010年）

区分	アイサラン・プラン	セッサク・プラン
期間	2009年－2012年	2006年－2010年
予算	11兆7,111億ウォン	6兆4,580億ウォン
主要政策の変更項		
強化	・保育料の全額支援の拡大 （2012年までに保育施設児童の80％まで全額支援）	〈保育料の支援〉 ・差等保育料の支援拡大――2009年の都市勤労者の130％まで保育料の30％支援 ・基本補助金の導入――2010年までに、満5歳児まで導入
強化	・養育手当の導入――2010年までに保育施設未利用児童の80％までを支援 ・アイ・ドルボム（子ども預かりサービス）支援及び育児総合支援センターの設立	〈保育施設の未利用児童の支援〉
変更	・既存の補助金と差等保育料の統合 ・アイサラン・カードの導入 ・脆弱地域に国公立施設の設立――国公立の待機児童の減少（12万名→6万名）2012年までに2,119ヶ所に拡充	〈保育料の支援方式〉 ・保育施設に保育料の支援 〈国公立施設の拡充〉 ・2010年までに国公立施設を2倍に拡充 　2005年1,352ヶ所→2010年2,700ヶ所
追加	・多文化児童の支援強化 ・保育施設の安全共済会の設立 ・保育費用支援の選定基準の見直し ・保育教師の処遇改善――農村の担任の増員（2009年21,000名→2012年8万5,000名）、代替教師の支援（2009年450名→2012年1,500名）	
持続的な維持	・保育サービスの質の向上：評価認証、健康・栄養・安全の強化、保育プログラムの開発 ・脆弱保育の強化：障碍児、放課後・時間延長保育サービスの支援 ・多様な保育施設の拡充：職場保育施設、父母協同保育施設	
未反映	※低出産高齢社会の基本計画及び男女雇用平等、仕事と家庭との両立の基本計画に含まれているため、未反映	・家庭親和的な職場文化の造成 ・産前産後の休暇及び育児休職制度の活性化 ・農漁業者の養育費の支援

出所：保健福祉家庭部「アイサラン・プラン」2009年4月
　　　女性家族部「セッサク・プラン」2006年

意味した。この「推進計画」には、冒頭で満5歳の教育・保育に対する「国家の責任強化」が謳われた。この「国家の責任強化」は、その後の公的な「教育・保育機関」で、すべての子どもの「教育・保育の質向上」に寄与することができる基礎形成になった。「5歳児ヌリ共通課程」は、2011年9月に公示され、2012年3月に施行された。

ところで、当時の標準保育課程と幼稚園教育課程の「共通の教育課程」は、「満5歳ヌリ共通課程」と名付けられた。新しい課程の名称は一般から募集され、結果「ヌリ共通課程」と

表2-2 標準保育課程、幼稚園教育課程、満5歳ヌリ共通課程の領域と目標の比較

標準保育課程		満5歳ヌリ共通課程		幼稚園教育課程	
領域	目標	領域	目標	領域	目標
基本生活	健康で、安全で、正しく生活する態度と習慣を持つ	身体運動	基本運動能力と健康で安全な生活習慣を育てる	健康生活	身体と心を健康にし、基本生活習慣を育てる
身体運動	自身の身体を肯定的に認識し、基本運動能力を育てる				
意思疎通	基礎的な言語能力を身につけ、正しい言語生活態度と習慣を持つ	意思疎通	日常生活に必要な意思疎通の能力と正しい言語の使用の習慣を育てる	言語生活	意思疎通のための言語能力を養い、正しい言語生活習慣を持つ
社会関係	自身を尊重し、他人とともに生活する態度を持つ	社会関係	自分を尊重し、他人とともに生活する態度を育てる	社会生活	ともに生きる態度とわが伝統文化を愛する心を持つ
芸術経験	自然と芸術作品の美しさに関心を持ち、創意的に表現する	芸術経験	美しさに関心を持ち、美術経験を楽しみ、創意的に表現する能力を育てる	表現生活	自分の考えや感じたことを自由に、創意的に表現する経験を持つ
自然探求	周辺環境に好奇心を持ち、探求する能力と態度を身につける	自然探求	好奇心を持ち、周辺世界を探求し、日常生活の中で数学的・科学的な問題解決能力を育てる	探求生活	好奇心を持ち、探求し、自然を尊重する態度を持つ

なった。この「ヌリ」は「世の中」あるいは「享受する」を意味し、「5歳の子どもが幼稚園やオリニジップで、夢と希望を思い切り享受する」ことを含んでいる。ここでは、韓国語をそのまま使用し「ヌリ課程」と呼称する。幼稚園とオリニジップの教育・保育課程がどのように「満5歳ヌリ共通課程」に統合されたかについて、その後の幼児教育・保育の質の指標となる幼児教育・保育内容の動向を勘案し、それぞれの内容の大枠を**表2-2**に示すこととする。この「満5歳ヌリ共通課程」ができる過程の議論とその後の実施により、教育・保育を受ける機会均等と質のよい教育・保育を保障する第一歩になった。また、満5歳ヌリ共通課程の実施により、幼稚園教師、保育教師の質を上げる課題も明らかにされた。

「満5歳ヌリ共通課程」が施行され、実施さ

れるにあたり、国と自治体の財源配分など財政に関わる大きな動きが出たが、その詳細や、「満5歳児ヌリ課程」の領域の「内容範疇」「内容」「細部内容」については、「韓国における保育・幼児教育の公共性および質の向上への取り組み」(2012)を参照されたい。

李明博政権は、2009年に養育手当制度の導入をしたが、2011年には養育手当制度の対象を全ての子どもに拡大した。アイサラン・プランでは基本的に保育に対する国の責任を強化し、需要者中心の政策を目指し、需要者に合わせたサービスの提供(註:子どもへの保育料支援だけを保育バウチャーにした)、保育の質向上(教育・保育課程の統合、教育・保育担当者の専門性の向上)等の教育・保育事業の支援体制を手がけた。

2 朴槿恵政権「第二次中長期保育計画」の動向——2013年－2017年

2013年2月25日、韓国で最初の女性の朴槿恵第18代韓国大統領が誕生した。朴槿恵政権は、前李明博政権の保守的な流れを基本的に継ぐことになる。朴槿恵政権では、つぎの三点、すなわち①幼稚園とオリニジップの制度的一元化を巡る動き、②０歳から満５歳児の無償教育・保育、養育手当等の支援の取り組み、③「満５歳共通ヌリ課程」を発展させ、３歳から４歳まで拡大した「３歳－５歳共通ヌリ課程」の導入、について述べる。

第一に、先述のように、韓国では、それまで、幼稚園と保育施設の制度的一元化が目指され、討議されてきたが、いずれも理由は異なるが実現しなかった。その流れの中で、前李明博政権は、「幼稚園・オリニジップの教育・保育課程の分野」で統合を実現させた。つぎの朴槿恵政権は政権発足後、「ヌリ課程」の対象年齢を拡げることに加え、所管官庁、財政、施設、教員養成、評価基準等の制度面での統合を推進するため、2013年５月、国務総理の下「幼保統合推進委員会」を発足させた。同年12月開催の第２回幼保統合委員会会議で、「その後の幼稚園・オリニジップの一元化」の進め方を議論し、2014年３月から必要な作業を段階的に行い、「保護者の意見を最優先」とし、朴槿恵政権の任期中に完成させる意向を表明した。当時、「幼稚園とオリニジップの統合化」のモデル事業も示されていたので、実現が可能とみる声もあった。しかし、公立幼稚園と国公立オリニジップとの間でも格差があり、オリニジップ間でも違いがあることから、朴槿恵政権でも実現を見ることはなく、後述する2022年尹錫悦政権の「幼保統合推進委員団」「幼保統合推進委員会」の活動を待つことになる。

第二に、０歳から５歳の無償教育・保育および養育手当支援について述べる。

2012年３月に幼児教育法の改正により、「満３歳から満５歳の幼児に対する教育費を無償とする」と制定した。一方、オリニジップは、2013年１月の嬰幼児保育法改正により、「乳幼児保育を無償とする」と改定した。

そして、第二次中長期保育計画の実施により、朴槿恵政権は、2013年３月、幼稚園・オリニジップを利用する全乳幼児に親の所得制限を付けずに、教育費・保育料を全面的に無償とした。また、幼稚園・オリニジップの未利用者には「養育手当」を出した。

保育料について付け加えると、周知のように、それまでの政権では、大枠で５歳児と他の年齢では異なる枠組を創り（ただし、2012年は０歳～２歳、３歳～４歳と５歳の枠組み）、所得階層により保育料の等差制を使用し、あるいは、障害のある乳幼児を対象に保育料を無償にしていた。しかし、今回のように全乳幼児を対象に教育費・保育料を無償にし、幼稚園とオリニジップの未利用者に「養育手当」を出すことはなかった。

全乳幼児の教育費・保育料無償の実施は、幼稚園とオリニジップを利用する親には歓迎されることだが、国の全予算から勘案したとき、莫大な財源の捻出方法が大きな問題となった。なぜなら、幼児教育法の３条は「国家及び地方自治体は、保護者とともに幼児を健全に教育する責任を負う」と謳い、嬰幼児保育法の４条２項は「国家と地方自治体は、保護者とともに乳幼児を健全に保育する責任を負い、これに必要な財源が安定的に確保できるよう努力しなければならない」としている。言い換えれば、幼稚園とオリニジップに必要な財源は、国・政府だけではなく地方自治体も拠出することになる。朴槿恵政権の０歳から５歳児の教育費・保育料の無償と養育費手当支援に掛かる財源は全予算の中でも莫大な額を占めることから、政府と地方自治体の拠出する割合の変更を提案した。それ

までの政府と地方自治体との割合は、ソウル特別市対政府は 80 対 20 で、ソウル特別市以外の地方自治体と政府の割合は 50 対 50 であった。そのため、朴槿恵政権は、教育費・保育料無償の場合で、政府の国庫補助率を 20％引き上げる案を示し、国会の保健福祉委員会は、その案を了承した。しかし、ソウル特別市の反対で、検討が長引いたが、結論として、15％の引き上げで妥協が示された。ソウル特別市対政府の分担の割合は、65％対 35％、他の自治体対政府が 35％対 65％の妥協案で国庫補助金の割合が決められた。

つぎに第三の点について述べる。「5 歳共通ヌリ課程」は、2011 年 9 月に公示され、2012 年 3 月に施行された。「5 歳共通ヌリ課程」が施行される前の 2012 年 1 月に李明博政権は、幼児教育・保育の国家責任を強化することを決定し、その一つとして 2013 年に「5 歳共通ヌリ課程」を「3 歳と 4 歳」に拡げる、と発表した。教育科学技術部は、保健福祉部の委託を受け、育児政策研究所が中心となり、2012 年 7 月、「3－5 歳年齢別ヌリ課程」（教育科学技術部・保健福祉部）が公示された。そして、朴槿恵政権になった 2013 年 3 月、「3－5 歳年齢別ヌリ課程」は、国家水準の教育課程として施行された。幼稚園とオリニジップが同じ教育・保育課程を使用することで、教育の機会均等と幼児教育・保育の質の向上に寄与することが期待された。

「3－5 歳年齢別ヌリ課程」は、3・4・5 歳の発達の特性を考慮し、総論を含め、10 冊の冊子と、DVD で構成された。具体的には、幼稚園・プログラムとオリニジップ・プログラムである。オリニジップ・プログラムを例示すると、4 巻（1 巻は総論および 3 月から 5 月の 3 つの主題の提示、2 巻は 6 月から 8 月の 3 つの主題提示、3 巻は 9 月から 11 月の 3 つの主題提示、4 巻は 12 月から 2 月の 3 つの主題提示）の年齢別の内容と残りの一巻は、混合年齢班で適用できる活動を示している。

「3－5 歳年齢別ヌリ課程」の構成体系は、つぎの**表 2－3** の通りである。「内容体系」を領域「身体運動・健康」の「内容範疇」と「細部内容」に視点を当て、**表 2－4** にまとめる。そのことは、「3－5 歳年齢別ヌリ課程」の他の 5 領域がどのように組み立てられるかを推察するのに役立つからである。

「3－5 歳年齢別ヌリ課程」の告示は、幼稚園とオリニジップの 3 歳から 5 歳児が同じ教育・保育課程を受ける機会を得ることができ、大きな意味があったことを最初に強調したい。その上で、その内容については、保育の質向上からの点検が求められる。

例えば、上記の表から推察して、「3－5 歳年齢別ヌリ課程」に示されている内容は、教育基本法の教育理念、幼児教育法、嬰幼児保育法にある子ども像や教育観が見えにくい。特に「細

表 2－3 3－5 歳年齢別ヌリ課程の構成体系

第 1 章　ヌリ課程の総論
　　　　Ⅰ　構成方向　　Ⅱ　目的と目標
　　　　Ⅲ　編成と運営──1. 編成、2. 運営、3. 教授・学習方法　4. 評価
第 2 章　年齢別ヌリ課程
　第 1 節　3－5 歳年齢別ヌリ課程の領域別目標
　　　1. 身体運動・健康　2. 意思疎通　3. 社会関係　4. 芸術経験　5. 自然探求
　第 2 節　3－5 歳の領域別ヌリ課程の領域別内容
　　　1. 3 歳ヌリ課程、　2. 4 歳ヌリ課程　3. 5 歳ヌリ課程

出所：教育部告示第 2011 － 61 号「3 － 5 歳年齢別ヌリ課程」（2012 年 3 月施行）
備考：**表 2 － 2**「5 歳共通ヌリ課程」の領域の「身体運動」は、「3 － 5 歳年齢別ヌリ課程」では、「健康」が付加され、「身体運動・健康」となった。

表 2−4 領域「身体運動・健康」の内容範疇・細部内容「身体調節と基本運動」の項目について

内容範疇	内容	細部内容		
		3歳	4歳	5歳
身体調節と基本運動	身体調節をする	身体均衡を維持してみる	多様な姿勢と動作で身体均衡を維持する	
		空間、力、時間等の動作要素を経験する	空間、力、時間等の動作要素を活用して動く	
		身体各部分の動きを調節してみる	身体各部分を協応して動作を調節する	
		目と手を協応して小筋肉を調節してみる		
				道具を活用していろいろな操作運動をする
	基本運動をする	歩く、走る等の移動運動をする	歩く、走る、跳ぶ等多様な移動運動をする	
		その場で身体を動かしてみる	その場で身体を多様に動かす	

出所：教育部告示第 2011 − 61 号「3 − 5 歳年齢別ヌリ課程」（2012 年 3 月施行）

部内容」に示された項目には、いきいきとした幼児の姿が浮かんでこない。他の領域でも、幼稚園やオリニジップで子どもがいきいきと生活している姿、遊んでいる姿が伝わってこない。むしろ 369 項目と指摘されている「学習的な内容」が盛り込まれている点に注目することが求められる。この点はすでに、本ヌリ課程が施行されたときから、領域項目の内容が「子どもの実態と合っていない」、「細かすぎる」等、幼稚園やオリニジップの現場からの意見が出されていた。そして、これは後の 2019 年に改訂される「ヌリ課程」の「性格」、「人間像」、「教授・学習」等の内容形式に繋がっていく。

3　文在寅政権の保育政策——2017 年−2022 年

　保守派朴槿恵大統領は任期途中の罷免で、2017 年 5 月 10 日、民主派の文在寅政権が誕生した。文在寅政権は、5 年間の 5 つの目標として、①国民が主人公の政府、②ともに豊かに暮らす経済、③私の人生に責任を持つ国、④等しく発展する地域、⑤平和と繁栄の朝鮮半島、を挙げた。そして、「全ての子どもは、すべての国民の子ども」として、表 2−5 に示す 12 項目の「幼児教育に関する国家の目標」（2017 年 7 月 7 日）を出した。

　上記の「乳幼児教育・保育に関する国家目標」に沿って、教育部からは「乳幼児教育の改革プラン（2018 年−2022 年）中期計画」、保健福祉部からは保育政策に関する第三次（2018 年−2022 年）中期計画が出された。教育部が出した、「幼児教育の改革プラン」は、表 2−6 に見るように、「ビジョン」、「目標」、「達成目標」、「実施システム」が示されている。表 2−7、保健福祉部の出した「保育政策に関する第三次中期計画」は、「ビジョン」、「目標と戦略」、「施策」である。

　文在寅政権の幼児教育・保育政策では、表 2−5 のように 12 の項目が挙げられているが、ここでは、まず 2 番目に挙げられている国公立幼

表2−5 乳幼児教育・保育に関する国家の目標

1. ヌリ課程への助成を確保する政府の説明責任を強化する。
2. 国公立の幼稚園・オリニジップへの参加率を40％までに増加をさせる。
3. 不利な状況にある子どもたちに対する幼児教育・保育への優先的な入園確保を行う。
4. 不利な状況にある子どもたちのニーズに応じた教育支援（特別支援児を受け入れる施設の増加：言語学習を中心とした多文化プログラムの展開等）。
5. 幼稚園とオリニジップの質的格差を縮め、満足度を向上（教員の給与、資格等）させる。
6. 適切な学習時間の法制化による、子ども主体のカリキュラムを実施する。
7. 幼児に対する過剰な私的教育（習い事）を禁止する。
8. 保護者の信頼に適う、安全な環境にする。
9. 幼稚園の公私立間格差の是正をする。
10. 将来に向けた学習環境の向上を計る。
11. 地方教育行政担当局の自立性及び実現力を強化する。
12. 0−5歳児に対する月額15万ウォンの子ども手当を支給する（2019年9月以降）。

表2−6 幼児教育の改革プラン（2018年−2022年）中期計画

幼児教育の改革プラン（2018年−2022年）中期計画		
ビジョン	幼児教育に対する政府の説明責任強化及び教育文化の革新	
目標	・幼児教育の質保障と教育機会の公平 ・幼稚園、教員、保護者の教育コミュニティを通じた子どもの発達支援 ・幼稚園とのネットワーク構築による乳幼児教育の公共性の確保	
達成項目	・希望ある社会を回復し強化する。 ・教育現場における改革を通じて、子ども主体の教育風土を創る。 ・教育コミュニティとともに、子どもたちの健やかな発達を支援する。 ・幼児教育革新のための運営システムを構築する。	・平等な教育機会を確保することにより、希望ある社会を実現する。 ・公立幼稚園を拡大する。 ・私立幼稚園の運営の透明性を確保して、公共性を強化する。 ・子ども主体のパラダイムに転換する。 ・過剰な民間教育を是正する。 ・保護者の信頼に適う学習環境を創る。 ・子どもの健やかな発達を支援するため、保護者の感覚を強化する。 ・幼稚園教師と子どもの相互作用を強化する。 ・幼児教育施設の評価システムを構築する。 ・私立幼稚園に対する支援システムを充実させる。
実施システム	包括的で系統的な支援システムを構築する。 教育部及び他の関係政府部門、地域の教育行政当局、幼稚園、教員、保護者をつなぐ。	

出所：教育部 報道資料 2017年12月28日

稚園・オリニジップへの参加率を増やすことに力を入れていることに注目する。国公立幼稚園・オリニジップの施設数が少ないこともあり、参加率は低くなっている。全子どもの数が減少している状態の中、施設を増設せずに、まず参加率を増やすことがめざされている。その

ことは、韓国の幼児教育・保育の質を引き上げることに繋がると考えられているからである。

つぎに、「保育の質向上」に関わって、2020年に施行した「2019改訂ヌリ課程」について述べる。保育の質向上に関わり、「3−5歳年齢別ヌリ課程」を実践するなかで、「子どもの主

補論 韓国における幼児教育・保育政策の現状と課題

表2-7 保育政策に関する第三次（2018年－2022年）中期計画

保育政策に関する第三次（2018年－2022年）中期計画		
ビジョン	子どもたちの幸せな成長に向けて、ともに行動する社会	
目標と戦略	保育の公共性を強化する	保育システムを再構築する
	1. 国公立オリニジップへの就園率を40%にする。 2. 国公立オリニジップの運営の公共性を強化する。 3. 職場での保育を拡大する。 4. 保育の透明性を向上させる。	1. オリニジップに対する支援システムを改善する。 2. 保育料の単価設定を行い、適切な水準の助成を実施する。 3. （0歳－2歳）「標準保育課程」を改訂する。
	保育の質的レベルを向上する	保護者の子育てを充実させる
	1. 保育教師の専門性を促進する。 2. 保育教師の報酬を保証する。 3. 保育環境を充実する。 4. 定期的なモニタリングを行う。	1. 保護者の子育てを支援する。 2. 時間制保育（一時保育）サービスを拡大する。 3. 不利な状況にある子どもたちの保育を支援する。
施策	▶支援システム機能の再構築をする。 ▶政府とNGOの協力を増進する。 ▶「e－システム」を再編成する。	

出所：保健福祉部 報道資料 2017年12月28日

体性」を引き出す幼児教育・保育の必要性、幼稚園・オリニジップの活動の中心は「遊び」であることが再確認され、「学習的な内容」を含んだ項目を369項目から59項目に減らした。その結果、2019年7月24日に「ヌリ課程」が告示され、2020年3月1日から施行された。従来の「ヌリ課程」と区別するために通称「2019改訂ヌリ課程」と呼称されているので、ここでも、それを踏襲する。なお、「2019改訂ヌリ課程」が告示され、同時に、2019年12月に教育部・保健福祉部から、『2019改訂ヌリ課程 解説書』、『2019改訂ヌリ課程 遊び理解資料』、『2019改訂ヌリ課程 遊び実行資料』が発行された。

つぎに、「保育の質向上」に大きく影響を与え始めている「2019改訂ヌリ課程」の特徴を5点述べる。

第一に、「2019改訂ヌリ課程」の冒頭で、これまでのヌリ課程とは異なることを明確にする

ため「ヌリ課程の性格」を述べている。しかもその内容はこれまでの韓国の幼児教育・保育の実践で十分意識して展開してこなかった点、なかには無視されていた点の指摘である。具体的には、「ヌリ課程の性格」を3～5歳の幼児のための「国家基準の教育課程」と述べ、「ヌリ課程の性格」を5つ挙げている。以下、「ヌリ課程」で使用する日本語の五十音に当たる表示、「カ、ナ、ダ、ラ」を使用し、「ヌリ課程の性格」を**表2-8**に紹介する。

今回「ヌリ課程」の性格として、「全人的発達と幸福」、「幼児中心と遊び中心」、「幼児の自律性と創意性の伸長」の追求を挙げているが、それまでの実践から出てきた大事な視座といえる。

第二に、第一章の総論で、「追求する人間像」（**表2-9**）を挙げていることに注目したい。

保育実践を進める時、まず、幼稚園とオリニジップの状況、子どもの家庭・社会の現状、そして、目の前の子どもの状況を把握し、どのよ

表 2-8　ヌリ課程の性格

カ．国家水準の共通性と地域、機関及び個人水準の多様性を同時に追求する。
ナ．幼児の全人的発達と幸福を追求する。
ダ．幼児中心と遊び中心を追求する。
ラ．幼児の自律性と創意性伸長を追求する。
マ．幼児、教師、園長（園監）、保護者及び地域社会がともに実現していくことを追求する。

表 2-9　追求する人間像

カ．健康な人間、　ナ、自主的な人間、　ダ、創意的な人間、　ラ．感性が豊かな人間
マ．ともに生きる人間

表 2-10　構成の重点

カ．3-5歳全ての幼児に適用することができるように構成する。
ナ．追求する人間像具現のための知識、技能、態度及び価値を反映して構成する。
ダ．身体運動・健康、意思疎通、社会関係、芸術経験、自然探求の5領域を中心として構成する。
ラ．3-5歳の幼児が経験すべき内容で構成する。
マ．0-2歳、保育課程及び初等学校教育課程との連係をする。

表 2-11　教授・学習

カ．幼児が興味と関心に従って、遊びに自由に参加し、楽しむようにする。
ナ．幼児が遊びを通して学べるようにする。
ダ．幼児が多様な遊びと活動を経験することができるよう、室内外の環境を構成する。
ラ．幼児と幼児、幼児と教師、幼児と環境間に、能動的な相互作用が行われるようにする。
マ．5領域の内容が、統合的に幼児の経験と連係されるようにする。
バ．個々の幼児の要求に応じて、休息と日常生活が円滑に行われるようにする。
サ．幼児の年齢、発達、障碍、背景などを考慮し、個別特性に適合する方式で学ぶようにする。

うな子どもに育てるか、言い換えれば人間像をどうつくるかが、教師にとって大前提となる大事な視点だからである。前の「3-5歳児年齢別ヌリ課程」では、「多くの目標」を実行するために、「教師中心」の教育・保育になり、「子どもの自主性が育っていない」ことへの反省から出された人間像である。そして、目的として「幼児が遊びを通して、心身の健康と調和のとれた発達をし、正しい人性と民主市民の基礎を形成する」と述べている。ここでは、省略するが、この人間像を実現するために5つの目標が掲げられている。

第三に、「2019改訂ヌリ課程」をオリニジップの「0-2歳の保育課程」と連係するとともに「小学校教育課程」とも連係を意図したこと

である。教育・保育の一貫性の追求を勘案していることが読み取れる。

第四は、幼児教育・保育における教師と子どもの「教授・学習」の在り方を示したことである（表2-11）。換言すれば、それまでの多くで見られた「教師中心」の教育・保育ではなく、幼児の自主性、自律性を重んじ、教師と幼児との関係をどのようにつくるかの具体的な提案を「教授・学習」として提案していることである。さらに言えば、幼児の教育・保育の中心活動となる「遊び」について三項目を設けたことである。この三項目を視座に教育部・保健福祉部は、子どもの遊びの様子を掲載したカラー写真付きで、遊びの理解と実践の展開のしかたを先述の『2019改訂ヌリ課程　遊び理解資料』と

補論 韓国における幼児教育・保育政策の現状と課題

表2-12 領域「身体運動・健康」の内容区分とその内容

内容区分	内　　容
身体活動を楽しむ。	身体を認識して動かす。 身体の動きを調節する。 基礎的な移動運動、その場の運動、道具を使った運動をする。 室内外の身体活動に自発的に参加する。
健康な生活をする。	自分の身体と周辺を清潔にする。 身体によい食物に関心をもって、正しい態度で楽しく食べる。 一日の日課の中で適当な休息をとる。 疾病を予防する方法を知って、実践する。
安全な生活をする。	日常の中で安全に遊び、生活する。 テレビ、コンピューター、スマートフォン等を正しく使用する。 交通安全規則を守る。 安全事故、火災、災難、虐待、誘拐などに対処する方法を経験する。

『2019改訂ヌリ課程　遊び実行資料』（2019年12月）として上梓した。

第五は、5領域の内容が整理されたことである。ここでは、**表2-12**「身体運動・健康」の全「内容区分」と「内容」を取り上げる。「3-5歳共通ヌリ課程」の**表2-4**「身体運動・健康」の内容範疇と細部内容に掲げられたなかの一項目である「身体調節と基本運動」の項目と比較しながら読み取りたい。

その前に、他の4領域の目標と内容区分を掲載する。

「意思疎通」は、目標を「1.　日常生活において聞いて、話すことを楽しむ、2.　読み、書きに関心を持つ、3.　本やお話を通して、想像することを楽しむ」とし、それに基づき、内容の区分は3件、その項目は12項目である。「社会関係」の目標は、「1.　自分を理解して、尊重する。2.　他者と仲良くする。3.　私たちが住んでいる社会と多様な文化に関心を持つ」の3項目を挙げ、内容区分を3件、内容項目を12項目示した。「芸術経験」の目標は「1.　自然と生活および芸術の中で、美しさを感じる、2.　芸術を通して創意的に表現する過程を楽しむ、3.　多様な芸術表現を尊重する」の3項目、内容区分は3項目で、内容項目は10項目を掲載している。「自然探求」の目標は「1.　日常の中で好奇心を持って、探求する過程を楽しむ、2.　生活の中の問題を数学的、科学的に探求する、3.　生命と自然を尊重する」の3件、内容区分も3件、内容項目は、13項目である。

さて、領域「身体運動・健康」の目標および内容の冒頭では「室内外で身体活動を楽しみ、健康で安全に生活する」と述べ、つぎの3点の目標を記した。①身体活動に楽しく参加する、②健康な生活習慣を身につける、③安全な生活習慣を身につける、である。

本題、領域「身体運動・健康」に戻る。本領域の内容では、**表2-12**領域「身体運動・健康」の内容区分とその内容に分けている。先述の**表2-4**の「内容範疇」、「細部内容」の枠組みがない上に年齢別の区分もない。そして、今回の項目に示されている「内容」からは、幼稚園とオリニジップの子どもの発達や姿が容易に浮かぶことを指摘しておきたい。このことは、領域の違いはあれ、他の領域にも通じていることである。

以上、「2019改訂ヌリ課程」の特徴を述べたが、この課程のねらいが今後どのように幼稚園

とオリニジップの実践として展開されるかに注目したい。それとともに、それらを支える幼児教育・保育系学生の養成と幼稚園教師、保育教師の研修および研修に出席できる保障がどのよううに展開されるかも逃すことができない。さらに、保育者養成校での科目内容・教授内容がどのように交流され、検討されているかにも注目したい。

4　尹錫悦政権の幼児教育・保育政策──2022年−2027年

（1）110大国政課題のなかの「課題46」（保健福祉部）と「課題84」（教育部）

　2022年5月10日、5年ぶりに保守派の尹錫悦政権が成立し、「110大国政課題」を出した。その中の「課題46」で「安全で質の高い養育環境の造成」（保健福祉部）を、「課題84」で「国家の教育責任制の強化による教育格差の解消」（教育部）を提示し、それぞれ主要内容を発表した。そして、「課題46」と「課題84」の主要内容で共通するのは表2−13に見るように、文言の少々の違いはあれ、幼保統合の関係部署とともに「幼保統合推進団」（国と地方自治体の公務員で構成）の設置・運営をし、段階的に保育と幼児教育の統合推進をすることとし

た。振り返ると、2013年朴槿惠政権が「幼保統合推進委員会」を発足させ検討が始まり、実現への想いが期待される意見もあったが、実現しなかったことに繋がる。この「幼保統合」の課題は、教育・保育の機会均等、公共性の進化、保育の質向上の基本的な視座の内容に関わり、具体的には、韓国における幼児教育・保育制度・政策の改革を示唆することなので、後ほど別項目で述べる。

表2−13　保健福祉部「課題46」と教育部「課題84」

「課題46」安全で質の高い養育環境の造成 （保健福祉部）	「課題84」国家の教育責任制の強化による 教育格差の解消（教育部）
課題目標 〇妊娠・出産の支援、乳幼児−児童の養育、保育およびドルボム、健康管理支援の拡大などを通して父母の養育負担の緩和、児童の健やかな成長の支援および低出産の危機 〇児童保護に対する国家の責任の強化と虐待予防で児童の公正な出発の保障	課題目標 〇すべての子どもが幸せに成長できるように教育とドルボムの国家責任を強化 〇疎外階層がないオーダーメイド型教育とすべての国民の生涯学習の支援などを通して教育格差の解消
主要内容 〇（保育サービスの質向上）児童当たり教師の比率と施設の面積の上向きの検討、保育教師の処遇改善など、保育環境の全般の質的な向上、父母教育・時間制保育の改善などで養育支援の強化 −関係部署とともに、「幼保統合推進団」を構成・運営、0−5歳の乳幼児を対象とする保育と幼児教育の段階的な統合の方案づくり	主要内容 〇（幼保統合）関係部署とともに、幼保統合推進団を設置・運営して段階的に幼保統合の推進、幼稚園の放課後課程（ドルボム）の対象と運営時間（週末・夜など）の拡大 −私立幼稚園の教師の処遇改善、幼稚園・小学校教育課程との連携の強化などを推進

出所：報道資料 第20代大統領職引継ぎ委員会（2022年5月）で配布された資料「尹錫悦政府110大国政課題」から張命琳作成。

補論 韓国における幼児教育・保育政策の現状と課題

（2）教育部 第 3 次幼児教育発展の基本計画と保健福祉部：中長期保育基本計画——2023 年−2027 年

　課題（46）・（84）の下に発表された教育部の「第 3 次幼児教育発展基本計画（2023−2027）」と保健福祉部の「第 4 次中長期保育基本計画（2023−2027）」について、**表 2−14** および **表 2−15** を手がかりに考えたい。

1）教育部 第 3 次幼児教育発展の基本計画

　第 3 次幼児教育発展計画は、2009 年−2012 年に出された「先進化推進計画」、「第 1 次幼児教育発展の基本計画（2013−2017）」、「第 2 次幼児教育発展の基本計画（2018−2022）」の流れに位置づいている。

　第 3 次幼児教育発展基本計画のビジョンで、「国公立の相生発展と幼保統合により、幼児教育分野の国家責任の強化」を示し、政策目標でつぎの 3 点を挙げた。第一は、すべての幼児に格差のないスタートラインの保障、第二は、自律性の強化を通した一人ひとりに合う教育（オーダーメイド教育）の提供、第三は、知能型ナイス（NEIS：国民システム）の安着を通した教育行政透明性の向上、を挙げている。①と②

表 2−14　教育部 第 3 次幼児教育発展基本計画（2023 − 2027）

教育部 第 3 次幼児教育発展基本計画（2023−2027）		
ビジョン	国公立の相生発展（一緒になって発展する）と幼保統合により、幼児教育分野の国家責任の強化	
政策目標	・すべての幼児に格差のないスタートラインの保障 ・自律性の強化を通した一人ひとりに合う教育（オーダーメイド教育）の提供 ・知能型ナイス（NEIS：国民システム）の安着を通した教育行政の透明性の向上	
	核心課題	**推進課題**
Ⅰ	良質な幼児教育の機会の拡大	①幼保統合及び 3−5 歳の教育費負担を大幅に軽減 ②幼児教育の質向上のための教育運営モデルの多様化 ③幼児教育機関への教育与件の改善 ④デジタルの修理費及び安全なデジタル経験の支援 ⑤幼児に対する特別な支援の拡大
Ⅱ	教育課程及び放課後課程の充実化	①幼児教育支援体系の改編及び自律性の強化 ②教育課程の充実化及び幼・保・小の連携の支援 ③放課後課程の拡大及び充実化 ④体系的な保護者支援
Ⅲ	教員の力量の強化及び権益の増進	①教員の未来教育の力量の強化 ②多様な支援の拡大及び資格制度の発生化 ③教権の保護と権益の増進 ④私立幼稚園教師の処遇改善
Ⅳ	未来教育のインフラの構築	①知能型ナイスの安着 ②安全教育の強化及び安全な環境づくり ③未来型の教育インフラづくり ④ヌリポータルの高度化及びガバナンスの拡大

出所：報道資料 第 20 代大統領職引継ぎ委員会（2022 年 5 月）で配布された資料「尹錫悦政府 110 大国政課題」から張命琳作成。
備考：第 3 次幼児教育発展計画は、2009 年− 2012 に出された「先進化推進計画」、「第 1 次幼児教育発展の基本計画（2013 − 2017）」、「第 2 次幼児教育発展の基本計画（2018 − 2022）」の流れの次に位置づけている。

については、文在寅政権からの継続といえる。
③ の NEIS（National Education Information System）は、「教育行政情報システム」である。

遡及するが、李明博政権下で情報化の戦略を立て、小・中学校教員を対象とする ICT 活用能力の強化が行われていた。朴槿恵政権では、「公共情報活用基礎と健全なサイバー文化の造成」として、幼児教育情報システムの構築と運営が進められた。この流れを受けて、尹錫悦政権では、「教育行政情報システム」の内容が、幼児に向けられ、「安全なデジタル経験の支援」と「幼児に対する特別な支援の拡大」とした。そして、つぎの核心課題では「インフラの構築」を提示しているので、実践のなかで情報教育がどのように展開されるかを注視したい。

教育部では、政策目標を受けて４つの核心課題を提示している。第一は、「良質な幼児教育の機会の拡大」、第二は、「教育課程」、「放課後課程」の充実を提示し、第三では「教師の力量の強化と権益の増進」、第四では、「未来教育のインフラの構築」である。

これらの４つの核心課題のもと推進課題は、第一は、「デジタル関係」（他、４件）、第二の核心課題は、「教育課程の充実化及び保・幼・小の連携の支援」（他、３件）、第三の核心課題は、「多様な支援の拡大及び充実」（他、３件）、第四では、「知能型ナイスの安着」（他３件）を挙げている。

2）保健福祉部 第４次中長期保育基本計画

保育基本計画のビジョンは、「保育・養育サービスの質的な跳躍」と「すべての乳幼児の幸せな成長を支える」を提示し、以下３点の目標を掲げた。第一は、乳幼児成長・発達の時期別に必要な最適な国家の支援の強化、第二は、未来対応ができる質の高い保育環境づくり、第三は、すべての乳幼児に格差のない平等なスタートラインの保障、である。教育部の政策目標の第一と保健福祉部の目標の第三は、同じ文言で、教育・保育の公共性の神髄を表した。

目標を実施する重点「戦略」は、４点である。第一は、総合的な養育支援の強化、第二は、乳幼児中心の保育サービスの質向上、第三は、保育教職員の専門性の向上および力量の強化、第四は、保育サービスの基盤の構築、である。

第一の「戦略」を推進する「主要な課題」は、４件あり、いずれも父母への支援が記されている。第二の主要課題では、「乳幼児中心」と「保育の質向上」をキーワードに４件の項目が示されている。第三では、主要内容の４件を掲載している。

以上、教育部と保健福祉部の「第３次幼児教育発展の基本計画」と「第４次中長期保育基本計画」の内容の要点を考察した。これは、提示されて１年と半年を経ているが、これから国・自治体の関係部署、幼稚園やオリニジップで実践が進行するなかで、その真価が問われることになる。とはいえ二年目に入った段階で、２点を押さえておきたい。

第一は、教育・保育の公共性の神髄を表した項目で、教育部の政策目の第一と保健福祉部の目標の第三に記されている「すべての幼児に格差のないスタートラインの保障」を打ち出していることである。第二は、幼児教育・保育の質向上に関わって、教育課程の推進・強化とそのための幼稚園教師、保育教師の力量の向上支援を示していることである。繰り返しになるが、これらは、二つの「基本計画」を進める上での基本視座に関わる大事な点である。

その上で、保健福祉部の基本計画の「戦略」で、使用している「サービス」という文言である。これは、「保育の公共性」に反する文言だと指摘しておきたい。付け加えれば、教育部では、「教育サービス」は、使用されない。「教育サービス」は、私的な場面で使用する文言だからである。

補論 韓国における幼児教育・保育政策の現状と課題

表2−15 保健福祉部 第4次中長期保育基本計画（2023 − 2027）

保健福祉部 第4次中長期保育基本計画（2023−2027）		
ビジョン	保育・養育サービスの質的な跳躍によるすべての乳幼児の幸せな成長を支える	
目標	・乳幼児の成長発達の時期別に必要な最適な国家の支援の強化 ・未来に対応できる質の高い保育環境づくり ・すべての乳幼児に格差のない平等なスタートラインの保障	
4つの重点戦略、16の主要課題		
	戦略	主要課題
I	総合的な 養育支援の強化	①父母給与の導入で乳児期の養育費用の軽減 ②総合的な育児サービスの提供 ③オーダーメイド型の養育情報の提供による父母の養育力量の強化 ④育児健康相談サービス支援の強化
II	乳幼児中心の 保育サービスの質向上	①オリニジップの保育に最適な環境づくり ②オリニジップの品質管理の体系の改編 ③乳幼児の健やかな成長・発達の支援及び権利尊重の拡大 ④遊び中心の保育課程の充実化
III	保育教職員の 専門性の向上 及び力量の強化	①保育教職員の養成及び資格体系の高度化 ②保育教職員の専門力量の強化 ③保育教職員の権益保護及び環境づくり ④保育教職員の勤務環境及び合理的な処遇改善
IV	安定した 保育サービスの 基盤構築	①オリニジップの安定的・効率的な支援体系づくり ②公共保育の拡大および充実化 ③人口構造の変化による保育の死角地帯の予防 ④伝達体系、システム、広報の高度化

出所：報道資料 第20代大統領職引継ぎ委員会（2022年5月）で配布された資料「尹錫悦政府110大国政課題」から張命琳作成。

5 幼児教育・保育の課題──「幼保統合推進委員団」と「幼保統合推進委員会」の動き

　ここで、尹錫悦政権保育政策の一部である「『幼保推進委員団』と『幼保統合推進委員会』の動き」を別枠で取り上げることをお断りしたい。その理由は、韓国の幼児教育・保育が、「いま」改革する過程にあり、実現すれば、教育・保育界に画期的な新しい第一歩を踏み出すことを意味するからである。また、万一実現しなくても「推進計画を極めた過程」は、今後の教育・保育の基盤を作り上げることになると期待できるからである。

　言い換えれば、この「幼保統合推進団」、「幼保統合推進委員会」の提議の中に込められた現状把握、理念、目標と内容は、今後の韓国の幼児教育・保育の政策、研究および教育・保育実践を追究する上で大事な視座を持っていると考えるからである。ついでながら、我々のJSPS科研費共同研究が対象としている保育者養成は大きな検討対象のひとつとされている。とはいえ、ここでの内容は、2023年9月現在であることを記す。

韓国では、前述のように、これまで「幼稚園と保育施設の制度的な一元化」、イギリスの幼児学校をモデルにした「5歳児入学」、朴槿恵政権下の「幼保統合推進委員会」設置と「幼保統合」の追求がされている。しかし、いずれも「時期尚早」、「財政上困難」としてこれらの問題は見送られた。この流れのなかで、幼稚園とオリニジップの施設統合ではなく、まず、「教育・保育課程の統合」、具体的には、「幼稚園教育課程」と「標準保育課程」の統合として「5歳児ヌリ課程」を作成した。その後、対象年齢を拡げ、「3−5歳共通ヌリ課程」を編纂し、2019年7月に通称「2019改訂ヌリ課程」を公示し、2020年3月に施行した。

この流れを受け継ぎ、尹錫悦政権は、「110大国政課題」の「課題46」と「課題84」で、部分的な表現は異なるが、関係部署と「幼保統合推進団」（以下、推進団と略す）を構成・運営し、保育と幼児教育の段階的な統合の方案づくりを行うと述べた。推進団は、政府と自治体の公務員で構成された。そして、「幼保統合推進委員会」（以下、推進委員会と略す）を設置し、第一回の委員会を2023年4月4日に開催した。教育部・報道資料（2023年5月15日）によれば、同推進委員会委員長は副総理兼教育部長官が就任し、委員は25名であった。委員の内訳は、政府部局の委員が5名、委託委員が20名である。委託委員は、国の研究機関（3）、韓国幼児教育学会（1）、研究者（5）、幼稚園・オリニジップの関係団体（11）で構成している。なお、委託委員の任期は2年で再任は可とし、専門家・研究者には交代がない、としている。付言すると、推進委員会委員長は2019年の改訂「ヌリ課程」をまとめた李周浩副総理兼教育部長官である。そして、主管部署は教育部で、0歳から5歳児全てを対象とすることになった。

推進委員団と別途編成された研究諮問団が案件を作成し、推進委員会に報告する仕組みとなっている。研究諮問団（以下諮問団と略す）は、特別委員として加わった育児政策研究所長

と「アイ（子どもの意味）幸福研究諮問団」で組織された。アイ幸福研究諮問団は、幼児教育・保育学、社会福祉学、経済各分野の専門家12名により構成されている。

2023年諮問団の研究テーマは、①幼保統合機関のモデルの決定、②費用支援の構造、③幼保統合機関の教育課程作成、④幼保統合機関の教員資格に関する養成体系、である。①の幼保統合モデル機関に関して、教育部は教育庁に公募をかけ、結果、5つの道（京畿道、忠清北道、慶尚北道、慶尚南道、全羅北道）と4つの市（ソウル特別市、大邱特別市、仁川特別市、世宗特別自治市）を決定した。

2023年7月28日開催の第2回推進委員会で「幼保統合政策推進方案」が出された。その内容は今後どのように展開するかは定かではない。しかし、本「方案」を進める際の原則として、「機関の単純な物理的統合ではなく、乳幼児の発達と特性を考慮した『質の高い、新しい統合』の追求」を挙げている。この視座が大事であるとともに、「方案」実現のために築かれる理論の形成過程を明らかにすることが研究の視座から求められる。

以上のことから、「報道資料」をもとに「幼保統合政策推進方案」を今の段階で考察を試みる。

幼保統合政策推進方案は、尹錫悦政権の任期中に行うこととし、第一段階は2024年まで、つぎの第二段階を2025年から2027年までと時期区分をし、各段階の目標を設定している。

全体目標の第一段階（2023年−2024年）は、「幼保推進委員会と推進委員団を中心に機関間の格差を解消する点と基礎を創ること」と定めている。第二段階（2025年−2027年）では、「教育部と教育庁」を中心に幼保統合を本格的に推進する。これらの目標に沿って、6つの枠組みと具体的な課題内容を紹介している。

幼保統合政策推進方案の提出により、第一回推進委員会で決められた内容のうち、4点が第二回推進委員会で「変更」として付随事項が発表されている。

表2-16 幼保統合推進方案の6つの枠組みと具体的な課題内容

	1 段階（2023－2024） 委員会・推進団（ギャップの解消と基盤構築）	2 段階（2025－2027） 教育部・教育庁幼保統合本格施行
親	段階的に教育・ドルボムの負担を緩和する	教育費負担の大幅な軽減
教員	処遇改善、資格、養成体制の改善（案）設置	変更された資格、養成課程の適用
施設	安全な環境づくり	施設基準の改善案の適用
組織	教育中心の管理体制の一元化	一元化された管理体系で統合支援
財政	財源移管及び統合を推進	統合した管理体系への統合支援
法令	関連法律の一括改正の推進	改正法令の施行

出所：教育部 報道資料

　一つ目は、当初、保健福祉部のオリニジップ関連業務は「2025年までに教育部に移管」となっていたが、「2023年までに教育部に移管」という変更である。ちなみに、オリニジップの関連事業は、保育政策、保育事業の企画、保育基盤に関わる内容が挙げられている。

　二つ目は、自治体（道・市・群・区庁）のオリニジップ管理業務を自治体の教育庁に移管する。

　三つ目は、幼稚園とオリニジップの性格は現状のままにし、2025年に統合機構を発足させる。ただし、これは段階的な施行となる。

　四つ目に、上記のことを遂行するため、政府と与党は政府組織法と地方教育自治法、幼保特別会計制定・改正を推進すること、である。

　以上が、教育部・報道資料から読み取り、「幼保統合推進事業」の5年間のうちの1年半ほどでまとめられた内容である。ここには、狭義の「幼稚園とオリニジップの制度的な一元化」の追求ではなく、2008年以降の経済の活性化、国民の幼児教育・保育への願いを意識した保守派・民主派両政権の試行錯誤ではあるが、成果と読み取ることができる。換言すれ

ば、幼児教育・保育の「公共性と質向上」の拡大・進化を視座に展開された幼児教育・保育政策の現段階の到達点であり、成果といえる内容が散見される。

　繰り返しになるが、後掲の参考文献（5）（7）（8）と本論文Ⅱで述べた金大中・盧武鉉・李明博・朴槿恵・文在寅・尹錫悦政権下の幼児教育・保育政策で試行錯誤をしながら、教育の「公共性」の進化、OECDの助言も含め、「教育・保育の質向上の拡大」を追求した内容が「幼保統合推進」の活動に具現されたと指摘できる。そして、「方案」に記されているが、保育教師と幼稚園教師の待遇改善・資格の検討、それにかかわる保育者養成の改革など大事な点が今後の課題として残されている。

　韓国の場合、これまでも短期間で課題が議論され、修正を加え、実行に移されている。韓国のすべての0歳から5歳児の人権が守られ、教育・保育を受ける権利が保障され、「公共性と教育・保育の質向上」が進化し、「幼保統合」が進むことに期待している。

おわりに

　「保育ソーシャルワークと教育との結合を求めた韓国保育者養成・研修システムの調査研

究」（科学研究費助成金）の一環として、本稿では、教育・保育の「公共性」および「質向上」

の視座から 2008 年から 2023 年の各政権で出された幼児教育・保育政策を明らかにした。この各政権の流れで、2022 年に出された幼児教育・保育の課題とされている「幼保統合」の推進動向と課題を明らかにした。つぎの研究では、保育教師の資格を巡る課題、幼稚園教師・保育教師養成の実態と課題を明らかにしたい。

謝辞　講義のご協力と「報道資料」のご提供に対し、張命琳韓国教育開発院碩座研究員に深謝を申し上げる。

付記　本研究は、JSPS 科研費（23KO1954 研究代表：金珉呈）の助成を受けたものである。

参考文献

(1) 韓惠卿、朴恩惠、鄭京姫『保育政策の現況と改善方案』韓國保健社會研究院、1996 年 6 月。

(2) 金珉呈「保育施設の歴史」勅使千鶴編、日本福祉大学 21 世紀 COE プログラム児童班企画『韓国の保育・幼児教育と子育て支援』新読書社、2007 年。

(3) 勅使千鶴編、日本福祉大学 21 世紀 COE プログラム児童班企画『韓国の保育・幼児教育と子育て支援』新読書社、2007 年。

(4) 勅使千鶴編、日本福祉大学 21 世紀 COE プログラム児童班企画『韓国の保育・幼児教育と子育て支援の動向と課題』新読書社、2008 年。

(5) 勅使千鶴「韓国における保育機関の公共性と保育の質−保育政策と実践に見る公共性と『保育の質向上』への取り組み−」『日本福祉大学 子ども発達学論集』第 1 号、2009 年。

(6) 株本千鶴「金大中・盧武鉉政権の社会保障政策」『海外社会保障研究』No.167、国立社会保障・人口問題研究所、2009 年

(7) 勅使千鶴「韓国の幼稚園教師養成および現職教育の現状と課題−教育の『公共性』と『質向上』への取り組み−」『日本福祉大学 子ども発達学論集』第 2 号、2010 年。

(8) 勅使千鶴「韓国の保育教師養成および補修教育の現状と課題−保育の『公共性』と『質の向上』への取り組み−」『日本福祉大学 子ども発達学論集』第 3 号、2011 年。

(9) 勅使千鶴「韓国における保育・幼児教育の公共性および質向上への取り組み−『満 5 歳共通課程』導入の推進計画をめぐって−」『日本福祉大学 子ども発達学論集』第 4 号、2012 年。

(10) 藤原夏人「【韓国】無償保育・無償幼児教育と幼保一元化」『外国の立法』国立国会図書館及び法考査局、2014 年。

(11) 松本麻人、橋本昭彦「韓国−就学前教育無償化政策の実施及びその成果と課題」渡邊恵子『初等中等教育の学校体系に関する研究報告者 1　諸外国における就学前教育の無償化制度に関する調査研究』国立教育政策研究所、平成 27 年。

(12) 藤原夏人「【韓国】文在寅新政権の政策課題」『外国の立法』国立国会図書館及び法考査局、2017 年。

(13) 崔佳榮『韓国の大統領制と保育政策』ミネルヴァ書房、2019 年。

(14) 教育部告示・保健福祉部告示「ヌリ教育課程」（2019 年 7 月 24 日）は、私たちの日韓保育比較研究会で翻訳した文書を使用した。

(15) 韓国・教育部・保健福祉部著、丹羽孝、新井美保子、矢藤誠慈郎、韓在熙翻訳『2019 改訂ヌリ課程 解説書』2019 年 12 月。

(16) 韓国・教育部・保健福祉部著、丹羽孝、新井美保子、矢藤誠慈郎、韓在熙翻訳『2019 改訂ヌリ課程 遊び理解資料』2019 年 12 月。

(17) 韓国・教育部・保健福祉部著、丹羽孝、新井美保子、矢藤誠慈郎、韓在熙翻訳『2019 改訂ヌリ課程 遊び実行資料』2019 年 12 月。

(18) ムン・ムギョン「調査結果の政策への展開：韓国における OECD TALIS Starting Strong の主要結果及び示唆されること」『令和 2 年 国立教育政策研究所、教育改革国際シンポ報告書』2020 年。

(19) 金明中『韓国における社会政策のあり方』旬報社、2021 年。

(20) 裵海善『韓国と日本の女性雇用と労働政策−少子高齢化社会への対応を比較する−』明石書店、2022 年。

(21) 金珉呈、上原真幸、勅使千鶴、韓仁愛『2023 年度科学研究費補助金基礎研究（C）報告書　韓国の保育者養成に関する調査研究−2023（令和 5）年度研究成果−』2024 年 3 月。

(22) 張命琳（講義）、金珉呈（記録）「韓国における保育・幼児教育の動向−『幼保統合』推進の動きと教師養成の課題」『韓国の保育者養成に関する調査研究−2023（令和 5）年度の研究成果−』2024 年 3 月。

※本論文は、『日本福祉大学社会福祉論集』150 号（2024 年 3 月 31 日、pp.1−25）に掲載したものの再掲。

訳者あとがき

　私たち執筆者4名の出会いは、日本福祉大学大学院の保育学ゼミである。勅使千鶴先生のもとに、韓・金・上原を含む院生が集まり保育について議論を交わした。大学院修了から年月が経ち、2019年末、研究代表の金から、「韓国の保育について一緒に研究しませんか」という誘いの連絡があった。コロナ禍を経て、2021年からオンラインを活用し、私たち4名の「日韓保育比較研究会」が始まった。

　研究会では、「保育の質の向上」を主軸テーマとし、日本と韓国の保育制度や保育者養成・研修制度に着目した。韓国の特徴や課題に学び、検討を経て日本の保育者養成や研修方法につなげることを目的としている。毎月最低1回の研究会を行い、韓国の保育専門職の資格制度について（韓国は、就学前の保育を専門とする保育教師と、児童養護施設等における支援を専門とする「保育師」とに資格が区別されている）、保育教師養成の科目や制度について、報告・検討をし合ってきた。

　研究会の成果は、2023年度からの科学研究費の採択につながり、韓国での現地調査が実現した。調査では、金明順先生（延世大学校名誉教授）、辛允承先生（西京大学校教授）、李姈信先生（漢陽女子大学校教授）の3名の方に、韓国の保育教師養成に関する聞き取り調査を行った。

　聞き取り調査を行う前、実習について、韓国の先生方の意見や、各大学の取り組み等を伺えると思っていた。しかし、予想に反し、3名の先生からは「記録等を含め、実習は国で決められている内容に倣っています」という簡潔な答えが返ってきた。その「国で決められている内容」を知りたいと話していたところ、本書の原書である『2020改訂 標準教科概要』を、金明順先生が、翌日の訪問先のオリニジップに届けてくださっていた。

　帰国後、私たちは『2020改訂 標準教科概要』の翻訳に取り組んだ。翻訳担当者で分担し、A4サイズ270ページに及ぶ原書の一次翻訳を、2023年10月から約半年かけて行った。幸いにも書籍として出版する機会をいただき、出版に向けた翻訳二次確認のために、毎回、4人全員でオンライン上に集まり、週に2回、3回行うこともあれば、休日の朝から夜までの長時間に至ることもあった。

　翻訳の際、私たちが特に悩んだのは、ハングルの表記通りに訳すか、それとも日本で用いられる言葉に意訳するかである。例えば、電車や空港において、「優先席・優先ゾーン」を意味する場所は、直訳すると「特殊人群／交通弱者専用」と表記されているが、日本ではそれらの表記は「差別的」であると使用を控える傾向がある。

　韓国では1970年に漢字廃止宣言を発表した。漢字教育を全廃し、表記はハングルに統一された。それまで使用されていた漢字語句の音を基準にハングルがあてはめられていることが多い。漢字表記の場合、その漢字が示す意味が推察できるが、ハングル表記になると意味の理解が難しい。そのため、「弱者」のように、言葉を漢字で示すと差別的な意味になることがあまり意識されず、ハングルの音の表記がそのまま使用されているという背景もある。

　このような背景を理解しつつ、本書では原則として韓国の表記を優先的に用いて訳すことにした。「日本ではこの表現は誤解されるのではないか」という懸念もあったが、韓国で現在用いられている表記を、ありのままに伝えるためにもこのような判断をした。翻訳の際、不適切な表現に対し無頓着だったわけでもなく、韓国にインクルーシブ等の意識が浸透して

いないわけではないことをご理解いただきたい。

　さて、本書から保育教師2級養成に関する各教科目の詳細を読み取ることができる。「訳者まえがき」でも触れた通り、各教科の基準を詳細に示すことで、養成の一定の質を維持しようとする意図が見えてくる。複数ある教科目について、日本の保育者養成に関わる方々に特に注目してほしい内容の1つに、PART IVの実習に関する内容がある。

　実習に関して決められているものは書類に限定されない。実習園は「オリニジップ評価制」（日本の第三者評価に類する）結果でA・Bランクを得ている園に限られている。また、国の「オリニジップ支援システム」によって、実習生の実習修了状況、実習園や実習生指導保育教師の情報が統一管理される。実習園の基準や評価基準を設けることで、保育教師養成に対し、国が求める一定の質を保有した資格取得者を輩出しようとする意図が見られる。日本にも全国保育士養成協議会が示す一定の基準はある。しかし、実習評価票や実習記録等の大部分は養成校の判断に委ねられている。この点は韓国と日本の違いといえる。

　韓国は、現在「幼保統合」に向け、本格的な動きをみせている。本書補論でも触れている通り、「資格体系と養成課程の編成」は、幼保統合を進めるなかで重点的な課題の一つとなっている。幼児教育・保育の専門職の資格体制と養成の統合をどのように構築していくのか、また、統合による良さとそこから生じる課題を、政策や養成校の立場からだけでなく、幼稚園やオリニジップの現場の立場からの意見も捉え、私たちは今後も研究を深めたいと考えている。

　本書を通して、どちらの国が進んでいる・進んでいないという視点ではなく、韓国の保育者養成や保育政策の特徴に関心を持っていただくことができたら幸いである。

　普段、私たちはオンラインで研究会を行っているが、韓国の現地調査以外で一度だけ、かつての学び舎である日本福祉大学名古屋キャンパスに集まり、対面研究会を行った。その日、勅使千鶴先生の傘寿のお祝いもできた。同メンバーで、今後も継続的に地道に真摯に、長く研究に向き合っていきたいと思っている。

　最後に、本書の出版をご快諾くださったひとなる書房社長の名古屋研一様に心からお礼を申し上げる。さらに、編集を担当いただいた松井玲子様、大舘悠太様には、スケジュールが限られた中、細部に渡りご確認とご助言をいただき、本書の完成までお力を注いでくださったことに、心より感謝を申し上げる。加えて、本書は熊本学園大学出版会より助成金を得て出版に至ったことを付記し、謝意に代えたい。

　私たち4人で本書を出版できたこと、心から嬉しく、感謝している。

2024年12月14日

訳者を代表して　上原真幸

247

訳者紹介（五十音順）

上原 真幸（うえはら まさき）　担当：PARTⅢ-5 ～ 17・20 ～ 22・24 ～ 26、PARTⅣ、Ⅴ、Ⅵ
熊本学園大学講師

金 珉呈（きむ みんじょん）　担当：PARTⅠ、PARTⅢ-18 ～ 19・23
精華女子短期大学講師

勅使 千鶴（てし ちづ）　担当：全体検討、補論
日本福祉大学名誉教授

韓 仁愛（はん いんえい）　担当：PARTⅡ、PARTⅢ-1 ～ 4・27 ～ 30
和光大学准教授

本書は、科学研究費補助金「基盤研究（C）一般」（課題番号：23KO1954）による
研究成果の一部です。
また本書の刊行にあたっては、熊本学園大学出版会より助成金を受けました。

2020 改訂 保育教師 2 級資格取得のための教科目
標準教科概要

2025年3月7日　初版発行

原書発行所　韓国保育振興院

訳者　上原 真幸
　　　金 珉呈
　　　勅使 千鶴
　　　韓 仁愛

発行者　名古屋 研一

発行所　㈱ひとなる書房
東京都文京区本郷2-17-13
TEL 03（3811）1372
FAX 03（3811）1383
e-mail hitonaru@alles.or.jp

©2025　組版／リュウズ　印刷／中央精版印刷株式会社　＊落丁本、乱丁本はお取り替えいたします。